JN441477

조직과 인간관계론

Organization and Human Relations

이 택 호
박 종 덕

북넷

:: 들어가는 말

인간관계는 모든 인간이 태어나 죽을 때까지 살아가면서 구사할 수 있는 가장 중요한 기능이자 기술이다. 우리는 관계속에서 일상을 살아간다. '사람과 사람의 사이'를 의미하는 인간(人間)은 그 자체가 관계(關係)를 포함하고 있다. 따라서 사람이면 누구나 인간관계가 없는 삶을 살아갈 수는 없다. 우리는 가정 · 학교 · 직장 · 단체에서 사람 때문에 울고, 웃으며 행복하기도 하고 불행해지기도 한다. 만약 우리가 누군가로부터 이해받고 긍정적인 지지와 격려를 받는다면 행복의 큰 원천이 되겠지만 반대로 무관심하고 지속되는 갈등이 있다면 스트레스를 받는다. 사람이 사람답게 되는 것 또한 사람 속에서 다른 사람과의 관계속에서만 가능하다.

많은 전문가들은 성공의 85%는 인간관계에 달려있다고 이야기한다. 매 순간마다 대하는 사람들과 좋은 인간관계를 형성하고 유지하는 것이 매우 중요하다는 것을 의미하는 말이다. 좋은 인간관계를 유지하기 위해서는 자신과 타인에 대한 긍정적인 마음가짐이 중요하지만 서로가 보여주는 행동이나 표현방법도 매우 중요하다. 따라서 우리는 인간관계능력은 변화할 수 있으며 바람직한 인간관계를 수립하고 그것을 잘 유지할 수 있게 될 것이다.

본 교재는 조직관점에서 바라본 인간관계론 전개를 위해 조직과 경영이라는 학문적 배경을 시작으로 한다. 그리고 조직현장과 개인생활에서 활용해야 할 바람직한 인간관계론 방향을 설정하여 제시하였다. 이를 위해 성격과 태도, 동기부여, 자긍심과 자아개방, 리더십, 커뮤니케이션 의사소통, 조직에서의 인간관계, 스트레스관리, 시간관리, 직업과 윤리, 경력관리와 자기개발, 마지막으로 글로벌문화와 인간관계 등에 대한 내용을 제시하여 끊임없는 자기혁신을 이루어 갈 수 있도록 구성하였다.

참다운 인간관계는 저절로 맺어지는 것이 아니다. 아무리 따뜻한 마음을 소유하고 있다 하더라도 자신과 관계를 맺고 살아가야 할 상대에 대한 이해가 부족하거나 자신의 마음을 드러낼 용기가 없는 소위 사회성이 부족한 사람들에게는 인간관계만큼 어렵고 힘든 것이 없을 것이다. 우리가 다른 사람들과 바람직한 관계를 형성하기 위해서는 다른 사람을 이해하고 수용해야 하며, 타인을 존중하면서도 자신의 입장을 잘 표현할 수 있는 인간관계의 원리와 지식과 기술이 필요하다. 이러한 기술은 타고나는 것이 아니라 배우면서 습득하는 것이다.

교재를 발간함에 있어 인생을 살아가는데 토대가 되는 사회 즉, 조직생활에서 인간관계의 중요성을 이해하고 바람직한 인간관계를 맺으려고 노력하는 이들에게 이론적으로 그리고 실제적 도움이 될 수 있기를 기대한다.

출간을 위해 노력해주신 북넷 관계자 여러분들에게 다시 한 번 감사의 인사를 전합니다.

2019년 8월

저자 일동

차 례

제 1 장 조직행위론 속의 조직과 경영관리자

제 2 장 인간관계

제 3 장 성격과 태도

제 4 장 동기부여

제 5 장 자긍심과 자아개방

제 6 장 리더십

제 7 장 커뮤니케이션 의사소통

제 11 장 직업과 윤리

제 12 장 경력관리와 자기개발

제 13 장 글로벌문화와 인간관계

제1장

조직행위론 속의 조직과 경영관리자

경영학은 조직활동을 연구대상으로 발전된 실천학문이기 때문에, 경영학을 공부하기 위해서는 먼저 조직이란 무엇인가, 또는 그 조직은 누구에 의해 관리되는가를 이해해야 한다. 이를 위해 학자들이 연구해 온 조직에 대한 기초지식과 경영학교육의 목표인 경영관리자에 대해 살펴보기로 하자.

조직행위의 기본개념

1.1 조직행위의 의의

현대사회는 많은 조직들로 이루어져 있고, 사람들은 서로 다른 조직의 구성원으로서 사회생활을 해 나가고 있다. 모든 사람은 누구나 여러 사회조직들과 관계을 맺고 있고, 직장이라는 경제조직에 종사하면서 조직의 발전을 위하여 일하고 있다. 따라서 사회를 구성하고 있는 조직을 연구하여 이에 대한 이해도를 높이고 조직의 효율성을 높이는 것은 기업과 같은 경영조직의 경우에 매우 중요한 과제인 것이다.

조직행위론(organizational behavior : OB)이란 조직구성원들의 행동이나 태도를 체계적으로 연구하는 학문이다. 보다 정확한 결론을 도출해 내기 위한 목적으로 통제된 상황에서 과학적인 방법으로 실증자료를 수집 및 측정하고 그것을 엄밀한 방법으로 해석함으로써 인과관계를 규명하려고 노력한다. 따라서 조직행위론은 조직자체의 행동이 아니라 '조직내 인간의 행동'을 연구하는 학문이다.

1.2 영 역

조직행위론은 조직론의 한 분과영역으로서 인접 타학문분야와는 구별된다. [그림 1-1]은 조직행위론과 인접학문영역과 비교, 설명하는 그림이다.

조직을 대상으로 연구하는 조직론은 보는 관점에 따라 크게 거시적 관점과 미시적 관점으로 구분되는데, 거시적 관점은 다시 조직이론에 대하여 연구하는 이론적 관점과 조직개발에 대해 연구하는 실용적 관점으로 나뉜다. 그리고 미시적인 관점 역시 조직행동을 연구하는 이론적 관점과 인적자원관리를 다루는 실용적 관점으로 나뉜다.

결국 조직행위론 또는 조직행동론이란 미시적이고 이론적인 관점에서 접근하는 조직내 인간행동을 연구하는 조직론의 분과영역으로 이해할 수 있다.

그림 1-1 **조직행위론의 영역**

1.3 목 적

일반적으로 조직행위론은 관리자의 인간관계적 기술의 개발과 관련된 학문분야로 이해되고 있다. 구체적으로 조직에서의 인간의 행동을 설명하고 예측하며 통제하는 데 도움을 주는 것이다.

1. 인간행위의 설명

개인이나 집단이 왜 그렇게 행동하였는가에 대한 해답을 얻기 위한 노력은 곧 '인간의 행동을 설명'하려는 노력인 것이다. 즉 우리가 어떤 현상을 이해하려면 그것을 설명하는 것부터 시작하여야 하며 그 현상에 대한 이해가 이루어지고 나서야 비로소 현상의 원인을 규명할 수 있는 것이다.

2. 인간행동의 예측

예측은 미래의 사건에 초점을 맞춘다. 행동의 예측을 통해서 우리는 어떤 특정한 조치가 어떤 결과를 초래할 것인가를 규명하려고 한다. 즉, 관리자는 조직행위론의 지식을 기초로 하여 변화에 대한 종업원의 행동반응을 예측할 수 있다.

3. 인간행동의 통제

종업원으로 하여금 직무수행에 보다 적극적으로 임하도록 통제를 가하는 것은 비윤리적이고 개인자유의 이념과 모순된다는 점에서 비난받기도 한다. 그러나 조직행위론 지식을 실제 조직에 적용하는 것은 조직의 성과를 올리는 데 많은 공헌을 하고 있는 것은 사실이다.

1.4 학문적 성격

1. 인본주의적 · 규범적 성격

조직행위론은 인본주의적이며 규범적인 학문이다. 조직행동은 경제적 성과를 중요시하는 동시에 인간적 측면에서 조직구성원에 대한 영향도 중요시 한다. 조직행동은 단순히 인간행동에 대한 서술적인 연구에 그치지 않고 조직의 목표달성에 필요한 성과를 지향함과 동시에 인본주의적 인간가치를 중심으로 조직의 변화를 강조함으로서 학문의 규범적인 성격을 나타내고 있다.

2. 성과지향적 성격

한 조직에 어떤 구체적인 성과를 나타내도록 노력하는 것이 궁극적인 목표이다. 기업의 경우 목표를 경제적 성과달성으로 하고 있다. 실제로 조직의 성과를 올리려면 조직체에 많은 변화가 요구되므로 조직행동은 이러한 변화를 유도하고 발생시키는 데 중점을 두고 있다.

3. 과학적 · 상황적 성격

조직행위론은 과학적인 병법과 상황적인 접근을 적용하는 학문이다. 또한 조직연구에 있어서 여러 사회과학분야에서 개발한 과학적 방법을 많이 활용하며, 조직에 대한 정확하고 객관적인 이론과 개념을 도출하고자 한다. 또한 조직행동은 보편적인 이론이나 원리를 추구하기보다는 조직행동에 작용하는 여러 가지 변수들 간에 상호관계를 중요시하는 상황적 접근방법을 강조하고 있다.

1.5 조직행위론에 공헌한 학문분야

1. 심리학(Psychology)

심리학은 개인의 독특한 행위를 연구하고 이해하려는 노력하에 인간이나 다른 동물들의 행위를 측정·설명하고 때로는 변화시킬 수 있는 방법을 탐구하는 학문이다. 또한 조직행위론의 지식확대에 꾸준히 공헌해 왔는데, 그 영역으로는 학습, 퍼스낼리티, 상담심리학, 산업 및 조직심리학 등을 들 수 있는데, 그 중 산업 및 조직심리학의 공헌이 특히 두드러진다.

2. 사회학(Sociology)

심리학자들은 관심의 초점을 개인에게 두고 있는 반면, 사회학자들은 개인이 자신의 역할을 수행하고 있는 사회시스템에 대한 연구에 관심을 갖는다. 즉 사회학은 타인과의 관련하에서 인간을 연구하는 것이다. 사회학은 조직중에서도 특히 공식적이고 복잡한 조직내의 집단행위의 연구를 통해 조직행위론에 공헌해왔다.

3. 인류학(Anthropology)

인류학은 인간의 본질과 인간활동의 본질을 파악하고, 인간의 행위가 자신이 속한 문화와 함수라는 이론은 인류학의 조직행위론에 대한 공헌을 단적으로 나타내 준다. 근본적인 가치관과 태도 및 행동의 수용가능성 여부에 관한 규범상의 차이는 사람들의 행동방식에 영향을 미칠뿐만 아니라 상이한 문화권의 사람들 간의 행위상의 차이를 설명해 준다.

조직이란 무엇인가?

우리는 일상생활에 필요한 다양한 상품과 서비스를 나날이 편리하게 사용하고 있다. 이러한 상품과 서비스는 조직에 의해 생산공급되며, 또한 사람들은 조직활동을 통해 살아가고 있다. 이렇듯 조직은 현대생활의 삶과 긴밀한 관계를 갖고 있는 것이다. 아니 삶 그 자체인지도 모른다.

현대 산업사회의 눈부신발전은 인간이 창조한 조직이라는 거대한 사이버생명체에 힘입은 바 크며, 이 사이버생명체의 활동에 의해 인간은 실로 꿈에 그려오던 세상을 만들어 가고 있는 것이다. 인간이 희망하는 세상을 만들어 가는 곳이 바로 조직이며, 그 조직을 움직이는 중추적 역할을 경영관리자가 하고 있다.

그러면 학자들이 연구해 온 조직에 대한 정의를 알아보자.

2.1 조직의 정의

많은 학자들은 조직을 정의하기 위해서 다양한 표현을 이용해 설명하고 있다. 그 중에서 중요하게 거론되고 있는 몇몇 학자의 조직에 대한 정의를 연대순으로 알아보자.

조직성원에 관심을 가진 기업경영인 버나드(Barnard)는, 개인적 경험을 토대로 한 그의 유명한 저서 *The Functions of the Exective*에서, 조직은 일정한 목적을 달성하기 위하여 공헌할 의도를 가진 두 사람 이상이 상호의사를 전달하는 집합체라고 하였다. 즉 조직은 단순한 인간집단이 아니라, 성원이 의욕을 가지고 조직의 공동목적을 위해 상호작용하는 활동시스템으로, 조직이 추구하는 목적이 가치창조에 있음을 명백히 하고 있다.

어윅(Urwick)은 조직이란 일정한 목적을 달성하는데 필요한 모든 활동으로 분류하고, 이것을 각 개인에게 할당배분하는 것이라고 정의하였다.

독일의 사회학자로서 합리적 조직이론인 관료제를 창안한 웨버(Weber)는 조직이란 특정한 목적을 가지고, 그 목적을 성취하기 위하여 성원 간에 상호작용하는 인간의 협동집단이라고 정의하였다. 웨버는 분업을 통해 조직목표를 달성하고, 계층에 따른 권한을 배분하는 등 조직활동을 규정하는 제도와 절차에 따른 합리적인 조직활동에 관심을 가져야 한다고 강조하였다.

사회학적 관점에서 조직과 환경의 상호관계에 관심을 갖고, 조직은 계속적으로 환경에 적응하면서 공동의 목표를 달성하기 위해 공식적·비공식적 관계를 유지하는 사회적 구조로 보았다.

에찌오니(Etzioni)는 *Modern Organization*에서, 조직이란 일정한 환경에서 특정한 목표를 구축하여 이를 위해 일정한 구조를 형성하는 사회적 단위라고 정의하였다.

쉐인(Schein)은 *Organizational Psychology*에서, 조직은 공동의 목표를 달성하기 위하여 노동과 직능을 분화하고, 이에 권한과 책임을 부여한 계층을 통해 조직성원의 활동을 합리적으로 조정하는 것으로 보았다.

카츠와 칸(Katz & Kahn)은 *The Social Psychology of Organization*에서, 사회학적인 거시적 관점과 심리학적인 미시적 관점을 조화시키고, 시스템이론을 바탕으로 조직활동을 정의하였다. 그들에 의하면 조직은 공동의 목표를 달성하도록 내부관리를 위한 규제장치와 외부관리를 위한 대응구조를 갖춘 인간집단으로서, 내부시스템은 생산구조, 지원구조, 조정구조로 나뉘며, 공식적 역할과 권한의 계층을 구분하여 활동의 효율성을 강조하고 있다고 하였다.

맥퍼랜드(McFarland)는 조직이란 어떤 작업상황에서 성원 개개인의 지위간에 모든 활동의 관계를 형성하는 구조를 갖고, 그 구조가 창출 및 유지되는 과정이라고 정의하였다.

이와 같이, 조직을 보는 학자간에는 표현의 차이가 있긴하지만 몇 가지 공통점이 발견된다. 요컨대, 조직은 성취하고자 하는 공동의 목표를 가지고 이를 달성하기 위해 의도적으로 체계화된 구조에 따라 성원이 상호작용하며, 외부환경에 적응하는 인간의 사회적 집단이라고 정의할 수 있다.

2.2 조직의 필요성

사람들은 해결해야 할 많은 문제를 경험하면서 살아간다. 이러한 문제들은 인간이 소유한 욕구를 충족하기 위해 생겨나는 것인데, 조직은 가장 근본적인 생·로·병·사의 문제를 포함한 이 문제들을 해결해 준다. 인간이 조직을 통해 추구할 수 있는 것을 정리해 보면 다음과 같다.

1. 조직생활을 통한 삶의 이상구현

우리는 오랜 세월을 통해 인간이 추구해 오던 모든 문제들이 조직활동을 통해 달성되어 온 것을 알고 있다. 예컨대, 인간의 고통을 감소시키기 위한 현대의학 및 교통통신의 발달, 컴퓨터에 의한 생활의 편익, 호기심을 만족시키는 해저탐사, 우주비행, 인류의 영원한 염원이었던 달 탐사 등 인류가 상상해 오던 많은 꿈을 조직활동을 통해 실현하고 있는 것이다. 조직활동의 결과로서 현대조직이 생산하는 이 무한한 편익은 지구전체를 하나의 생활권으로 만들었을 뿐 아니라, 온 우주를 하나의 사고권으로 통합시키고 있다.

2. 조직생활을 통한 삶의 완성

우리는 조직이 제공하는 시설에서 태어나 교육받으며 가장 기초적인 의식주를 모두 해결한다. 살고 있는 터전도 조직의 일부이며, 차를 타고 TV를 보고 각종 경기에 참관하는 것도 모두 조직활동과 연관되어 있다. 실로 조직과 함께 삶이 존속된다고 할 수 있을 뿐 아니라, 조직에 참여함으로써 자신의 잠재능력을 발휘할 기회를 얻고, 능력발휘에 의한 생산활동을 통해 살아있는 존재의 긍지를 누리게 된다. 또한 조직생활은 새로운 경험을 하게 함으로써 새로운 사람들을 만나고, 새로운 지역을 여행하고 새로운 가치를 창조함으로써 자신을 성숙시키고 삶의 의미를 찾아 일생을 완성시킬 수 있는 터전이 된다.

3. 조직생활을 통한 삶의 편익의 생산 및 분배

조직은 인간의 다양한 욕구를 실현하기 위한 편익을 생산 및 분배하는 기본단위이다. 즉 살아가는 데 필요한 모든 상품과 서비스를 생산함으로써 생활의 질을 향상시키고 개인적인 꿈을 실현할 수 있는 터전이다. 이렇게 개인의 능력의 한계를 극복하고 개인단위에서 달성하기 어려운 일을 가능케 함으로써 조직은 인류발전에 기여해 왔다.

2.3 조직의 유형

조직의 유형은 구조화되어 있는 정도에 따라서 공식조직과 비공식조직, 내부적 속성, 조직과 환경의 관계, 조직이 사용하는 기술 등으로 나누어 검토할 수 있다.

1. 공식조직과 비공식조직

① **공식조직** : 조직의 권한과 책임관계가 잘 정의된 구조를 갖추고, 성원에게 할당된 직무가 명백한 목표, 지위, 보수 등이 잘 정해져 있으며, 모든 활동이 통제된다. 또한 성원의 자격요건이 엄격하며 모든 활동이 사전에 마련한 계획에 의해 수행된다.

② **비공식조직** : 성원간의 관계나 활동이 엄격히 정의되어 있지 않아 융통성이 발휘되며, 성원의 자격요건과 구분도 명확하지 않다. 동호회활동이나 클럽활동 등 우리주변에서 흔히 볼 수 있다. 이 비공식 조직활동은 독자적인 계층의 목소리를 내기 때문에 중요한 정보의 원천이 되어 조직을 관리하는 데 큰 도움을 주고 있다.

2. 수혜자기준에 의한 분류

블로우와 스콧(Blau & Scott)는 조직활동의 수혜자에 따라 조직을 분류하고 있다.

① **상호호혜조직**(mutual-benefit organizations) : 정당, 노동조합, 종교단체, 학회 등 전문직단체와 같은 조직성원이 주된 수혜자이다. 이러한 조직은 구성원의 참여에 의한 관리와 통제를 보장하는 민주적 절차에 따라서 운영하는 것이 가장 중요한 요건이 된다.

② **영리조직**(business organizations) : 소유주가 주된 수혜자인 기업조직이다. 기업조직은 경쟁적 환경에서 생존하고 성장하기 위해 조직활동의 능률을 극대화한다. 영리추구를 목적으로 하는 모든 제조업과 서비스산업이 이 분류에 속한다.

③ **서비스조직**(service organizations) : 사회사업기관, 학교와 같은 조직으로 고객이 주된 수혜자이다. 서비스조직은 고객에 대한 봉사의 극대화가 가장 중요하지만, 종종 업무수행의 절차와 부서간에 갈등이 발생한다.

④ **공익조직**(commonweal organizations) : 정부의 행정조직과 군대조직, 경찰조직 등과 같이 일반국민을 위한 조직활동이다. 국민이 주된 수혜자이기 때문에 국민에 의한 통제가 가능하도록 민주적 장치가 잘 되어있어야 한다.

3. 목적과 기능에 의한 분류

칸츠와 칸(Kanz & Kahn)은 조직활동을 사회적 목적 또는 기능에 따라 경제적 생산을 목적으로 하는 조직, 정치적·관리적 목적을 지향하는 조직, 유지기능적 조직, 적응적 조직으로 나눈다.

① **경제적 조직** : 인간사회에서 소비되는 재화나 서비스를 생산하는 모든 기업조직

② **정치적·관리적 조직** : 정부의 행정기관이나 노동조합 등 권력의 창출과 배분을 통해 사회적 질서를 유지관리하는 조직

③ **유지기능적 조직** : 학교와 교회, 갱생분야의 교정기관 등 조직생활과 사회생활을 수행할 수 있도록 교육시킴으로써 사회적 규범을 통합하고 유지하는 조직

④ **적응적 조직** : 대학이나 연구기관, 예술활동 등 지식을 창출하고 이론을 정비하여 사회현상을 설명하는 등 사회적 조화를 이루어 나가는 조직

4. 복종의 구조에 의한 분류

에찌오니는 상급자가 행사하는 권한과 그에 대응하는 부하의 태도 간에 이루어지는 복종의 구조(compliance structure)를 기준으로 조직을 분류했다.

[그림 1-2]에서와 같이, 에찌오니는 세 유형의 강압적·경제적·규범적 권한을 통제수단으로 사용하고, 이에 대응하는 복종의 종류를 굴종적·타산적·도전적 형태로 보아 강압적·공리적·규범적 조직으로 분류하였다.

그림 1-2 **에찌오니의 조직분류**

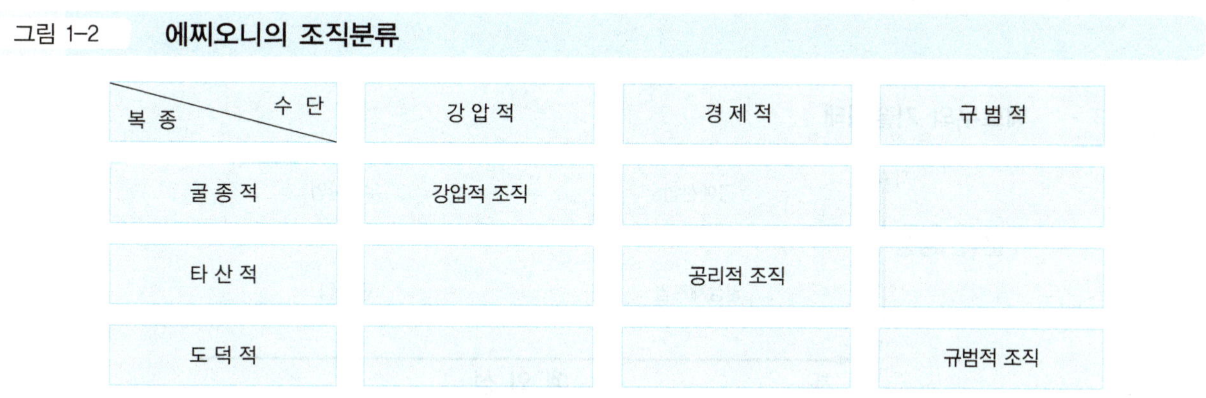

복종 \ 수단	강압적	경제적	규범적
굴종적	강압적 조직		
타산적		공리적 조직	
도덕적			규범적 조직

① **강압적 수단** : 상급자가 하급자를 위협하는 통솔방법이며, 이 때 하급자의 반응은 굴종적으로 나타난다. 하급자는 조직을 떠나고 싶으나 여건이 여의치 못해 그대로 남아 복종할 수밖에 없는 강압적 조직의 형태가 된다.

② **경제적 수단** : 물질적 보상을 바탕으로 상급자가 통솔력을 발휘할 경우, 하급자는 그 보상이 적절하다고 판단되는 범위내에서만 복종하는 형태의 관계로, 공리적 조직이라고 일컫는다.

③ **규범적 수단** : 인격과 사명감, 애정 등 감정적·도덕적 가치를 바탕으로 통솔하는 관계로서 부하는 도덕적 복종을 하게 되고, 조직활동은 부여된 임무를 가치있는 행위로 접수하는 규범적 조직의 형태를 취한다.

5. 사용하는 기술에 의한 분류

우드워드(Woodward)는 조직이 사용하는 기술의 복잡성 정도를 기준으로 하여 단위 소량생산과 대량생산, 연속생산으로 나누었다.

① **단위소량생산**(unit, small batch production system) : 한 사람이 완제품을 생산하는 방식으로 장인들의 생산방식이다.

② **대량생산**(mass production) : 분업에 의한 대량생산방식이다.

③ **연속생산**(continous process production) : 화학물질같은 연속적인 생산물을 생산하는 조직형태이다.

페로우(Perrow)는 [그림 1-3]에서와 같이, 기술의 예외성과 분석가능성 정도를 기준으로 공예산업과 우주산업, 일상제조업, 중공업으로 조직활동을 분류하였다.

그림 1-3 **페로우의 기술형태**

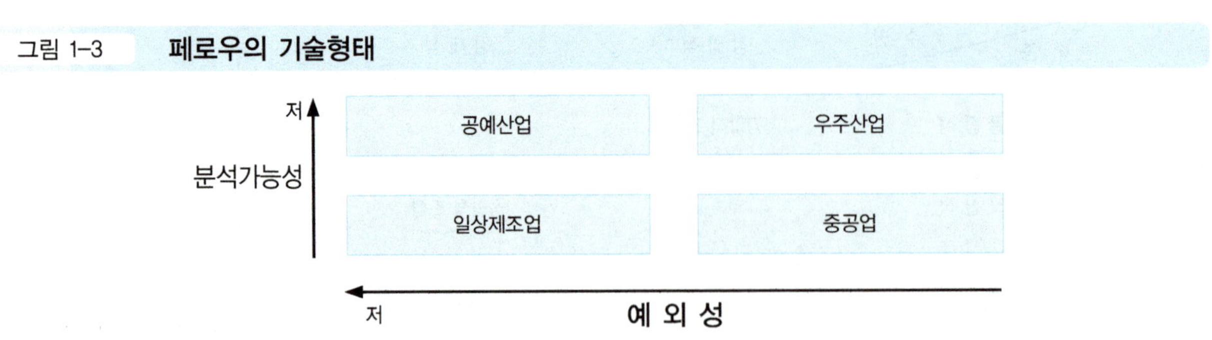

조직의 유형은 그 밖에도 참여자에 따른 분류와 환경에 따른 분류 등 여러 가지로 설명하고 있다. 이는 학자들이 조직활동의 이해를 돕기 위해 그들이 관심을 갖는 요소에 초점을 맞추기 때문이다.

2.4 조직의 구성 요소

어떤 많은 요소들이 조직을 구성하고 있는가 하는 문제에 대해 수많은 논의가 있다. 그 중 가장 설득력 있는 이론을 소개하면 다음과 같다.

힉스와 궐레크(Hicks & Gullet)는 모든 조직에는 공통적 핵심요소(core element)와 활동요소(working element)가 있다고 보았다. 핵심요소는 조직을 구성하고 있는 성원이고 활동요소는 조직이 가동되는 데 필요한 모든 물적자원을 포함한다.

레비트(Leavitt)는 [그림 1-4]에서와 같이 조직을 구성하는 요소로 과업과 인적자원, 기술, 그리고 구조가 상호작용하는 체계로 보고 있다.

① **과업**(tasks) : 조직의 목표를 포함한 모든 조직활동을 말한다. 예를 들면 재화와 용역을 생산하는 활동, 관리유지하는 활동, 정보를 수집관리하는 활동, 구매조달하는 활동 등이 포함된다.

② **인적자원**(people) : 조직을 구성하고 있는 성원을 가리킨다. 개인이 소유한 기술이나 경험, 능력 등이 포함된 개념이다.

③ **기술**(technology) : input을 output으로 변환시키는 조직의 문제해결능력을 가리킨다. 조직의 작업기술과 생산방법, 업무기술, 물자 및 정보시스템, 기계설비 등이 포

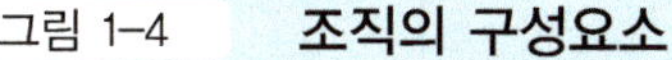
그림 1-4 **조직의 구성요소**

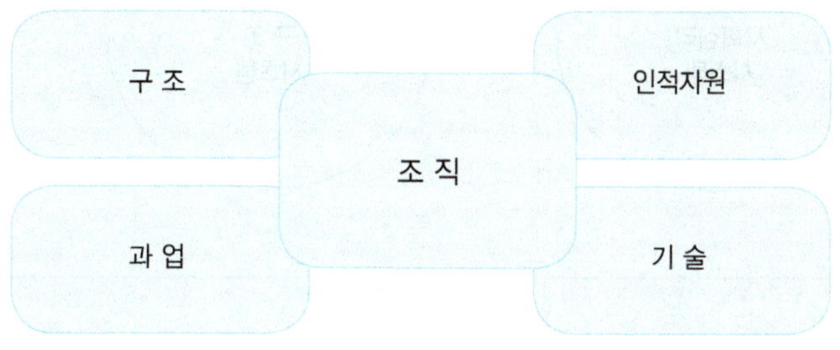

함된 개념이다.

④ **구조**(structure) : 커뮤니케이션, 권한이나 역할, 업무의 흐름, 보고계통, 의사결정시스템 등을 말한다.

이 네 가지 조직의 구성요소는 서로 긴밀한 상호작용을 하며, 어느 한 구성요소의 변경은 모든 요소에 영향을 미쳐 다른 요소의 변화를 가져온다.

Open system의 관점에서 카스트와 로센즈위그(Kast & Rosenzweig)는 환경과 끊임없이 상호작용해야 하기 때문에 상호 의존적인 목표가치시스템, 기술시스템, 구조시스템, 사회-심리시스템, 그리고 상호작용하면서 하나의 전체시스템을 구성하는 중심적 기능체제인 관리시스템 등 다섯 개의 시스템으로 나누어 검토하였다.

그러면 이 다섯 개의 시스템을 살펴보도록 하자

① **목표가치시스템**(goal-value system) : 조직활동을 규정하는 역할을 한다. 조직활동의 목적인 가치창조는 사회적·문화적 환경에서 필요로 하는 편익을 제공하는 것이다. 따라서 환경이 요구하는 가치를 생산하기 위한 활동이 조직의 목표와 가치를 구성한다.

그림 1-5 **조직시스템의 구성요소**

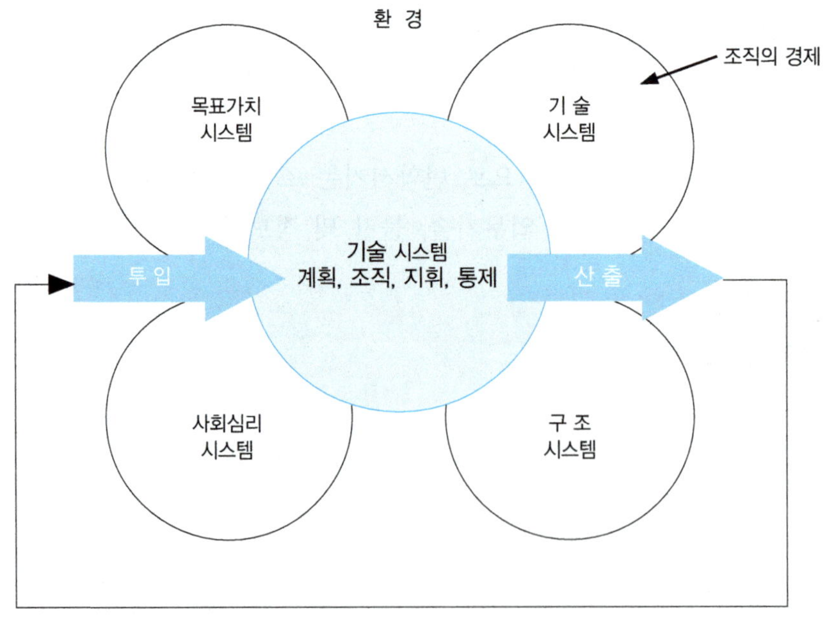

② **기술시스템**(technological system) : 조직의 생산활동에 필요한 모든 지식과 기법, 장비 및 설비 등을 말한다. 이러한 기술은 조직의 활동에 따라 달라지며, 다른 시스템에 큰 영향을 미친다.

③ **구조시스템**(structural system) : 조직활동을 구분하는 것으로 분화와 통합, 권한, 커뮤니케이션, 작업과정 등으로 세분된다. 가시적으로는 조직표와 직무기술서, 규정 및 절차 등 조직이 만들어 둔 모든 공식적인 유형이 이 시스템에 속한다.

④ **사회·심리시스템**(psycho-social system) : 조직성원의 사회·심리적인 영향을 말하며, 개인행동과 동기부여, 신분관계, 역할관계, 집단역학 등으로 구성되어 있다.

⑤ **관리시스템**(managerial system) : 조직활동과 환경요인을 연결관리하고, 조직활동의 궁극적 목적인 목표를 달성하기 위한 제반활동, 즉 계획, 조직화, 통솔 및 통제하는 과정을 포함한다.

03 경영관리자

조직은 인간사회가 필요로 하는 편익을 생산하기 위해 인위적으로 만든 인간집단이다. 조직이 활동하여 가치를 창조하기 위해서는 여러 가지 생산요소의 결합이 필요한데, 그 중에서 가장 기본적인 구성요소가 인간적 요소임을 살펴보았다. 사실 조직활동의 성패는 이 인간적 요소의 창의적이고 능동적인 활동에 달려있다고 할 수 있다.

그 인적자원은 크게 둘로 나눌 수 있는데, 하나는 직접적이고 구체적인 작업활동을 수행하는 계층이고, 또 하나는 조직활동을 더 합리적이고 효과적으로 수행하도록 계획하고, 조직화하고, 통솔하며, 통제하는 관리활동을 하는 계층이다.

관리계층의 활동은 특별한 기술과 능력을 구비한 인적자원으로 구성되어 있다. 이렇게 조직전체를 관리하고 통솔하며, 조직활동을 일정한 방향으로 성원의 활동과 조화시키는 노력의 주체를 경영관리자라고 한다. 조직의 경영관리자들은 사회적 가치를 생산하기 위해 조직이 활용할 수 있는 모든 자원을 동원하여 조직의 목표를 수행한다.

3.1 경영관리자의 유형

경영관리자는 여러 가지 기준에 따라 분류된다. 우선 직위에 따라서 최고경영자(top management)와 중간관리자(middle manager), 일선관리자(low manager)로 나뉘고, 계층에 따라서 최고경영층과 중간관리층, 하위관리층으로 나뉘며, 또 기능에 따라서 line manager, functional manager, general manager로 나뉜다.

이들 경영관리자는 계층에 따라 상이한 형태를 보이고 있지만, 관리자의 관리기능인 계획과 조직화, 통솔, 통제 등의 활동을 수행한다. 구체적인 차이점은 [그림 1–6]에서 비교해 볼 수 있다.

그림 1–6 **최고경영자와 관리자**

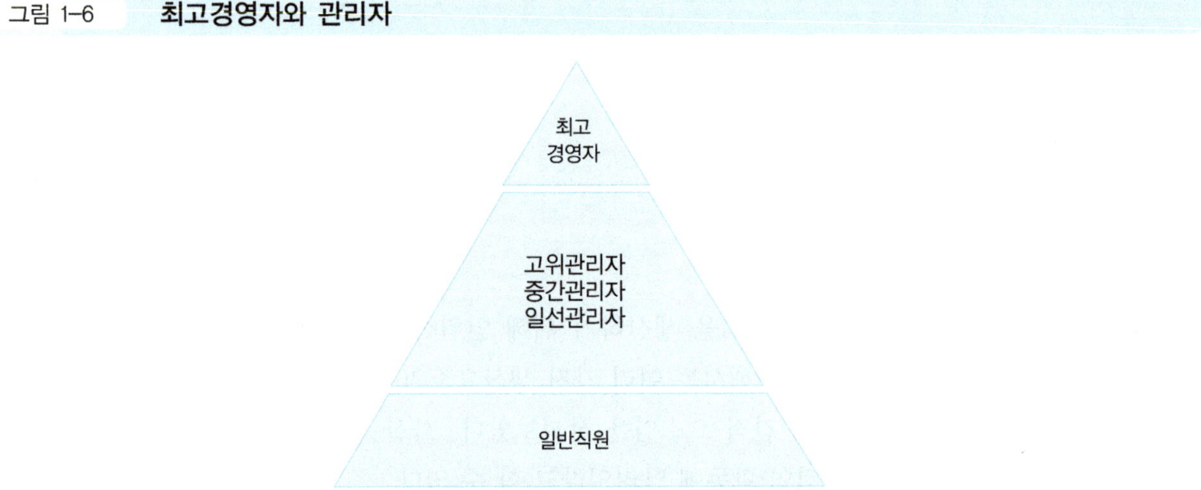

소유와 경영을 분리하는 관점에서 경영관리자를 일컬을 때 다음과 같은 용어를 사용한다.

1. 소유경영자

기업생성의 초창기에 흔히 볼 수 있는 현상으로서, 기업의 초기에는 생산활동이 단순하고 조직규모가 작기 때문에 개인이 자본출자와 관리를 병행하게 된다. 자본조달 및 조직운용, 위험부담, 의사결정, 통솔, 통제 등 모든 활동을 담당하게 되는 소유경영자는 중소기업에서 많이 찾아볼 수 있고, 대기업이라 하더라도 자본의 대부분을 출자하고 조직활동의 일선에서 기업경영에 참여하고 있다면 소유경영자라고 한다.

2. 고용경영자

생산활동이 복잡다양해지고 기업규모가 커짐에 따라 경영관리자의 역할도 다양해지면서 종래의 소유경영자의 능력에 한계가 드러난다. 이런 경우에는 모든 조직활동을 소유경영자가 담당할 수 없는 만큼 다른 경영관리자를 고용하여 관리기능의 일부를 분담하게 된다. 이와 같이 대리인을 임명하여 관리기능을 수행하게 함으로써 소유경영자의 활동을 대신하는 경영관리자를 고용경영자라고 한다.

3. 전문경영자

전문경영자는 산업사회의 산물로서 대규모의 생산조직과 복잡해진 조직활동으로 인하여 전문적 기술을 구비한 경영관리자가 필요하게 되었다. 조직은 전문경영자에 의해 효율적인 생산요소의 결합과 급변하는 환경에 적응하며, 장기적인 경영예측 등 조직을 합리적으로 관리하여 경쟁력을 제고시킨다. 더구나 출자자의 주식은 조직성장과 더불어 광범위하게 분산되어 소유주식에 의한 지배가 불가능해지므로, 전문적 지식과 능력을 갖춘 전문경영자가 필요하게 된다. 이에 전문경영자의 등장으로 소유와 경영의 분리가 가능해지고, 주주라는 이해집단의 소유권에 구애됨이 없이 전문경영자에 의해 기업의 사회적 책임과 공익성이 실현되는 산업사회의 경영활동을 할 수 있게 되었다.

3.2 경영관리자의 역할

경영관리자의 역할이란 경영관리자가 해야 할 일의 구체적 내용을 말한다.

민쯔버그(Mintzberg)는 조직의 경영관리자들이 출근하여 퇴근할 때까지 실제로 일하는 모습을 관찰하고 기록하여 경영관리자의 역할을 다음과 같이 요약정리하였다.

[그림 1-7]에서와 같이 경영관리자는 크게 대인간역할, 정보역할, 의사결정역할 등 세 가지 중요한 일을 수행한다.

대인간역할은 조직의 대표자, 리더, 그리고 연락자로서의 역할을 수행한다. 정보역할은

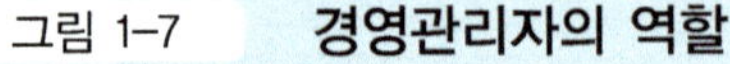
그림 1-7 경영관리자의 역할

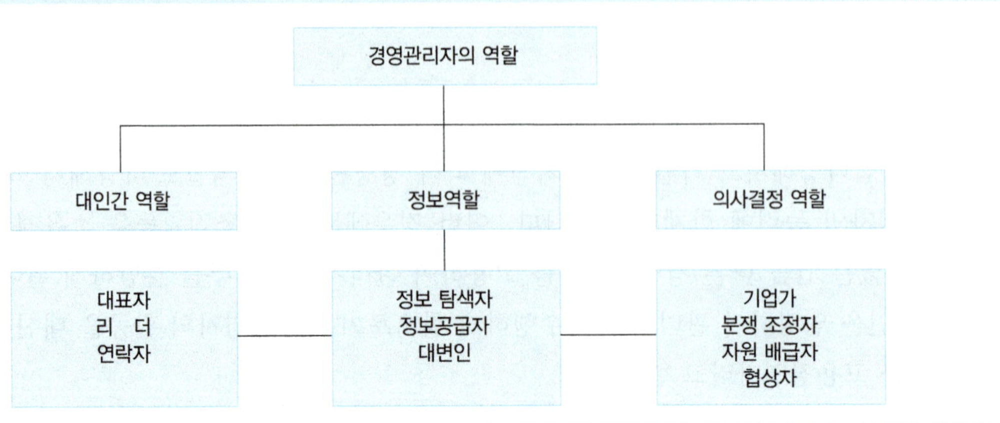

정보탐색자와 정보보급자, 대변인으로 활동하고, 의사결정역할에서는 기업가적인 중요한 의사결정을 해야 하며, 조직 내 분쟁의 조정자로서 자원을 배분하는 결정과 협상하는 일을 한다.

1. 대인간역할

경영관리자들은 많은 시간을 들여 부하들과 동료, 상급자, 고객, 언론인 등 다양한 사람들을 만난다. 이런 만남을 통해서 조직을 대표하는 역할, 리더의 역할, 연락하는 역할 등 중요한 역할을 수행하며, 이런 역할들은 경영관리자에게 부여된 공식권한을 통해 행사하게 된다.

(1) 대표자

대표자 역할은 경영관리자에게 가장 기본적인 역할로 경영관리자는 의전(儀典)과 상징적인 기능에서 조직을 대표한다. 단위조직의 장(長)으로서 경영관리자는 방문객의 접견 및 조직외부에 대한 책임자로서 조직의 이미지와 성공에 필요한 대표자역할을 담당한다.

(2) 리 더

조직활동의 목표를 달성하기 위해 작업과 관련하여 부하를 독려하고 지도하며, 동기를 부여하고 비전을 제시함으로써 리더십을 발휘한다.

(3) 연락자

경영관리자는 조직내외의 여러 사람과 접촉함으로써 조직활동을 환경과 상호결합하는 연락자역할을 한다. 조직의 외부인사에는 공무원과 소비자, 고객, 공급업자, 금융기관, 유통업자 등 모든 이해 관계자가 포함된다. 이렇게 상호 작용함으로써 조직활동의 성공을 위한 지원을 받을 수 있게 된다.

2. 정보역할

경영관리자는 대인접촉을 통해 많은 네트웍을 형성함으로써 중요한 정보의 경로를 만들어 간다. 이러한 활동으로 조직의 신경중추(nerve center)로서 정보탐색자와 정보보급자, 대변인 등의 정보역할을 수행한다.

(1) 정보탐색자

조직활동에 영향을 주는 각종 정보와 기회, 문제점 등을 찾기 위한 조직내외에 대한 활동을 말한다. 이를 위해 조직내외에 네트웍을 구축하여 각종 정보를 입수할 수 있도록 많은 노력을 기울인다.

(2) 정보보급자

경영관리자는 부하들과 다른 조직성원들에게 자신이 갖고 있는 정보를 전파하는 역할을 한다. 정보를 전파함으로써 조직성원이 더 생산적이고 능률적으로 일에 임할 수 있도록 하는 것이다.

(3) 대변인

경영관리자는 조직의 외부사람들에게 자기 회사의 경영철학과 투자방침, 조직의 건전성 등과 같은 공식적인 입장을 알림으로써, 조직의 대변인역할을 한다.

3. 의사결정역할

경영관리자는 조직활동의 새로운 목표설정과 조직활동을 효율적이고 효과적으로 달성하기 위하여 많은 의사결정을 하고 있다. 경영관리자의 역할 가운데 의사결정만큼 중요한 것은 없을 것이다.

의사결정에는 기업가(entrepreneur)로서의 의사결정, 조직활동에서 분쟁을 일으키는 조직성원의 조정(disturbance handler), 조직자원의 배분(resource allocator), 그리고 조직내외 문제에 대한 협상자(negotiator)로서의 역할 등이 있다.

(1) 기업가

경영관리자의 기업가로서의 역할은 조직의 새로운 프로젝트나 사업의 설계 및 착수를 말한다. 환경변화에 대응하여 위험부담을 안고서 새로운 문제에 부딪혀야 하기 때문에, 그때마다 기업가로서의 모험을 감수해야 한다.

(2) 분쟁조정자

경영관리자는 자기조직의 활동을 원만히 하기위해 조직활동에 지장을 주는 모든 문제를 조정해야 한다. 예컨대, 노조에 의한 쟁의, 공급업자의 도산, 주요 고객의 계약파기 등 조직활동을 저해하는 위기로부터 모면할 수 있는 모든 방책을 강구해야 한다.

(3) 자원배분자

경영관리자는 조직의 자원과 설비, 인적자원, 시간 등 부족한 자원을 효과적으로 활용하기 위해 적절한 선택을 요구받는다. 따라서 이러한 경쟁적인 제한사항에 지혜롭게 대처할 수 있어야 한다.

(4) 협상자

경영관리자의 협상대상은 대정부간, 고객, 공급자, 노조, 경쟁관계 등에서 발생된다. 경영관리자는 발생할 수 있는 모든 종류의 갈등에서 상호 간의 차이점을 토의하여 합의에 도달할 수 있도록 요구받고 있는 것이다.

3.3 경영관리자의 책임

조직의 경영관리자는 조직활동의 성패에 대해서만 책임이 있는 것이 아니다. 사회적 기능의 측면에서 고용증대와 지역사회의 복지에도 관심을 가져야 하고, 이해집단의 상호 균형적 발전을 통해서도 조직의 발전을 도모해야 한다. 성원의 능력을 배양시켜 스스로 성숙할 수 있게 하여 조직이 경쟁력을 갖고 성장함으로써 궁극적으로 국가발전에 기여한다.

이와 같이, 조직의 경영관리자가 수행해야할 책임은 조직내부의 활동에 국한되는 책임과 조직의 대외적 문제에 대한 책임으로 나누어 생각할 수 있다. 대내적 책임은 조직활동의 유지 및 발전에 대한 책임, 조직성원의 성장에 대한 책임, 후계자양성에 대한 책임 등이 있으며 대외적 책임은 이해집단의 조정에 대한 책임, 지역사회의 공헌에 대한 책임으로 나누어 고찰할 필요가 있다.

1. 조직활동의 유지 및 발전에 대한 책임

조직은 하나의 생명체로서 계속 성장발전해야 한다. 이렇게 조직이 경쟁력을 구비하여 환경에 적응하면서 성장발전하는 데 가장 중요한 것이 경영관리자의 활동이다. 물론 성원의 모든 활동이 중요한 관건이 되긴 하지만, 그 중에서 조직의 정책결정과 자원배분의 활동을 담당한 경영관리자의 비중이 가장 크다.

2. 조직성원의 성장에 대한 책임

조직성원의 창의력과 능력, 기술은 조직의 경쟁력을 제고하는 데 결정적인 작용을 하며, 성원은 자신들의 활동에 의한 성과에 따라서 성취감과 함께 사회적 보상을 받는다. 이렇게 성원은 조직활동을 통해 숙달되고 새로운 활동의 기회를 얻으며, 조직활동을 통한 경험으로 성장발전하는 것이다. 조직의 모든 경쟁력과 성과가 성원의 활동에 의해 생산되므로, 조직을 관리하는 경영관리자는 이들에게 성장할 기회와, 나아가 삶의 의미를 찾을 수 있도록 새로운 도전의 장을 마련할 책임이 있다.

3. 후계자 양성에 대한 책임

조직이 장기적으로 성장발전하기 위해서는 조직의 경영관리자들이 계속하여 환경에 잘 적응하면서 경쟁력을 제고할 수 있도록 조직을 잘 관리해야 한다. 그러나 인간의 활기왕성한 활동기간은 제한되어 있고, 과거의 환경에 잘 적응한 경영관리자는 새로운 환경에서 계속하여 성공적인 성과를 기대하기가 어렵다. 특히 전통적인 경제사회에서는 새로운 기회가 드물었지만, 급변하는 환경에서는 많은 새로운 도전의 기회가 발생한다. 이러한 새로운 기회를 잡기위해서는 자신의 일을 맡길 만한 후계자가 있어야만 업무를 인계하고 새로운 도전의 기회를 포착할 수 있다. 즉 조직의 계속적인 성장발전을 위해서는 자신의 일을 맡길 수 있는 후계자양성이 중요한 책임이 된다.

4. 이해집단의 조정에 대한 책임

조직활동은 많은 이해집단의 관심을 받게 된다. 조직의 이해집단으로는 주주와 고객, 공급자, 정부기관, 경쟁자노조, 소비자단체, 환경단체 등 많은 집단과 상호 교류하며 그들의 관심에 귀를 기울여야 한다. 조직이 경쟁력을 갖고 성장발전하기 위해서는 이해집단의 이해와 상호균형을 유지해야만 하기 때문이다. 따라서 조직의 경영관리자는 이해관계자와 상호균형적 존속을 유지하고 상호 상생할 수 있도록 협력적이고 자발적인 활동이 요구된다.

5. 지역사회의 공헌에 대한 책임

조직활동은 그 사회의 편익을 생산한다고 하였다. 조직의 경영관리자는 조직활동이 사회성, 공공성, 공익성을 발전시키는 데 기여하도록 해야지, 사회적으로 비난의 대상이 되거나 냉대를 받게해서는 안 된다. 대기오염이나 수질오염을 일으키는 일이 있어서는 안 되며, 더욱이 국민건강과 관련이 있는 소음이나 약물오염, 환경파괴와 같은 민감한 문제에 관심을 갖고 이를 개선하는 역할을 해야 한다. 나아가 조직의 성장발전으로 지역사회의 문화수준과 생활수준을 향상시켜, 지역사회의 생활의 질을 높이는 데 기여할 책임이 있음을 깊이 인식해야 한다.

3.4 효율적인 경영관리자와 성공적인 경영관리자

루탄스(Luthans)는 효율적인 경영관리자와 성공적인 경영관리자를 구별하여, 경영관리자가 실제로 어떤 일을 하는지 관찰하였다. 루탄스에 의하면 효율적인 경영관리자는 조직활동에서 업무성과가 높은 데 비하여, 성공적인 관리자는 가장 빨리 승진하는 관리자를 말한다.

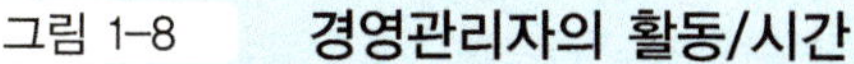
그림 1-8 경영관리자의 활동/시간

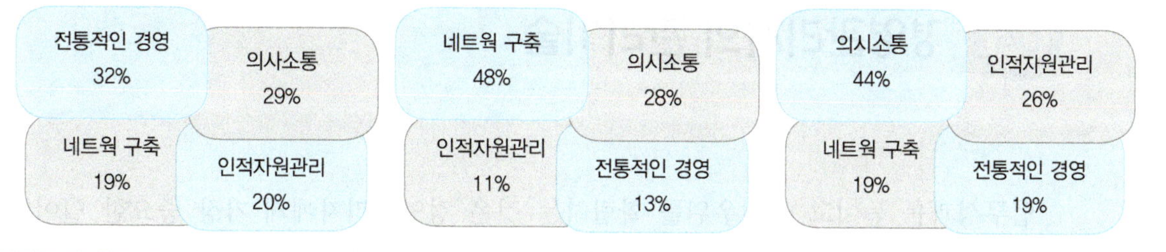

일반적으로 조직활동에서 업무성과가 가장 효율적인 경영관리자가 승진도 가장 빠를것으로 생각되어 왔다. 그러나 루탄스의 연구결과는 일반적으로 알고 있는 바와 달랐다. 다시 말해 성공적인 관리자와 효율적인 경영자는 서로 다른 활동을 하고 있는 것이다.

루탄스는 450명의 경영관리자를 대상으로 경영활동을 조사하여 다음과 같은 네 가지 활동으로 구분하고 있다.

① **전통적인 관리기능** : 의사결정, 계획, 통제
② **커뮤니케이션 활동** : 일상적인 정보교환 및 서류처리
③ **인적자원관리** : 동기부여, 갈등관리, 교육훈련
④ **네트웍구축** : 사교활동, 개인적 인기관리, 외부인과의 접촉

루탄스의 연구결과에 따라 경영관리자의 활동시간을 비교해 보니, 평균적으로 전통적 관리활동에 32%, 커뮤니케이션에 29%, 인적자원관리에 20%, 네트웍구축에 19%를 할애하고 있었다. 그러나 경영관리자들이 이 네 가지 활동에 쏟는시간과 노력의 양은 다양하게 나타났다. 즉 효율적인 경영관리자와 성공적인 경영관리자는 네 가지 활동에 대해 아주 다른 시간할당을 하고 있다.

승진이 빠른 성공적인 경영관리자는 네트웍구축에 가장 많은 시간을 할애하는 반면, 인적자원관리활동에는 최소한의 시간을 배당하였다. 업무성과가 높은 효율적인 경영관리자는 커뮤니케이션과 인적자원관리에 중심적으로 시간을 투자하는 반면, 네트웍구축에는 소홀한 것으로 나타났다. 이렇게 볼 때 성공적인 경영관리자와 효율적인 경영관리자는 서로 다른 관심을 가지고 조직활동을 하고 있음을 알 수 있다.

04 경영관리자의 관리기술

업무성과를 높이고 경쟁우위를 확립하는 것은 경영관리자에게 가장 중요한 일이다. 하지만 경영관리자들이 이 중요한 일을 인식하고 이해한다고 해서 이것이 달성되는 것은 아니며, 현실적으로 업무성과를 높이고 경쟁력 있는 조직을 만들기 위해서는 이를 달성하기 위한 기술이 필요하다.

관리기술(managerial skills)은 경영관리자가 조직활동을 성공적으로 달성하는 데 필요한 구체적인 능력을 말하는 데, 이 능력은 타고난다고 하기보다는 교육훈련을 통해 습득되는 것으로 알려져 있다.

카츠(Katz)는 경영관리자가 필요로 하는 기본적인 기술을 실무적 기술과 대인적 기술, 그리고 개념적 기술로 설명하고 있다. 또 학자에 따라서 커뮤니케이션 기술과 분석적 사고력, 의사결정기술(decision skills) 등을 추가하고 있다.

1. 실무적 기술

실무적 기술(technical skills)은 특정 작업을 실행하는 데 필요한 구체적인 작업방법이나 과정을 말한다. 조직성원이 매일 자신의 업무수행에 직접적으로 활용하는 능력으로, 설계기술과 회계업무, 컴퓨터프로그래밍 등을 말한다. 이러한 기술은 직업훈련원이나 학원, 또는 on-the-job 훈련을 거쳐 습득된다.

2. 대인적 기술

대인적 기술(human skills)은 다른 사람을 통솔하고, 동기부여, 갈등해소 등 성원간에 이루어지는 기술이다. 실무적 기술이 물질적 대상에 작용하는 기술이라면 대인적 기술은 사람과 더불어 일하는 데 필요한 기술이다. 탁월한 경영관리자는 의사결정과정에 부하를 참여시키고 존중하며 애정을 갖고 통솔하는 것으로 알려져 있다.

3. 개념적 기술

개념적 기술(conceptual skills)은 모든 문제나 관심사항을 조직전체의 관점에서 파악하는 능력이다. 개념적 기술이 뛰어난 경영관리자는 조직활동의 여러 부서와 다양한 기술이 어떻게 상호 연결되어 있으며, 한 부서의 작용이 다른 부서에 어떤 영향을 미치는지를 간파한다. 미래에 발생할 수 있는 다양한 문제를 진단하고 평가하는 개념적 기술은 개인적 패러다임에 따라 영향을 받기 때문에 기술향상을 위한 훈련이 어려우며, 어떤 기준을 마련하기보다 상대적 우선순위나 기회의 가능성, 전체상황을 한 눈에 보는 사고를 통해 향상된다.

4. 커뮤니케이션 기술

커뮤케이션 기술은 생각이나 느낌, 그리고 태도에 대한 정보를 전달하고 수신하는 능력을 말한다. 이러한 능력은 언어로 표현되거나 서류 또는 의사표현에 의해 이루어진다. 경영관리자의 활동에서 보았듯이 커뮤케이션이 많은 비중을 차지하고 있기 때문이다. 커뮤케이션 기술은 관리자에게 아주 중요한 능력이다.

특히 글로벌경영의 다른 문화권에서 다양한 인종과의 커뮤케이션은 점점 더 중요해져 가고 있다.

5. 분석적 사고력

분석적 사고력(critical thinking skills)은 미리 정해진 절차에 따라 관리하는 것이 아니라, 당면한 상황을 분석하고 종합하는 인간사고의 폭을 증폭시키는 능력이다. 특히 환경변화가 복잡한 양상을 띠고 어렵게 얽힌 문제에 당면해 돌파하는 힘을 창출하는 기술을 말한다.

[그림 1-9]에서 보듯이 관리기술은 계층에 따라 상대적 중요성이 다르다. 전문적 기술은 주로 조직의 하위계층에서 많이 사용되고 중요시되며 상위계층으로 올라갈수록 그 중요성이 감소된다. 이와는 달리, 개념적 기술은 상위계층으로 올라갈수록 중요해 진다, 왜냐하면, 계층이 높을수록 조직활동 전체에 영향을 미치는 포괄적이고 장기적인 의사결정을 해야 하기 때문이다.

그림 1-9 **계층에 따른 관리기술**

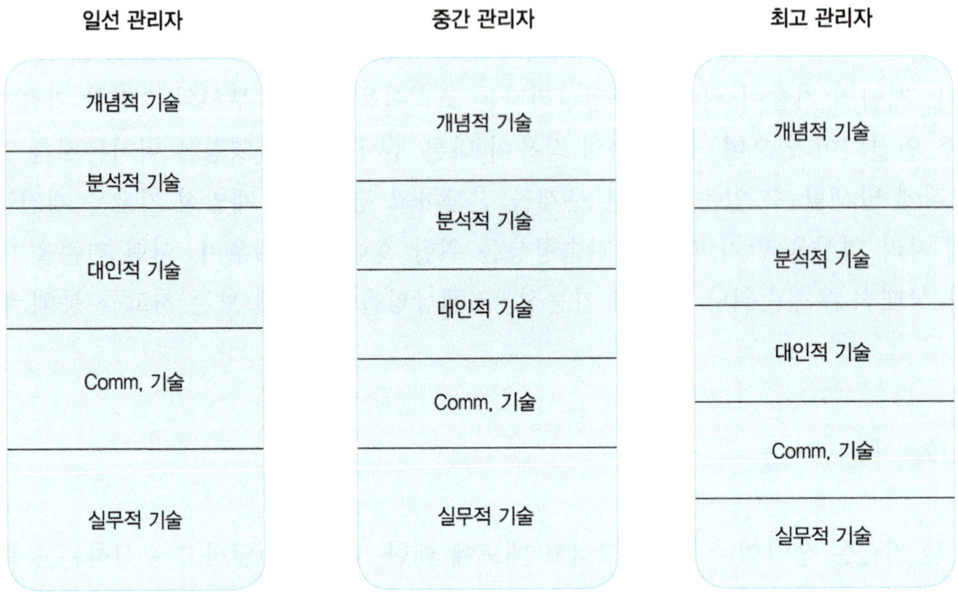

일선 관리자	중간 관리자	최고 관리자
개념적 기술	개념적 기술	개념적 기술
분석적 기술	분석적 기술	분석적 기술
대인적 기술	대인적 기술	대인적 기술
Comm, 기술	Comm, 기술	Comm, 기술
실무적 기술	실무적 기술	실무적 기술

대인적 기술과 분석적 사고력, 커뮤케이션 기술 등은 모든 관리자에게 필수적이고 기본적인 기술이기때문에, 계층에 관계없이 중요하게 요구된다.

05 관리기능

조직활동을 성공적으로 달성하기 위해서는 조직은 생산성을 높이고 경쟁력을 갖추어 성장발전할 수 있어야 한다. 이러한 궁극적인 목적을 추구하는 수단으로서 경영관리자들은 관리기능(managerial function)이라는 과정을 통해 활동한다. 따라서 조직활동의 성공을 위해 조직목표를 정하고, 자원을 확정하는 계획을 수립한다. 수립된 계획을 집행 및 달성할 수 있는 틀을 갖추는 과정을 조직화라 하고, 조직성원으로 하여금 효과적으로 목표달성을 할 수 있도록 독려하는 과정을 통솔이라 하며, 계획과정에서 수립한 대로 조직활동이 이루어지도록 조정하는 과정을 통제라고 한다. 이러한 과정은 계속 순환되는 특성을 갖는다.

1. 계획기능

계획기능(planning)은 관리기능의 첫 번째 기능으로, 목표를 설정하고 설정된 목표를 달성해 가는 세부활동을 정하는 과정이다. 계획은 목표설정뿐 아니라 목표달성을 위한 수단인 것이다. 이 과정은 목표를 달성하기 위한 모든 자원의 획득과 투입을 정하고, 조직성원으로 하여금 목표를 향해 일관성 있는 활동을 할 수 있게 한다. 이를 위해, 기준을 정하고 그 기준에 따라 행동하도록 하는 것이다. 이러한 일련의 과정을 계획과정이라 한다.

2. 조직화 기능

조직화(organizing)는 목표가 설정되고, 목표달성을 위한 계획이 만들어지면, 이를 성공적으로 수행하기 위한 조직체계를 수립한다. 경영관리자는 목표달성을 위해 요구되는 활동 및 과업을 분류한다. 분류된 과업을 관리가능한 활동단위로 나누고, 나누어진 직무를 다시 상호 연관성있게 통합한다. 그런 다음에 활동단위와 직무를 수행할 성원을 선발 및 배치하여 직무에 알맞은 책임과 권한을 부여한다. 이러한 과정을 조직화라 한다.

3. 통솔기능

통솔기능(leading)은 경영관리자와 성원간의 상호작용으로 성원이 수립된 계획에 따라 조직의 목표를 달성할 수 있도록 동기를 부여하여 의욕을 가지고 적극적인 조직활동을 하도록 장려하는 기능이다. 이를 위해, 조직의 모든 활동과정에 성원을 참여시키고, 성과에 알맞은 보상을 하는 등 성원을 독려한다.

4. 통제기능

통제기능(controlling)은 설정된 목표를 위해 활동한 성과를 측정하는 기준을 확립하고, 그 기준에 따라 조직활동이 이루어지도록 측정하고 평가하는 기능이다. 이 평가된 결과를 계획과정에서 수립한 수준과 비교함으로써 필요한 경우에는 시정조치를 취하고 목표를 수정하기도 한다.

이와 같이, 관리자의 기능은 계획에서 시작되어 마지막 통제기능에서 끝나는 것이 아니라 순환되는 기능이다. 또한 각 기능은 서로 독립적인 것이 아니라 상호 밀접한 관계를 가지고 연결된다. 즉 계획과 조직화, 통솔 및 통제는 하나의 연속적인 과정을 통하여 달성하는 관리순환기능이다.

제2장

인간관계

조직의 모든 활동은 모든 계층에서 이루어지는 의사결정이 연속되는 실체로서 잘못된 의사결정은 조직내외의 다른 성원에게도 영향을 미칠뿐 아니라 조직의 경영성과에도 문제를 야기시킬 수 있기 때문에 의사결정은 모든 경영관리자에게 가장 중요한 경영활동이라 할 수 있다.

01 인간관계의 본질

1.1 인간관계란?

인간관계[1)]에 대한 정의는 학문분야에 따라 매우 다양하게 내릴 수 있다. 심리학에 있어서의 인간관계의 이해, 사회학에 있어서의 인간관계의 이해는 매우 다른 관점에서 설명할 수 있을 것이다. 이 책에서는 인간관계란 사람을 통하여 또는 다른 사람들과 함께 원만한 관계를 유지하며 효과적으로 일할 수 있는 기술이나 능력이라고 정의한다. 인간관계는 다른 사람의 욕구와 장점, 능력, 그리고 단점까지도 이해하려는 노력을 의미한다. 또 직장에서의 인간관계란 사람들이 집단속에서 어떻게 함께 일하며 개인적인 요구와 집단의 목표를 동시에 충족시킬 수 있을 것인가를 의미한다. 인간관계능력이란 커뮤니케이션 능력, 팀워크, 문제해결능력, 거래회사 및 고객에 대한 친절한 응대 등 다양한 능력을 포함한다.

우리는 다른 사람과의 접촉을 피할 수는 없다. 우리가 어떤 일을 하든 다른 사람들과의 관계는 성공이나 실패에 있어서 결정적인 영향을 미친다. 어떤 사람이 직무능력은 평균밖에 되지 않지만 좋은 인간관계기술을 가지고 있다면 다른 사람들보다 더 높게 평가되기도 한다. 반대로 능력있는 사람이라고 할지라도 원만한 인간관계기술을 가지지 못한 사람은 자신의 능력보다 더 낮은 평가를 받기도 한다. 직장이나 사업체에서 다른 사람들과 함께 잘 어울릴 수 있는 사람은 다른 사람들로부터 좋은 평가와 존경을 받을 수 있다.

원만한 인간관계를 위해서는 자신에 대한 이해와 자신과의 바른 관계정립이 필수적이다. 대부분의 사람들은 각자 자신에 대하여 정확하지 않은 인식을 가지고 타인들과 관계를 맺게 됨으로써 많은 인간관계문제에 부딪힌다. 특히 자신의 능력이나 외모, 성격에 대하여 부정적인 태도를 가진 사람들은 타인들에 대해서도 왜곡된 태도를 갖는 경우가 많다. 자신에 대하여 올바른 이해를 가질 때 비로소 열린마음으로 상대방을 이해할 수 있게 된다. 자신을 존중하고 자신에 대하여 편안히 느낄 때 다른 사람도 존중하게 되고 다른 사람들과 원만한 관계를 유지할 수 있게 된다. 나는 내 자신에 대하여 편안하게 느끼는가? 다

1) 인간관계(human relations) : 사람을 통하여 또는 다른 사람들과 함께 효과적으로 일할 수 있는 기술이나 능력

대부분의 사람들은 토마스 에디슨의 실험실과 공장이 불탔을 때 그의 나이가 67세였고, 어떤 보험에도 들어 있지 않았다는 사실을 모르고 있다. 그 재가 식기도 전에 헨리 포드는 에디슨에게 무이자라고 쓰인 75만 달러 수표를 건네주었다. 만일 에디슨에게 더 많은 돈이 필요하다면 도와주겠다는 메모도 함께 보냈다.

많은 사람들이 포드의 관대함에 놀랐지만 그가 에디슨에게 그 많은 돈을 준 진짜이유는 화재가 일어나기 몇 년 전에 일어났던 우연한 사건이 계기가 되었다. 에디슨은 전기자동차를 만들고 있었고 차를 운행하기 위한 배터리를 만들었다. 그는 헨리 포드라는 사람이 가솔린엔진을 만들고 있다는 소식을 듣고 그를 만나러 가서 많은 질문을 했다. 포드는 그의 질문에 성심껏 대답을 하였다. 이들이 작별인사를 할 때 에디슨은 포드에게 "젊은이, 자네는 대단한 사람이군. 나는 자네가 계속 연구하도록 격려하고 싶군"이라고 말했다. 나중에 포드는 미국에서 가장 존경받는 발명가에게서 들은 이 격려의 말이 그에게 대단한 용기를 주게 되었다고 했다. 용기를 얻은 그는 열심히 연구에 몰두했던 것이다.

● 출처 : Zig Ziggler의 천재 B반을 위한 Success

른 사람들은 나에 대하여 편안히 느끼는가? 나는 대체로 사람들과 원만한 인간관계를 유지하는가? 나는 내 자신이 마음에 드는가? 마음에 든다면 어떤 점이 마음에 드는가? 마음에 들지 않는다면 어떤 점이 마음에 들지 않는가? 마음에 들지 않는 부분을 개선하기 위하여 어떤 노력을 하고 있는가? 등 자신과 주위사람들과의 관계에 대하여 끊임없이 질문을 던져야 한다.

직장에서는 다양한 경험과 다양한 연령대의 고객, 동료, 상사, 부하 등과 인간관계를 맺게 된다. 경험과 연령대만 다를 뿐 아니라 각자의 윤리관, 가정배경, 가치관, 생각, 성격 등이 다양한 사람들과 함께 교유하면서 인간관계기술을 실천한다.

특히 사회생활을 시작하게 되면 직업에 있어서의 성공과 실패를 가름하는 가장 중요한 요소 중의 하나는 뛰어난 인간관계능력이라고 할 수 있다. 의도된 그리고 가식적인 인간관계는 결코 오래 지속될 수 없다. 일상의 생활에서 자신의 본성과 인격에서 우러나오는 진정한 인간관계만이 타인을 변화시키고 감동시킬 수 있다.

평소의 작은 인간관계가 나중에 큰 보상으로 돌아온다는 것을 다음의 이야기를 통해서도 알 수 있다.

1.2 인간관계기술의 학습

사람은 누구나 타고나는 성격이 있다. 외향적이고 다른 사람과 잘 지낼 수 있는 성격을 타고나는 사람이 있는가 하면, 내성적이고 소극적인 성격을 타고나는 사람도 있다. 태어날 때부터 차이가 있다는 것에 대해 공평하지 못하다는 실망을 할 수도 있겠지만 희망적인 사실은 인간관계와 관련된 교육과 훈련을 통하여 자신이 사회생활하기에 필요한 인간관계기술을 학습할 수 있고 개발시켜 나갈 수 있다는 사실이다.

즉, 본성이 어떠하든 성장하는 동안 다른 사람들과의 긍정적인 경험을 통하여 성격이 얼마든지 바뀔 수 있다. 특히 사춘기와 대학시절에는 자신의 인성을 바람직한 방향으로 개발하기 위하여 노력한다면 얼마든지 개선이 가능하다. 인간관계에 대한 이론을 바탕으로 인간관계를 개선해 나갈 수 있는 방법을 찾아내고 꾸준히 연습하고 실천해 나간다면 얼마든지 사회생활에 필요한 인간관계에 관한 지식의 습득에만 그치지 말고 자신을 변화시켜 나가겠다는 의지와 함께 이 과목에서 배운내용을 실천에 옮기고 꾸준한 연습을 통하여 자신의 습관으로 내재화시켜 나가는 노력이 무엇보다 중요하다.

인간관계론의 학습목적은 인간과 인간과의 관계에 대한 이해를 높여 나가는 것과 그러한 이해를 바탕으로 직업현장에서 실제로 인간관계기술을 적용함으로써 개인과조직의 목표를 성취해 나가는 것이다. 인간관계론은 지식을 적용하는 실천학문이다. 인간관계론은 일과 일에 종사하는 사람들이 서로 어떤 관계를 유지하는가를 살펴본다. 뿐만 아니라 개인이 자신의 행복감을 높이기 위하여 인간관계능력을 향상해 나가는 노력을 기울이고 조직원들의 일에 대한 만족과 행복감을 높여주기 위하여 환경을 바꾸어 나가는 것까지 포함한다.

따라서 본 교재에 있어서의 인간관계론의 학습은 크게 두 가지 목적을 가지는데, 하나는 개인의 행복과 성공적인 커리어를 이루어 나갈 수 있는 인간관계능력을 키우는 것이며, 다른 하나는 조직의 일원으로서 조직의 목표달성을 위한 인간관계능력을 키우는 것이다. 다

그림 2-1 **인간관계론의 학습영역**

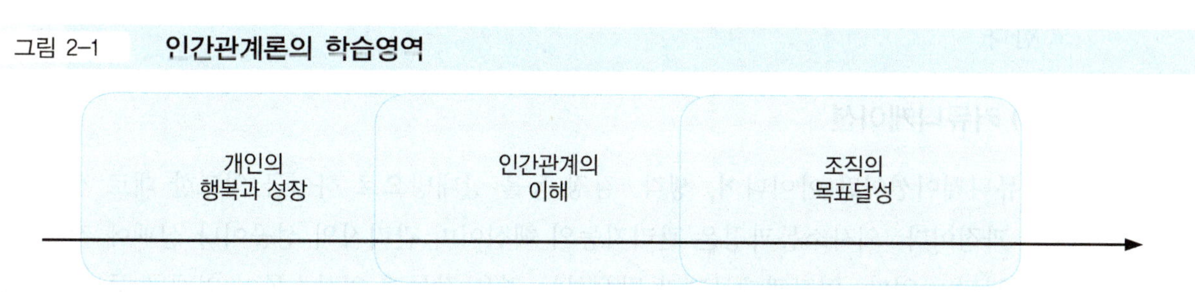

음의 주제들은 다음 장부터 다루어 질 내용들이다.

(1) 인간관계의 이해

급속하게 변화하는 현대사회 및 직업환경에서 인간관계의 문제는 다른 어느 때보다 더욱 중요하게 부각되고 있다. 특히 커리어에서 뛰어난 인간관계능력은 성공에 있어 중요한 요소 중의 하나이다. 인간관계에 대한 올바른 이해를 바탕으로 원만한 대인관계를 실천해 나갈 수 있을 뿐 아니라 조직원으로서 조직목표달성에 기여할 수 있게 된다.

(2) 자긍심과 자아개방

자긍심이란 인간으로서 자신에 대해 가지는 자신감과 가치감이다. 심리학적 연구에서 낮은 자긍심을 가진 사람들은 알코올 중독, 불안, 우울증 등 여러 형태의 정신건강문제를 갖기쉬우며 인간관계에서도 원만하지 못하여 직장에서 문제를 일으키기도 한다. 반면 높은 자긍심을 가진 사람은 긍정적인 태도와 원만한 인간관계를 유지하여 업무의 성과도 높다. 직장에서는 건강한 자긍심이 높은 수준의 일과 업적을 이루는 데 있어서 주요 요소이며, 특히 그 일이 다른 사람들에게 직접적인 영향을 끼칠때는 더욱 그러하다. 올바른 자아개념과 높은 자긍심을 가지기 위해서는 적절한 수준의 자아개방이 필요하다.

(3) 성격과 태도

사람마다 그 사람을 다른 사람과 구분짓게 만드는 독특한 특성이 있다. 행동, 생각, 감정 등으로 나타나는 한 개인의 특별하고 일관된 패턴을 퍼스낼리티라고 하는데, 이를 성격이라고도 한다. 성격은 타고나는 부분도 있지만 성장과정을 통하여 형성되는 부분도 있다.

태도는 우리가 자신과 다른 사람을 대할 때 가지는 신념과 느낌, 행동을 일컫는 것으로, 태도는 많은 부분이 성장과정과 주위사람들과의 교류경험에 의하여 결정지어진다고 한다. 사람과 생에 대하여 긍정적인 태도를 가진 사람이 커리어에 있어서도 성공할 수 있다고 한다.

(4) 커뮤니케이션

커뮤니케이션이란 아이디어, 생각, 감정 등을 상대방으로 하여금 의도한 대로 전달받게 하는 과정이다. 의사소통과정은 관리기능의 핵심이며 관리직의 성공이나 실패에 직접적으로 연관되어 있다. 인간관계문제가 발생하는 경우 잘못된 의사소통이 언제나 동반되고 있기 마련이다. 우리가 개인으로서 혹은 집단으로서 성장하기 위해서는 효과적인 의사소통이 필수적이다. 성공은 많은 부분 아이디어나 개념을 얼마나 명확하게 잘 표현할 수 있는가 하는 개인의 능력에 달려있다. 또한 다른 사람의 말을 경청하는 것은 의사소통능력의 중요부분을 차지하는데, 다른 사람의 이야기를 들을 때는 내용뿐만 아니라 말하는 사람의 느낌과 감정까지 들을 수 있어야 한다.

(5) 갈등관리

좋은 인간관계를 유지하기 위한 노력의 많은 부분은 갈등의 예방에 있다. 갈등은 사람들이 함께 일하는 환경에서는 항상 발생하기 마련이다. 어느 정도의 우호적 갈증은 집단구성원들이 지나치게 유사한 생각을 가지는 것을 방지해 주고 이로 인한 실수를 막아줌으로써 오히려 유익하다고 할 수 있다. 그러나 조직내에서 비생산적인 갈등에 부딪쳤을 때는 그것을 해결하기 위하여 확실한 조치를 취해야 한다.

(6) 조직에서의 인간관계

조직내에서 사람들은 다양한 인간관계를 맺고 생활을 한다. 부하직원으로서 동료로서 상사로서 다양한 인간관계기술을 실천하여야 한다. 특히 팀원으로서 원만한 팀워크를 이루어 서로 협동할 수 있을 때에 조직의 성과를 더욱 높일 수 있다.

까다로운 상사, 까다로운 고객, 함께 일하기 어려운 동료 등 모든 인간관계에서 효과적으로 대처할 수 있다면 어떤 상황에서도 어려움을 헤쳐나갈 수 있는 인간관계능력을 소유할 수 있게 될 것이다.

(7) 스트레스관리

살아있는 생명체는 어떤 형태든 스트레스를 경험하게 된다. 스트레스가 항상 나쁜것은 아니며 스트레스를 효과적으로 관리할 때는 생활의 활력을 주기도 한다. 그러나 스트레스가 감당하기 힘든 수준까지 도달하게 되면 심리적인 건강뿐 아니라 신체적인 건강까지 상하게 되므로 적절한 수준으로 유지할 수 있어야 한다.

(8) 시간관리

일은 바쁜사람에게 시키라는 말이 있다. 시간이 많은 사람이 일을 더 빨리 그리고 잘 해낼 것 같지만 오히려 바쁘지만 시간을 쪼개어 열심히 활용하는 사람이 더 많은 일을 해내는 것을 주위에서 볼 수 있다. 최근에 시테크라는 개념이 한때 유행하였고 지금도 여전이 중요한 주제가 되고 있다. 똑같이 주어진 물리적 시간에 많은 성과를 이루어내는 사람과 그렇지 못한 사람의 차이는 시간을 어떻게 관리하는가에 달려있다. 한꺼번에 쏟아지는 일들을 우선순위를 세워처리하고 시간낭비적인 요소를 없애며, 효율적인 사무환경을 유지관리할 수 있는 방법들을 살펴봄으로써 시간을 효과적으로 활용할 수 있는 방법을 배울 것이다.

(9) 직업과 윤리

같은 일을 하면서도 기쁜마음으로 최선을 다하는 사람이 있는가 하면 항상 불만에 가득차서 억지로 일을 함으로써 자신도 불행하고 주위 사람들마저 즐겁지 못하게 만드는 사람이 있다. 전통적인 일의 의미와 현대적인 일의 의미가 달라지긴 하였지만 자신이 잘하는 일 그리고 자신이 좋아하는 일을 직업으로 가질 수 있다면 그것보다 더 행복할 수는 없을 것이다.

일을 함에 있어서도 개개인이 직업윤리의식을 가지고 정직하고 투명하게 일을 한다면 우리사회는 훨씬 깨끗한 사회가 될 수 있을 것이다.

(10) 경력관리와 자기개발

성공적인 커리어를 시작하기 위해서는 자신이 능력을 발휘할 수 있는 직업을 선택하고 그 직업에 진출할 수 있는 직업능력을 키우며 직장을 구하는 노력이 우선되어야 한다. 취직이 된다고 하더라도 평생직장이 보장되지 않고 끊임없이 변화해가는 현대사회 직업환경에서는 자신의 경력을 관리하고 스스로를 개발해 나가려는 노력을 지속하지 않으면 퇴보할 수밖에 없다. 특히 지식기반 사회에서는 끊임없이 변화하고 발전하는 지식을 습득해야 하는데, 효과적인 평생교육을 통하여 자기개발을 이룩할 수 있다. 이 장에서는 자신의 진로에 대하여 생각해 보고 장기적으로 자신의 경력을 관리해 나갈 수 있는 효과적인 전략을 세워 실천할 수 있는 방법에 대하여 학습할 것이다.

(11) 글로벌문화와 인간관계

첨단 정보통신테크놀로지와 각종 교통수단의 발달로 인하여 전 세계는 점점 좁아지고 기업은 전 세계로 뻗어나가는 글로벌사회에 우리는 살고 있다. 그러나 다양한 민족, 문화, 종교로 인한 갈등은 여전히 지속되고 있기 때문에 국제사회에서 서로의 차이점을 이해하고 수용하는 국제사회 인간관계능력은 더욱 중요한 능력으로 부상되고 있다. 특히 글로벌조직에서 다양한 국적의 조직원들이 함께 일하는 환경에서는 다양성(diversity)이 때로는 기업의 경쟁력이 될 수도 있기 때문에 다양성과 창의성을 장려하며 권장하는 조직문화가 확산되어야 한다.

위의 제목들에서 살펴본 것처럼 인간관계의 이해와 실천에서 배우는 내용들은 나 자신에 대하여 더 잘 알게 될뿐 아니라 주위의 사람들을 보다 더 잘 이해하고 원만한 관계를 형성할 수 있는 실천적 방안들을 제시해 주고 있다. 뿐만 아니라 자신과 조직의 목표를 동시에 달성함으로써 성공적인 커리어를 가능하게 해준다. 인간관계의 이해와 실천에 대한 학습은 복잡하고 끊임없이 변화해 가는 환경을 극복해 나가는 데 있어 많은 도움이 될 것이다.

02 인간관계론의 역사

한 개인을 완전히 이해하기 위해서는 그 사람이 살아온 과거를 알아야 하는 것처럼 오늘날의 현상을 충분히 이해하기 위해서는 그 이론이 학문적으로 어떻게 발전되어 왔는가에 대한 깊은 이해가 필수적이다. 인간관계론도 예외가 아니다. 현대의 인간관계문제를 논하기 위해서는 인간관계론이 현재까지 어떻게 발전해 왔는가에 대한 충분한 이해가 필요하다.

2.1 초기 인간관계론

근대에 와서는 1800년대 중반기부터 인간관계론이 논의되기 시작하였다. 1869년에 결성된 '노동의 기사들(The Knights of Labor)'이란 조직은 나중에 출현한 노동조합과 흡사하다. 이 그룹의 창시자들은 그 당시 많은 작업장의 열악한 노동환경과 불공정한 대우에 대항하였다. 만약 관리자들과 근로자들의 인간관계가 좋았더라면 노동조합운동은 결코 시작되지 않았을 것이다.

19세기 초 영국에서는 로버트 오웬(Robert Owen)이 근로자들의 대우를 향상시키면 생

새해를 올바르게 시작하자!

A. 사무실 근로자는 매일 바닥을 닦고 가구와 선반 그리고 진열장의 먼지를 닦는다.
B. 근로자 각자는 매일 물 한 동이와 석탄 한 통을 들고 온다.
C. 근로자들은 매일 램프의 기름을 채우고 심지를 잘라주며 굴뚝을 청소하고 일주일에 한 번 창문을 닦는다.
D. 펜을 조심스럽게 다루되 각자 사용하기 편리하게 펜촉을 다듬는다.
E. 사무실은 일요일을 제외하고는 오전 7시에 열어서 저녁 8시에 닫는다.
F. 남자근로자는 법정배심을 위해 매주 1번, 정기적인 교회참석을 위해 매주 2번씩 저녁근무를 면제받을 수 있다.
G. 모든 근로자는 급여의 일부분을 저축함으로써 노년을 대비하고 다른 사람의 짐이되는 것을 방지하여야 한다.
H. 담배를 피거나 술을 마시거나 이발소에서 면도를 하거나 공중장소에 자주 나가는 직원은 고용주에게 자신의 정직성과 가치, 그리고 성실함에 대하여 충분히 납득시킬 수 있어야 한다.
I. 5년 동안 성실히 근무한 근로자로 근검절약하고 신앙이 투철하며 법을 준수하는 시민으로 동료들의 존경을 받는 사람에게는 회사의 수익이 허락하는 범위내에서 매일 5센트의 임금을 추가로 지급한다.

● 출처 : Hodgetts R., Modern Human Relation at Work, 1999. p.7.

산성이 증가하고 따라서 이윤도 증가할 것이라는 그 당시로서는 획기적인 아이디어를 들고 나왔다. 그 당시 오웬은 산업체에서 많은 개혁을 시도하였다. 예를 들면, 그의 공장에서 그 때에는 일반적이던 어린이 노동력 사용을 중단하였다. 또한 근로자들에게 깨끗하고 건전한 작업환경을 유지하도록 격려하였다. 오늘날의 관점에서 본다면 오웬의 시도는 별것 아닐 수도 있으나 그 시대에는 상당히 진보적인 생각이었다.

다음의 1872년도 마차제작소 근무수칙벽보를 살펴보면 그 당시의 분위기를 읽을 수 있을뿐 아니라 오늘날의 근무환경이나 근로자의 지위와도 비교해 볼 수 있다.

독일에서는 막스 베버(Max Weber)라는 사회학자가 인간관계의 문제는 편애주의나 가족이기주의 그리고 사회의 여러 불공정한 제도에서 기인한다고 보았다, 베버는 관료주의라는 제도를 주장하였는데, 관료주의에서는 각 개인이 특정한 책임과 의무를 가지며 이러한 의무들은 능력과 재능의 기초위에서 행해져야 한다고 믿었다. 또한 조직의 일들은 질서정연하게 처리되며 각 근로자들은 한 명의 상관에게 보고할 의무를 가져야 한다고 하였다.

즉, 조직체계와 보고체계를 확립하여야 한다고 보았다. 물론 현대에와서는 관료주의라는 단어는 부정적인 의미를 가지고 있으며 정부기관의 불필요한 형식과 끝없는 서류업무와 곧잘 연상되곤 한다, 그러나 관료주의도 처음에는 능률뿐 아니라 인간관계를 향상시키기 위하여 시작되었다는 사실이 흥미롭다.

2.2 과학으로서의 인간관계론

1. 과학적 관리법

20세기 초에 들어와서 프레드릭 테일러(Frederick Taylor)는 과학적 관리법[2)]을 주창하였다. 오늘날 테일러를 아는 대부분의 사람들은 그를 하나의 작업을 수행하기 위하여 최선의 방법(one best way)을 찾으려고 노력한 산업기사였던 것으로 기억한다. 또한 그는 근로자들보다 생산성에만 관심이 있었던 사람으로 비판되기도 한다. 그러나 그는 모든 조직의 성과에 있어 인적인 요소가 얼마나 중요한가를 보여준 인간관계론 역사의 매우 중요한 인물이다.

테일러의 가장 많이 알려진 성과 중 하나는 "최적의 삽(optimum shovel)"이 있다. 동부의 철강공장에서 테일러는 근로자들이 큰 용광로에 석탄을 삽질해서 넣는 것을 보고 있었다. 그 후에는 같은 근로자들이 큰 용광로에 석탄을 삽질해서 넣는것을 보고 있었다. 그 후에는 같은 근로자들이 같은 삽을 사용하여 타고남은 석탄재를 퍼내는 것을 유심히 살피면서 두 가지 삽을 고안해 내었다. 가벼운 재를 퍼내기 위해서는 훨씬 더 큰 삽을, 그리고 석탄을 담기 위해서는 사용하던 것보다 작은 삽을 고안하였다. 이 삽은 근로자들이 자주 휴식시간을 갖지 않고도 최적의 상태로 일할 수 있는 적절한 크기와 무게의 삽이었다. 그 결과 공장의 생산성은 즉시 올라갔으며 이로 인해 테일러는 매우 유명해졌다.

또한 테일러는 근로자가 하루에 수행할 수 있는 적당한 작업량을 과학적으로 정하기 위하여 시간연구와 동작연구[3)]를 통하여 근로자의 표준과업을 설정하였다. 이를 통해 표준과업을 초과한 근로자에게는 높은 임금을 지급하고 과업을 달성하지 못한 근로자에게는 낮은

2) 과학적 관리법*(scientific management) : 효율성을 최우선으로 하여 직업방법을 만들려고 했던 근대 조직행동론
3) 시간·동작연구(time & motion study) : 특정직무의 작업을 수행하는 데 필요한 시간과 동작을 측정하는 것 . 테일러의 '과학적 관리법'에서 개인 종업원의 생산성을 평가하기 위한 관리표준을 만들기 위해 주창됨

임금을 지급함으로써 능률을 중시하였고 성과급제의 기본이 되었다. 또한 작업환경을 개선하고 근로자에게 적절한 휴식을 제공하면 능률을 향상시킬 수 있다는 주장을 해서 근로자들을 보다 나은 환경에서 일할 수 있게 하였다.

2. 호손실험

1920년대 후반 과학적 관리법을 연구하던 학자들이 근로자들의 작업환경과 이의 생산성에 미치는 효과를 연구하기 위하여 일리노이의 호손(Hawthorne)에 위치하는 공장에 갔다. 새로운 실험을 시도할 때마다 생산성은 향상되었다. 재미있는 사실은 새로운 시도를 중단하거나 환경을 더 열악하게 하여도 오히려 생산성은 증가했다는 점이다. 가장 유명한 실험은 조명실험인데, 웨스턴전기 생산조립공장에서 조명을 밝게 해 주었을 때 생산성이 증가하였다. 그런데 그 조명을 희미하게 낮추었을 때도 생산성이 더욱 증가하였다.

실험결과는 학자들을 혼란스럽게 만들었다. 왜 근로자들은 매우 희미한 조명과 같은 열악한 환경하에서 더 열심히 일을 하였을까? 과학적 관리학자들이 부딪쳤던 이 문제는 메이요[4] 박사의 관심을 끌게 되었다. 그 후 1927년부터 1932년까지 거의 5년 동안 메이요는 호손공장에 머물면서 그 유명한 호손실험(Hawthorne Experiment)을 실시하였다. 메이요 박사는 근로자들을 대상으로 설문조사법, 관찰법, 면접조사 등 다양한 연구방법을 사용하여 방대하고도 심층적인 연구와 조사를 실시하였다.

5년 동안의 연구결과는 두 가지 중요한 발견으로 압축될 수 있는데, 하나는 호손공장의 근로자들은 누군가가 자신들에게 관심을 가지고 있었기 때문에 더 열심히 일하였다는 사실이었다. 그 관심은 일상적으로 작업장에서 받던 관심의 정도보다 더 높은 것이었으며 근로자들은 보다 높은 동기로 그 관심에 답하였던 것이다. 두 번째로는 인위적으로 결정된 공식조직이 아닌 작업장에서 자연적으로 형성된 비공식조직[5]의 존재를 밝혀낸 점이다. 어떤 근로자가 어떤 이유에 의해 평상시처럼 일할 기분이 나지 않더라도 그가 속한 비공식조직의 기대를 충족시키기 위하여 작업을 평상시처럼 하게 되고, 따라서 그 그룹의 생산성은 여전히 높게 나타난다는 것이다. 이러한 과정을 거쳐 발달된 이론은 인간은 금전적 요인에 의해서 동기부여되기도 하지만 더 중요한 것은 인간으로서 타인들과 어울리고 타인들로부

4) 메이요(Elton Mayo) : 하버드대학의 사회심리학 교수로 호손공장 실험을 주도하여 인간관계론의 기초이론을 정립함

5) 비공식조직(informal organization) : 조직의 지위, 업무, 서열과 상관없이 자연발생적으로 생겨나는 조직

터 인정받고 싶은 인간관계적 요소에 의해서 움직인다는 지금은 지극히 상식처럼 여겨지는 사실을 밝혀낸 점이다.

최근의 연구조사들은 호손공장의 근로자들은 자신들에게 실험으로 인하여 쏟아진 관심뿐 아니라 열심히 일하지 않으면 해고당할지도 모른다는 두려움 때문에 열심히 일하였을 것이라는 새로운 해석을 하고 있다. 이 새로운 해석이 사실이든 아니든 메이요의 발견은 작업에 있어서 인간관계의 역할이 매우 중요하다는 사실을 입증하였으며 이는 몇 십년 동안 작업현장에 지대한 영향을 끼쳤다. 메이요의 결론에 기반하며 많은 연구들이 행해졌고 또 현장에서 실천되어졌다. 호손공장 실험의 결과들은 오늘날에도 경영에 많은 영향을 미치고 있다.

그 이후 인간관계 및 직업현장의 현상에 대한 과학적인 연구를 통하여 상식적으로 항상 옳다고 생각되어지는 사실들이 진실이 아닐 때도 있음을 밝혀내었다. 그 예는 다음과 같다.

① 스트레스를 극복하는 효과적인 방법은 정신적으로 그리고 행동적으로 문제를 피하는 것이다.
② 조직내의 불법적인 사건에 대하여 많은 사람이 알면 알수록 개인들은 그 불법사실을 신고해야 한다고 느낄 것이다.
③ 행복한 근로자들은 생산성 높은 근로자들이다.
④ 어떤 형태의 보상이든 보상은 동기부여를 증진시킨다.
⑤ 그룹으로 브레인스토밍하면 개인적으로 생각했을 때보다 더 많은 아이디어를 내 놓는다.
⑥ 훌륭한 지도자는 모든 상황에서 효과적이다.
⑦ 그 직장에서 행복하지 못한 사람은 그 직장을 떠날 것이다.
⑧ 비슷한 사람보다 다른 성격이나 관심을 가진 사람들끼리 서로 더 끌린다.
⑨ 우리는 주위사람들의 거짓말이나 속임수를 낯선 사람보다 더 잘 잡아낼 수 있다.
⑩ 최고를 추구하며 커리어에서 성공하는 것이 인생에 있어서의 성공의 열쇠다.

그 이후 인간관계론은 심리학, 사회학, 인류학, 경영관리, 의학 등 다양한 관련 학문분야의 이론을 통합하여 발전해 왔으며 오늘날에 와서는 조직행동이라는 경영학의 주요 영역으로 자리 잡았다.

03 현대사회의 인간관계

3.1 현대 조직환경의 특징

인류는 20세기에 들어서 산업사회를 거쳐 정보사회에 진입하였다. 특히 현대사회에서는 많은 변화들이 빠른 속도로 일어나고 있다.

현대 조직환경의 특징을 살펴보면 다음과 같다.

1. 변화의 가속화

우리가 일하는 조직과 산업 그리고 사회는 매우 빨리 변화하고 있다. 우리가 어떤 비즈니스나 직업에 종사하든 간에 일 자체보다는 정보를 다루는 데 더 많은 시간을 보낸다. 또한 이전의 생산활동은 조직 내에서만 이루어졌으나 지금은 점점 여러 다른 조직들로 분화하고 흩어져서 이루어지고 있다.

지난 10년 간 인류에게 일어난 변화는 지난 1세기 동안 일어났던 변화보다 더 많은 변화를 인류에게 가져다 주었다. 이런 변화들은 주로 테크놀로지의 발전과 연관되어 있으며, 테크놀로지는 다음 세 가지 측면에서 변화의 핵심이 된다.

- 테크놀로지는 사람들한테 새로운 작업방식과 커뮤니케이션 기술을 익히게 한다.
- 그 변화들은 조직들이 새로운 상품과 서비스를 빠른 시일내에 습득하여 경쟁에서 낙오되지 않도록 하며, 때로는 이를 강요하기도 한다.
- 진보된 커뮤니케이션으로인해 과거에는 지역적으로 한정되었던 것들을 이제는 여러 곳에서 동시에 볼 수 있게 되었다.

변화는 우리로 하여금 새로운 조직형태와 작업수행방식을 개발해 내도록 한다. 많은 학자들은 변화의 요구에 대한 신속한 대처와 유연성이 얼마나 중요한지를 일깨워주며 대부분의 조직들은 이러한 면들을 향상시키기 위해 많은 노력을 기울이고 있다. 오늘날에는 조직간의 경쟁에서 타부서 혹은 다른 사람들과의 팀워크를 무시하고 자신의 업무만을 완벽하게 수행하려는 사람들만 있는 회사는 살아남기 어렵다.

2. 지식산업의 발달

오늘날 직무가 복잡화 되어가는 이유는 점점 더 많은 직무들이 산업사회에서 통용되던 기계적 기술보다는 지식에 더 기반을 두고 있기 때문이다. 작업이 기계적이었을 때는 그것을 분업의 형태로 여러 요소로 나누고 각기 다른 부서에서 수행하였다.

그러나 지식과 정보에 기반을 둔 일은 분화하기가 힘들다. 일종의 지식근로자로 분류될 수 있는 사무직도 예전에는 업무의 단위요소에 따라 분업화되어 있어 한 가지 기능이나 지식만을 반복적으로 사용하였으나 이제는 여러 형태의 업무를 복합적으로 처리할 수 있는 다기능적인 능력을 요구한다.

3. 조직유형과 고용형태의 변화

지식에 기반을 둔 일은 프로젝트의 성격에 따라 팀제로 주로 운영이 된다. 팀은 일반적으로 일정한 형태와 조직의 모양을 갖춘 고정적인 부서가 아니라 그때마다 필요한 기술과 자원이 틀려짐에 따라 팀원의 구성도 달라진다. 새로운 필요에 따라 인원이 교체 또는 충원되기도 하고 팀원의 변화에 따라 업무의 재배치가 이루어진다.

이러한 업무의 종류와 성격 때문에 필요한 직원을 모두 정규직원으로 고용하는 것이 아니라 필요에 따라 계약직, 임시직, 컨설턴트, 프리랜서 등을 고용하여 팀을 이루게 된다. 또 어떤 업무는 해당분야의 전문적인 외부조직과 계약을 맺어 업무를 맡기게 되는데 이를 아웃소싱[6]이라고 한다. 즉, 조직은 핵심적인 임무와 역할에만 정규직원을 고용하고 나머지는 용역회사로부터 필요에 따라 인원을 공급받는다. 어떤 경우에는 전문성이 필요 없는 간단한 일은 소비자에게 맡기기도 한다. 은행의 자동현금인출기, 조립식 가구업체(DIY)[7] 등과 같이 업무의 일부를 소비자가 수행하도록 하고 그 대신 서비스의 가격을 낮추기도 한다.

---

6) 아웃소싱(outsourcing) : 기업내부의 프로젝트나 활동을 외부조직에 위탁해 처리함으로써 경쟁력 확보와 생산성 향상을 꾀하기 위한경영전략

7) DIY(do it yourself) : 조립용 부품을 구입하여 자신이 직접 조립하는 것

4. 직업환경의 변화

(1) 인간의 권리

오늘날 관리자들과 직원들은 인간의 권리를 중시한다. 인권에 대한 인식은 상호간에 신뢰적이면서도 서로를 존중하는 인간관계를 요구한다. 동료, 고객, 관리자, 경쟁자 등 모든 타인에 대한 권리를 보호하고 존중하여야 한다.

(2) 인적자원에 대한 강조

오늘날 조직에 있어 가장 중요한 자원은 인적자원이라는 인식이 확대되고 있다. 따라서 기업의 관리자들과 경영자들은 인적요소에 대하여 많은 강조를 하고 있는데 이러한 경향은 계속될 전망이다.

(3) 작업집단에 대한 강조

오늘날의 근로자들은 직장에서의 팀워크와 참여적 의사결정을 선호한다. 팀이 잘 운영되기 위해서 리더와 팀원들에게 높은 수준의 인간관계기술을 요구한다. 조직의 경영기획과 의사결정에 팀원들이 효과적으로 참여하고 기여하기 위해서는 그룹 상호교류에 관한 역학(dynamics)을 이해하여야 한다. 즉, 말만의 집단의사결정이 아닌 진정한 집단의사결정을 위해서는 구성원 한 사람 한 사람이 존중되는 동시에 공동의 이해를 끌어낼 수 있는 타협과 협상의 기술이 필요하다는 것이다.

(4) 작업현장의 다양화

오늘날의 작업현장은 다양한 인종, 문화, 그리고 사회적 배경을 가진 사람들로 구성되다 보니 복잡한 문제들이 파생되게 된다. 이러한 다양성에 대한 깊은 이해는 중요한 인간관계 기술의 하나이다. 국제화시대를 맞아 외국인력이 급증하는 우리 나라에서도 이에 대한 인식이 시급한 형편이다. 외국근로자들과의 마찰이 종종 신문에 보도되는데 이는 오랫동안 단일민족으로 살아온 우리민족의 타문화에 대한 이해부족으로 인한 경우가 많이 있다.

5. 직업능력의 변화

이제 평생직장, 평생직업이 퇴색된 현실에서 개인들은 각자의 전문성을 높이기 위한 경력관리를 하지 않으면 안 되게 되었다. 평생교육이 일반화되고 지속적으로 전문지식을 습득해야 하며 자신의 고용시장에서의 경쟁력을 높이기 위한 투자를 계속해 나가야 한다. 조직 내에서도 공식적 혹은 비공식적 학습기회를 적극적으로 활용해 나감으로써 새로운 지식과 능력을 습득할 수 있다. 다음은 현대조직에서 앞서 나가기 위해 많은 학자들이 추천하는 필수적인 직업능력이다.

(1) 학습능력(learn how to learn)

학습은 학교시설에만 중요한 것이 아니라 평생동안 개발해 나가야 할 중요한 능력이다. 특히 새로운 경험으로부터 배울 수 있는 개방성을 키워나가는 것은 매우 중요하다. 학습능력은 창의적이고 비판적인 사고, 경험의 축적, 문제분석 및 해결 등을 통하여 계속 개발해 나갈 수 있다. 그러기 위해서는 세미나, 인터넷학습, 독서 등을 통하여 지식을 확대해 나가는 것을 게을리 하지 않아야 한다.

(2) 테크놀로지 활용능력

하루가 다르게 발전하는 테크놀로지 활용능력 중 컴퓨터활용능력은 필수적이다. 새로운 소프트웨어 프로그램이 나오거나 새로운 멀티미디어 기기가 개발되면 두려워하거나 귀찮아하지 말고 업무에 효과적으로 활용할 수 있는 방안을 연구하는 것이 좋다.

(3) 인간관계능력

일상의 인간관계에서 효과적으로 의사소통하고 대하는 것은 쉬운 일이 아니다. 다른 어떤 능력보다 인간관계 능력이 성공에 가장 큰 영향을 미친다고 한다. 회사입장에서는 업무능력이 좀 부족한 것은 훈련을 통해서 향상시켜 나갈 수 있지만 다른 사람들과 교류할 수 있는 인간관계 능력이 부족한 사람을 개선시켜 나가는 것은 매우 어렵다는 것을 알기 때문이다.

특히 최근에 와서 테크놀로지가 발전하면서 오히려 원만한 인간관계능력에 대한 요구가 더욱 증가되고 있다. 컴퓨터도입 초기에는 많은 사람들은 컴퓨터를 통한 자동화가 대부분의 업무를 처리해 주고 인간을 대신할 수 있으리라고 생각하였다. 1980년대 미국의 신설 전화서비스회사는 교환원을 채용하는 대신 컴퓨터자동응대시스템을 도입하였다. 통화료를 경쟁회사에 비하여 상당히 내렸음에도 불구하고 많은 사람들은 수많은 번호버튼을 누른 후에 들려오는 기계합성음보다는 따뜻한 감정이 담긴 인간의 목소리를 가진 교환원을 그리워

취업을 희망하는 기혼여성들은 일반 사무직을 가장 선호하는 것으로 조사되었다. 대한주부클럽연합회가 구직활동 중인 서울 거주 기혼여성 774명을 대상으로 희망직종을 조사한 결과 일반사무직이 21.5%로 가장 많은 것으로 집계됐다. 이어 서비스직(14.9%), 유통판매직(12.8%), 컴퓨터관련 전문직(10.5%), 교사(9.2%), 생산직(5.0%) 순이었다. 원하는 근무형태는 시간제근무(44.2%)가 가장 큰 비율을 차지했고 다음이 종일근무(20.8%), 재택근무(10.5%) 순으로 나타났다.

하게 되었다. 서비스요금이 조금 더 비싸더라도 교환원에게 친절한 고객응대교육을 철저히시킨 기존의 회사는 그 후에도 많은 경쟁회사들이 생겼지만 여전히 시장에서 선두위치를 지킬 수 있었다.

3.2 인간관계능력의 중요성

어떤 저명한 경영학자는 조직원들에게 필요한 능력을 다음과 같은 세 가지 능력, 즉 개념화능력, 인간관계능력, 기술적 능력으로 나누고 있다.

먼저 기술적 능력(technical skill)이란 일정업무의 처리방법, 절차, 기술 등을 포함하는 특정분야의 전문화된 지식, 전문적인 분석능력, 특정한 도구나 기술을 사용하는 능력을 의미한다. 세 가지 능력 중 가장 가시적이며 구체적인 능력을 의미한다.

인간관계능력(human skill)이란 팀의 일원으로 업무를 효과적으로 수행하고 팀 내에서 다른 사람들과 협조할 수 있는 능력을 말한다. 기술적 능력이 '사물'과 일하는 능력인 반면, 인간관계능력은 '사람'과 함께 일하는 것에 초점을 맞추고 있다.

개념화능력(conceptual skill)은 자기가 맡은 전문분야의 업무가 아니라 조직을 전체로 파악할 수 있는 능력을 의미한다. 조직전체의 일을 총괄하여 조직이 나아가야 할 방향을 설정하고 하위부서 간의 효과적인 조화를 도모한다. 때로는 최고경영자의 개념화능력에 따라 조직의 성패가 결정되기도 한다.

[그림 2-2]에서 볼 수 있는 바와 같이 조직의 계층에 따라 필요한 능력의 중요도는 틀려진다. 기술적 능력은 하위일반직에서는 매우 중요하지만 최고경영자는 세세한 부분의 기술까지 알 필요는 없다. 개념화능력은 하위직에서 고위직으로 올라갈수록 그 중요성이 커져서 최고경영자가 되면 다른 어떤 능력보다 이 능력이 절대적으로 요구된다. 반면 인간관

그림 2-2 **개념화 능력, 인간관계 능력, 기술적**

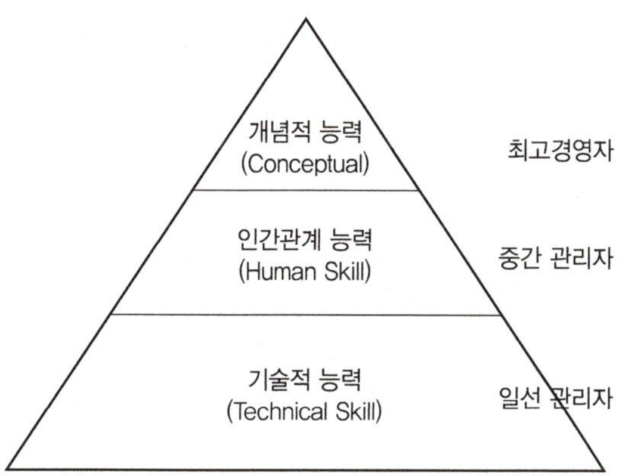

계 능력은 모든 계층의 사람들에게 공통적으로 중요하다.

능력은 타고나는 것이 아니라 개발할 수 있으며, 잠재적인 것이 아니라 업무수행 시 보여진다. 따라서 교육이나 훈련을 통하여 다양한 능력을 개발시켜 나가는 노력이 필요하다.

3.3 현대 인간관계과제

가정의 일원으로서 또 조직의 구성원으로서 개인은 다양한 인간관계문제를 지니고 있다. 특히 급변하는 한국사회에서의 사회·환경적인 요소는 개인들의 인간관계에 지대한 영향을 미치고 있다.

(1) 직장에서의 경쟁심화

최근의 신세대들은 직장을 구하기도 힘들뿐 아니라 승진도 더욱 힘들어지고 있다. 뿐만 아니라 신세대들은 기존의 관리자들과도 다른 가치관과 경험으로 인하여 많은 갈등을 일으킨다. 물론 세대차는 역사상 언제나 있어왔지만 작금의 세대간에 경험하는 세대차는 매우 커 직장생활에 많은 애로점이 노출되어 시급히 해결해야 할 과제이다.

직장을 구하기 위한 경쟁도 보다 더 심화되고 있다. 대학졸업장만으로는 좋은 직장을 구할 수 없을 뿐 아니라 한 직장에서 평생근무할 수 있는 보장은 없다. 직장내 사람들 사이에서 일어나는 많은 불안감은 결과적으로 보다 많은 인간관계문제들을 낳게 된다.

(2) 맞벌이 부부의 증가

물질적으로 좀 더 풍요롭게 살기위해서 혹은 부부가 함께 벌지 아니하면 생활을 영위해 나갈 수 없어서, 또는 기타 여러 이유로 맞벌이 부부들의 숫자가 점차 증가하고 있다. 이러한 현실은 가족과 그 구성원들에게 새로운 압박을 가져다주며, 결과적으로는 직장에도 여러 형대로 영향을 끼치게 된다. 즉, 추가적으로 주어진 역할에 대한 스트레스는 직장에서의 스트레스로 연결되며, 특히 자녀양육에 따른 시간이나 역할의 분담에 대한 압박이 늘어나게 된다.

(3) 이 혼

근래에 와서 지속적으로 늘어나고 있는 이혼으로 인하여 결손가정의 숫자가 늘어나고 있다. 한국도 결혼 4쌍중에 1쌍 꼴로 이혼율이 증가하고 있으며 30대, 40대의 이혼율도 증가하는 추세이다. 특히 자녀를 양육하는 여성근로자들은 이혼후 직장에서도 극심한 스트레스 상태에 빠질 수 있다. 또한 이혼직후에 오는 상실감이나 배반감 등과 같은 심리상태는 감정적인 장벽을 스스로 쌓게하여 동료, 상사 등 다른 사람들과의 인간관계에도 영향을 미치며 결과적으로는 업무성과나 태도에도 부정적으로 영향을 미치게 된다. 뿐만 아니라 결손가정에서 자란 아이들은 정상적인 가정에서 자란 아이들보다 성격형성이나 사회적응이 원만치 못해 인간관계형성에 문제가 될 수 있다.

(4) 경제적 부담

고소득기회의 감소와 자녀교육비의 과도한 부담, 때에 따라서는 노부모부양에 대한 책임의 증가 등으로 가장의 부담도 커지고 있다. 이때에는 경제적인 문제만 발생하는 것이 아니라 감정적인 문제도 생기므로 인간관계적 문제가 발생하게 된다. 특히 IMF이후 증가한 실업자와 40~50대 명예퇴직자들의 가정에서는 경제적인 문제로 인한 갈등이 많이 증가하였다.

제3장

성격과 태도

01 성격이란?

02 태 도

- **승자는** : 하면 된다. 나는 능력을 갖고 있다. 무엇을 해야 되는지도 알고 있다. 내가 정말 자랑스럽다. 오늘은 정말 잘 되었다. 내일은 좀 더 잘 될거야. 나는 끊임없이 성장하고 있어. 나는 결심했어.

- **패자는** : 어떻게 되겠지 뭐. 세상일이란 뜻대로 되는 게 아니야. 애써 보았자 헛일이라고. 아, 내가 다른 사람이었으면. 나는 잘 될 턱이 없어. 언제나 마찬가지야. 배워보아야 아무 소용없어. 나는 평범한 인간일 뿐이니까. 난 아무계획도 없다.

01 성격이란?

성격은 영어의 (personality)[1]에 해당하는 말로 인성, 성품, 개성 등의 용어들과 비슷하게 불린다. 고대로마의 배우들은 극중에서의 역할을 그 역할에 맞는 가면을 쓰고 수행하였는데, 그 가면을 불어로 (persona)라고 하였고 그것이 personality의 어원이 되었다고 한다.

우리는 일상생활에서 '그 사람은 성격이 좋다' 혹은 '그 사람은 성격이 특이하다' 등과 같은 표현으로 개인을 평가한다. 배우자 선택기준에 있어서도 성격은 가장 중요한 요소로 꼽힐 만큼 모든 인간관계에서 중요한 위치를 차지한다. 직장생활에 있어서도 비슷한 실무능력을 가진 두 사람이 있을 때 다른 사람들로부터 원만한 성격을 가졌다고 평가받는 사람이 실제로 직무평가에서도 더 높은 점수를 받는 경향이 있다.

1.1 성격의 정의

성격이란 용어의 정의는 매우 다양하지만 일반적인 정의를 살펴보면 '개인의 행동을 한 시점으로부터 다른 시점에까지 일관성 있게 하고 다른 사람들이 같은 상황에서 보일 행동과 다르도록 만드는 상당히 안정적이고 내적인 요인들' 이라고 말할 수 있다. 즉, 성격이란 한 개인의 특별하고도 일관된 행동, 생각, 감정의 패턴이라고 할 수 있고, 어느 한 사람을 다른 사람과 구별되게 하고 특징짓게 하는 특성의 총체적인 합이라고 할 수 있다. 우리는 성격을 바탕으로 그 사람의 생각과 미래의 행동까지 예측할 수 있을 정도로 성격은 일관성 있고 안정된 특성을 나타내 보여 준다.

1) 행동, 생각, 감정 등으로 나타내지는 한 개인의 특별하고 일관된 패턴

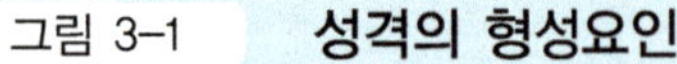

그림 3-1 성격의 형성요인

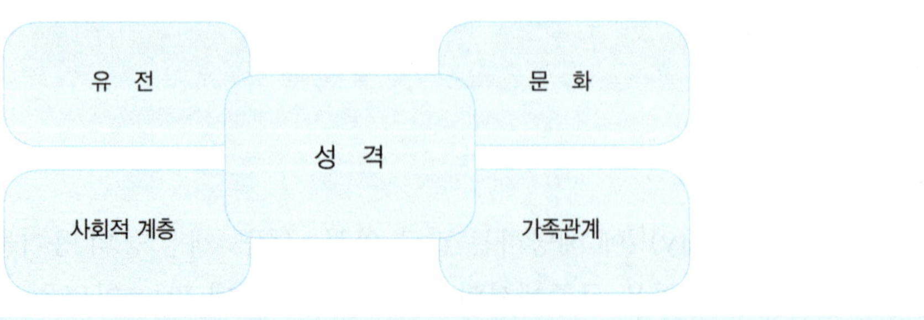

1.2 성격의 형성요인

성격은 어떻게 결정되는가? 이 질문에 대하여 오랫동안 많은 연구자들이 조사해 왔다. 일부 심리학자들은 성격은 태어날 때부터 타고나는 것이라고 하고, 또 다른 학자들은 자라는 가정의 환경에 의하여 영향을 받는다고 하였다.

서로 비슷한 환경에서 자란 아이들이 매우 다른 성격을 나타내는 경우가 있는가 하면 서로 다른 환경에서 자라난 일란성 쌍둥이가 몸짓, 태도, 말하는 빠르기나 어조, 기타 습관 등에 있어 많은 유사점을 보이는 경우도 있다.

성장기의 어린이들의 성격형성에 있어 가족, 친구, 학교생활 등 환경적인 요인들이 매우 중요한 영향을 끼치기도 한다. 예를 들면, 일반적으로 맏아들이 책임감이 강하며 형제가 많은 집의 아이들이 독립심이 강하다고 하는 말들은 성장환경이 성격에 영향을 끼친다는 것을 뜻한다.

따라서 성격은 유전적 성향, 기질, 타고난 체형 등과 함께 개인이 속해 있는 가정과 사회, 형제 및 친구관계 등 다른 사람들과의 관계 속에서 통합적으로 형성된다고 볼 수 있다.

1.3 성격유형 및 특성

사람들마다 개성이 틀리지만 사람들이 가진 성격을 공통적인 요소로 묶어서 유형별로 사람을 파악할 수 있다. 성격의 유형은 학자들마다 다른 기준으로 분류하고 있다. 한국에서는 일찍이 이제마라는 의학자가 사상체질이라고 하여 사람들은 태양, 태음, 소양, 소음으로 나누어 성격적인 특성뿐 아니라 체형, 기질에 따라 잘 걸리는 질병과 몸에 해로운 음식까지 제시하고 있다.

서양에서 성격에 대하여 연구한 학자들 중 브릭스(K. Briggs)와 마이어(I. Myers)가 연구·개발한 MBTI(Myers-Briggs Type Indicator)는 성격을 판단하는 데 널리 활용되고 있다. MBTI에 나타난 성격유형들을 중심으로 각 유형에 따른 성격적 특성을 살펴보면 다음과 같다.

1. 내향성과 외향성

일반적으로 얌전하고 자신을 적극적으로 표현하지 않는 사람을 내향성이 높다하고 반대로 쾌활하고 남들과 잘 어울리는 사람을 외향성이 높다고 한다. 내향성이 높은 사람과 외향성이 높은 사람의 특성을 살펴보면 다음과 같다.

내향성(I : Introversion)

- 조용히 혼자 일을 하거나 사색하는 것을 좋아한다.
- 시간이 걸리는 일이라 할지라도 끈기있게 파고든다.
- 많은 사람들 앞에 나서기를 꺼려한다.
- 자신의 생각을 타인들에게 자유롭게 의사소통하는 것이 힘들다.
- 세밀하며 꼼꼼한 경향이 있다.
- 행동을 하기에 앞서 생각이 많은 편이다.

외향성(E : Extraversion)

- 행동적이며 유머를 좋아한다.
- 여러 사람과 어울려 함께 일하기를 좋아한다.
- 많은 사람 앞에서 자신의 생각을 자유롭게 이야기할 수 있다.
- 끈기를 요하는 작업은 싫증을 잘 느낀다.
- 생각보다 행동이 앞서는 경우가 많다.

사람이 어떠한 성향을 가졌는가에 따라 그에 맞는 업무의 유형도 틀려진다. 예를 들면, 외향적이고 다른 사람들과 어울려 일하기를 좋아하는 사람이 혼자 조용한 환경에서 주로 문서나 서류를 다루는 일을 해야 한다면 업무만족도나 성과면에서 좋은 결과를 얻지 못할 것이다. 일반적으로 직무성과에 있어서 재무, 회계, 기술직에는 내향성이 높은 사람이 더 적합하고 판매, 영업, 홍보직에는 외향성이 높은 사람이 더 적합하다.

2. 감정형과 사고형

사람과 사물을 판단하고 결정하는 데 있어서 상황이나 감정을 고려하는 감성형과 감정을 배제하고 객관적 사실이나 정보로 판단하는 사고형이 있다.

감정형(F : Feeling)

- 다른 사람들과의 조화를 중시하고 칭찬을 좋아한다.
- 다른 사람의 나쁜점이나 불쾌한 일에 대해서는 이야기하기를 싫어한다.
- 동정적이며 다른 사람과의 관계가 원만하다.

사고형(T : Thinking)

- 사람의 감정에 대해서 무관심하다.
- 분석하기를 좋아하고 일을 우선순위에 따라 처리한다.
- 다른 사람을 질책할 수 있으며 감정에 잘 흔들리지 않는다.
- 감정형의 사람들보다 사고형의 사람들과 잘 지낸다.

3. 감각형과 직관형

사물을 인식하는 데 있어 오감을 통한 감각적 경험을 중시하는지 혹은 영감에 의한 아이디어로 전체를 인식하는지에 따른 분류이다.

감각형(S : Sensing)

- 실제의 경험을 중시하며 현재에 초점을 맞추어 정확하게 일처리를 한다.
- 논리적인 설명보다 실제 손으로 작업하는 경험을 통하여 훨씬 더 잘 배울 수 있다.
- 숲보다는 나무를 보며 가꾸고 추수하여 결과물이 나온다.
- 동정적이며 다른 사람과의 관계가 원만하다.

직관형(N : Intuition)

- 영감에 의존하며 미래지향적이고 가능성과 의미를 추구한다.
- 아이디어가 풍부하고 일처리가 신속하다.
- 나무보다는 숲을 본다.
- 비유적이고 암시적인 묘사를 좋아한다.

4. 판단형과 인식형

생활양식에 있어 목적과 방향이 뚜렷하고 사전계획이 뚜렷한지 혹은 변화가능하고 상황에 따라 융통성이 있는지에 따른 분류이다.

판단형(J : Judging)

- 정리 · 정돈을 잘하며 계획적이다.
- 계획대로 추진되지 않으면 불안하다.
- 의지를 가지고 계획을 추진하며 신속한 결론이 나온다.
- 판단기준과 자기의사가 뚜렷하다.

인식형(P : Perceiving)

- 상황에 맞추어 개방적이며 융통성이 있고 적응을 잘한다.
- 재량에 따라 처리될 수 있는 포용성이 있다.
- 통제가 엄격하지 않고 유유자적하다.
- 목적과 방향은 변화가능하고 상황에 따라 일정이 달라질 수 있다.

브릭스와 마이어는 성격을 외향성–내향성, 감각형–직관형, 사고형–감정형, 판단형–인식형의 차원으로 나누어서 인간을 16가지 유형으로 나누고 각각의 유형에 적합한 직업군을 제시하고 있다. 예를 들면, 외향성–직관형–감정형–인식형(ENFP)의 사람은 따뜻하고 정열적이고 활기가 넘치며 재능이 많고 상상력이 풍부하다. 상담, 교육, 광고, 판매, 성직 등의 분야에서 뛰어난 재능을 보이며 사람들을 잘 다루고 뛰어난 통찰력으로 다른 사람에게 도움을 준다.

그런가하면 내향성–감각형–사고형–판단형(ISTJ)의 사람은 신중하고 조용하며 집중력이 강하고 매사에 철저하며 사리분별력이 뛰어나다. 이 성격의 사람들은 회계, 법률, 의료, 관리직 등에서 능력을 발휘하며 위기상황에서도 안정되어 있다.

사회생활에서 상대방이 어떤 유형의 사람인가에 대해서 잘 파악할 수 있다면 상대방을 더 잘 이해할 수 있으며 불필요한 오해나 감정의 대립, 갈등 등을 피할 수 있을 것이다.

많은 대학의 심리 · 적성검사기관이나 한국심리검사연구소에서 MBTI검사를 받을 수 있으므로 자신의 성격을 알아보고 그에 어울리는 직업영역을 탐색해 보자.

02 태 도

태도[2]란 한 개인이 자신과 다른 사람을 대할 때 가지는 신념과 느낌의 결과라고 할 수 있다. 태도는 사람 뿐만 아니라 사물이나 생각도 그 대상이 된다. 즉, 같은 사안에 대하여 보수적인 태도를 보이는 사람이 있는가 하면 정반대로 개방적인 태도를 보이는 사람도 있다. 태도는 자신과 타인의 관계를 맺어주기도 하고 깨어지게도 한다. 많은 사람들은 자신의 태도가 주위의 사람들에게 어떠한 영향을 미치는지에 대하여 인식하지 못하는 경우가 많다.

태도는 일반적으로 앞 장에서 배운 자긍심과 깊은 관련이 있다. 낮은 자긍심을 가진 사람은 사물의 실제모습이 아니라 자신의 비뚤어진 느낌에 기초를 둔 태도를 나타내 보이는 경우가 많다. 낮은 자긍심에 기초를 둔 태도는 아주 어린유아기부터 시작되는 것이 일반적이다. 부모가 낮은 자긍심에 기초를 둔 태도를 가졌다면 그 태도도 자녀에게 전달되기 때문이다.

2.1 통제의 위치

통제의 위치(locus of control)는 자신의 삶에 대한 결과에 대하여 자기자신이 얼마나 영향을 줄 수 있다고 믿는지에 따라 삶에 대하여 어떠한 태도를 가지는가를 나타내 보여준다. 즉 어떤 사람들은 자신에게 일어나는 사건이나 결과에 대하여 자신의 영향력을 미치고 결정할 수 있다고 믿는 반면, 어떤 사람들은 인생은 운이나 다른 사람에 의해 결정된다고 생각한다. 자신이 운명을 결정할 수 있다고 믿는 사람들을 내재론자라고 하고, 운명이 자신의 모든 것을 결정한다고 믿는 사람들을 외재론자라고 한다. 내재론자와 외재론자의 행동이나 생각을 비교하면 다음과 같다.

---

2) 다른 사람이나 사물에 대해서 일관되게 가지는 느낌이나 신념, 행동 등

내재론자[3]

- 공부를 열심히 하면 성적이 올라간다.
- 내가 옳으면 다른 사람을 설득할 수 있다.
- 사람의 불행은 그 사람이 저지른 실수의 결과이다.
- 사람은 환경적 요소를 극복할 수 있다.

외재론자[4]

- 결혼은 도박이다.
- 다른 사람의 기본적인 태도를 진실로 바꿀 수 있다는 생각은 어리석은 생각이다.
- 시험성적은 운에 따라 좌우된다.
- 좋은 직장을 얻기 위해서는 운이 좋아야 한다.
- 사람의 성격은 유전에 의해 결정된다.

이 두 유형은 조직에서의 행동유형에서나 성과에서도 차이를 나타내는데, 내재론자는 자신의 일과 직장에 대한 만족도가 비교적 높은 편이고 업무성과 면에 있어서도 높은 편이며 의사결정에 적극적으로 참여한다. 또한 일을 열심히 하고 노력하면 업적이 오를 것이라고 생각한다.

반면 외재론자는 일 자체보다는 근무환경, 경제적 보상 등 업무외적인 요소에 더 관심을 가진다. 승진은 자신의 노력 여하에 달려있다고 믿기보다는 줄을 잘 서고 윗사람 눈에 잘 보여야 하며 운이 좋아야 한다고 생각한다.

2.2 타인과 삶에 대한 태도

해리스(Thomas A. Harris)는 인간이 자신과 타인 그리고 삶에 대하여 어떠한 태도를 가지는가에 따라 다음의 네 가지 유형으로 구분하었나. 자신이 스스로를 어떻게 인식하며 또한 다른 사람을 어떻게 인식하는가에 따라 태도가 결정되며 이 태도는 궁극적으로 삶의 자세 및 인생관에까지 영향을 미치게 된다는 것이다.

3) 주위에서 일어나는 일이나 그 결과에 대하여 자신이 영향을 미치거나 결정을 지을 수 있다고 믿는 사람
4) 인생은 운이나 외부환경에 의해 결정되고 자신이 바꿀 수 있는 것은 별로 없다고 믿는 사람

1. 자기부정 – 타인긍정

영아기에 볼 수 있는 반응유형으로 자신은 아무런 행동이나 의사결정을 하지 못하고 전적으로 부모에게 의존하며 부모가 절대적인 존재이다. 이러한 태도가 성인으로까지 이어지게 되면 열등감이 많고 자긍심이 낮은 사람이 된다. 스스로 잘할 수 있는 일은 없고 다른 사람들은 자신보다 훨씬 낫다고 생각하며 이런 사람은 항상 우울하고 자신을 다른 사람으로부터 소외시키는 경향이 있다.

자기부정 – 타인 긍정형의 행동유형

- 다른 사람과 깊이 있는 인간관계를 맺기 싫어한다.
- 자신감이 없고 열등의식이 있다.
- 마음속에 분노를 가지고 있다.
- 실패에 대한 두려움이 있어 책임을 맡지않으려 한다.
- 자신이 무엇을 원하는지 뚜렷이 알지 못하고 자기의 의견을 주장하지 못한다.
- 문제나 책임으로부터 도피하고자 하며 다른 사람이 자신을 위해 결정해 주기를 바란다.

이런 유형의 사람에게는 주위에서 자신감을 가질 수 있도록 잘한 일에 대해서는 칭찬해 주고, 뛰어나지 않은 결과에 대해서도 격려를 하며 야단치는 일은 될 수 있는 대로 삼가하도록 한다.

2. 자기부정 – 타인부정

해리스에 의하면 이러한 태도는 영아기를 벗어나 걸음마를 배우기 시작하며 유아기에 접어든 어린이에게서 흔히 볼 수 있다고 한다. 많은 실수를 하고 어지르는 가운데 어떤 행동에 대하여 칭찬을 받지 못하고 야단만 맞게되면 반항의식이 생기면서 부모를 비롯한 주위 사람들에 대하여 부정적인 태도가 생겨나게 된다. 이러한 태도가 성인기에까지 지속되면 다른 사람들과 원만한 관계를 맺지 못하고 스스로와 타인 및 환경에 대하여 부정적이며 희망이 없고 비관적이며 절망적이며 절망적인 태도로 세상을 살아간다. 네 가지 유형 중 가장 바람직하지 못한 유형으로 심하면 정신과 의사의 도움을 받아야 한다.

자기부정 – 타인부정형의 행동유형

- 타인을 신뢰하지 않는다.
- 자신은 물론 타인에 대해서도 공격적이다.
- 반항적이고 적대적이며 체제나 세상에 대해 분노를 품고 있다.
- 될 대로 되라는 자포자기적인 태도를 취한다.
- 버림받는다든지 혼자서만 있게 된다는 두려움이 있다.
- 책임을 맡게 되면 투덜대고 실수를 반복한다.
- 인생의 목표가 없고 낙담하며 소외를 느낀다.

3. 자기긍정 – 타인부정

이러한 행동유형은 독재적이고 권위적인 리더나 습관적 범죄자에게 나타나기 쉬운 유형으로서 자신은 항상 옳고 우월하다고 생각하며 문제의 원인을 세상이나 타인의 탓으로 돌리는 경향이 있다. 이런 사람은 다른 사람들과의 대화에 있어서도 자신이 항상 타인을 지

그림 3-2 **타인과 삶에 대한 태도**

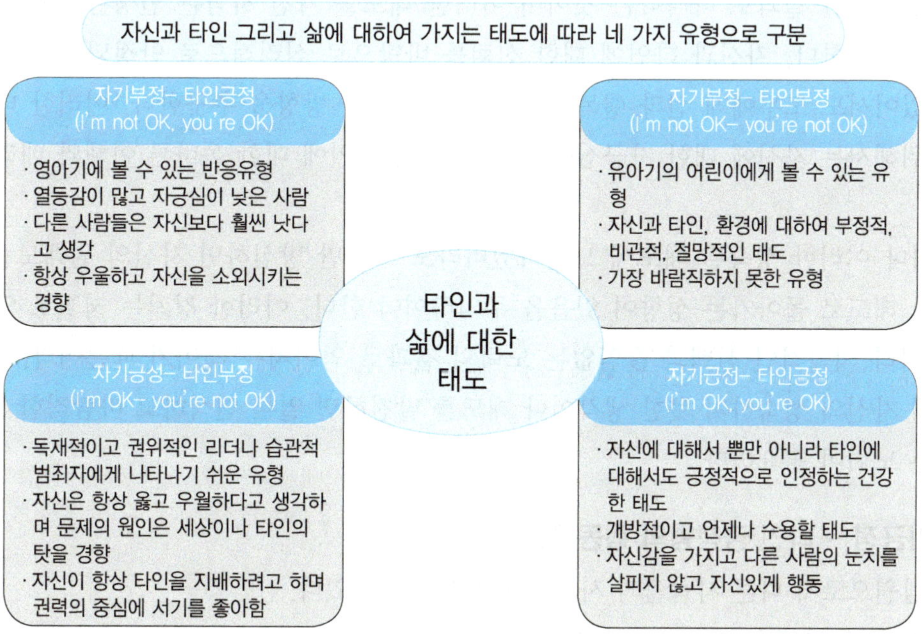

자신과 타인 그리고 삶에 대하여 가지는 태도에 따라 네 가지 유형으로 구분

타인과 삶에 대한 태도

자기부정- 타인긍정
(I'm not OK, you're OK)
- 영아기에 볼 수 있는 반응유형
- 열등감이 많고 자긍심이 낮은 사람
- 다른 사람들은 자신보다 훨씬 낫다고 생각
- 항상 우울하고 자신을 소외시키는 경향

자기부정- 타인부정
(I'm not OK– you're not OK)
- 유아기의 어린이에게 볼 수 있는 유형
- 자신과 타인, 환경에 대하여 부정적, 비관적, 절망적인 태도
- 가장 바람직하지 못한 유형

자기긍정- 타인부정
(I'm OK– you're not OK)
- 독재적이고 권위적인 리더나 습관적 범죄자에게 나타나기 쉬운 유형
- 자신은 항상 옳고 우월하다고 생각하며 문제의 원인은 세상이나 타인의 탓을 경향
- 자신이 항상 타인을 지배하려고 하며 권력의 중심에 서기를 좋아함

자기긍정- 타인긍정
(I'm OK, you're OK)
- 자신에 대해서 뿐만 아니라 타인에 대해서도 긍정적으로 인정하는 건강한 태도
- 개방적이고 언제나 수용할 태도
- 자신감을 가지고 다른 사람의 눈치를 살피지 않고 자신있게 행동

배하려고 하고 권력의 중심에 서기를 좋아한다. 히틀러와 같은 독재자도 이러한 유형에 속하며 다른 사람의 입장을 고려하기보다는 자신의 입장을 다른 사람들에게 강요한다. 직장에서는 모든 잘못을 다른 사람의 탓으로 돌리며 타인의 실수에 대해서는 가차없이 비난하고 자신의 생각이나 방법이 항상 올바르다고 생각한다.

자기긍정 – 타인부정형의 행동유형

- 배타적이고 지배적이다.
- 다른 사람의 뜻을 바르게 수용하지 않는다.
- 다른 사람을 지배하는 힘을 잃을 것을 두려워한다.
- 자기 방어적이고 공격적이다.
- 상대를 몰아 붙인다.
- 우월의식이 강하다.

4. 자기긍정 – 타인긍정

삶에 대한 네 가지 태도 중 가장 바람직한 태도로서 자신에 대해서 뿐만 아니라 타인에 대해서도 긍정적으로 인정하는 건강한 태도이다. 이 유형의 태도는 의식적으로 선택하여 꾸준히 노력한 결과로 나타나는 것이며 이러한 태도를 가진 사람은 인생은 살아볼 가치가 있다고 생각한다. 자신과 타인에 대한 신뢰를 바탕으로 심리적으로 안정되어 있고 의사결정에 있어서도 모두에게 선과 행복을 가져오는 건전한 방향을 추구한다. 이러한 태도를 가지기 위해서는 자신에 대한 자긍심이 있어야 하며 타인에 대한 올바른 이해와 배려가 필요하다.

그러나 이러한 성숙된 태도에 도달하였더라도 조금만 방심하면 자신의 원래모습, 즉 불완전한 태도로 돌아가는 성향이 있음을 주의하여야 한다. 이러한 경지는 저절로 얻어진 것이 아니라 의식적인 선택과 끊임없는 노력의 결과로 얻어지는 것이기 때문이다. 일상생활 중에서 자신의 성숙하지 못한 생각이나 태도를 발견하면 얼른 인식하고 바람직한 방향으로 바꾸는 노력이 필요하다.

자기긍정 – 타인 긍정형의 행동유형

- 팀원으로서 다른 사람들과 사이좋게 일을 할 수 있다.
- 자신 및 타인을 존중하고 소중하게 생각한다.

- 개방적이며 언제나 수용할 태도를 가지고 있다.
- 의견의 불일치가 있을 경우 그 원인을 찾아서 해결방법을 모색한다.
- 자신감을 가지고 다른 사람과 대화하고 협력한다.
- 다른 사람의 눈치를 살피지 않고 자신있게 행동한다.

2.3 환경과 태도

개인의 성장배경이나 환경이 성격에 많은 영향을 미친다고 한다. 환경이 성격형성이나 태도에 많은 영향을 미치는 것은 사실이지만 거꾸로 환경에 대하여 어떠한 태도로 대응하느냐가 더욱 중요하다.

남들이 그 중요성을 알아주지 않는 하수처리장에서 근무하는 공무원이 효과적인 분뇨처리방안을 연구하여 박사학위를 취득하기도 하였고, 군복무기간 동안 그간 소홀히 하였던 문학작품을 열심히 읽어 영문학 독학사를 취득한 사람도 있다. 초등학교밖에 나오지 못한 사람이 틈나는 대로 꾸준히 책을 읽고 글을 쓰며 독학을 하여서 50대 초반에 여러 문단과 글쓰기대회에서 입상하였으며, 글을 쓰는 방법에 대한 책도 집필하였고 자신의 경험을 바탕으로 기업에 출강하여 정신교육과 자기개발에 관한 강의를 하는 산업강사로까지 활약하고 있다. 자신의 어려운 환경을 탓하기보다는 꾸준한 노력이 오늘의 자신을 가져왔다며 자신의 학벌이 좋지않음이 사회에서 살아나갈 때 조금도 장애가 되지않았다고 이야기 하고 있다.

인간은 어떠한 환경에 처하든지 그 환경을 활용하여 자신에게 유익한 결과를 가져올 수 있는 힘을 가졌다. 우리가 나쁜결과에 대하여 자신이 전적으로 책임을 지지않고 환경이나 다른 사람의 탓으로 돌리는 것은 바람직하지 못하다.

2.4 태도와 직무성과

대부분의 사람들은 자신의 분야에서 인정받고 성공하고 싶어한다. 성공하는 사람들은 자신의 운명을 운에 맡기는 것이 아니라 할 수 있다는 긍정적인 자아개념 및 신념을 가지고 오랫동안 꾸준히 노력하면서 자신의 성공을 추구함으로써 성공을 이루어낸다는 공통점이 있다.

이들은 다른 사람이나 조직을 위해서 일하는 것이 아니라 자신을 위해서 일하며, 일할 때는 최선의 결과를 성취하기 위하여 노력한다. 성공을 하지 못하는 사람들은 성취를 원하기는 하지만 자신이 그 일을 해낼 수 있을 것인가에 대한 확신없이 시작하는 경우가 대부분이다. 그러나 성취하는 사람들은 이미 시작할 때에 자신이 그것을 해낼 수 있으리라는 확고한 신념과 태도를 가지고 출발한다. 또한 성공하는 자들은 성취하여야 할 일을 마지못해 해내어야 하는 과제로 생각하는 것이 아니라 자신의 능력을 나타내 보일 수 있는 하나의 도전이라고 생각하면서 일을 시작하게 된다. 이 때 자신감만 있어서는 안 되고 자신의 능력에 대한 현실적인 이해와 아울러 능력을 갖추어야 한다.

우리각자는 자신의 행동과 태도에 대하여 책임을 져야 한다. 나의태도는 나 스스로가 선택하는 것이지 누군가에 의하여 강요되어지는 것은 아니다. 따라서 자신의 감정과 태도는 스스로 통제하여야 한다. 행복하고 자신에 대하여 만족하며 인생에 있어서 원하는 바를 얻어내는 사람들은 누가 그것들을 가져다 주는 것이 아니라 스스로 만들어낸다는 것이다. 긍정적인 태도는 현재의 자신을 결정짓는 요소가 되기도 한다.

긍정적인 태도는 사무실의 비서에게나 매장의 판매원에게나 똑같이 중요하다. 감정이나 태도는 전염성이 매우 강하다. 자신있고 활기찬 행동은 나 자신을 변화시킬 뿐 아니라 주위의 사람들에게도 그 활기를 확산시킨다. 우울한 사람곁에 있으면 나자신도 우울해지고, 생동감 있고 유머가 있는 사람옆에 있으면 자신도 함께 즐거워지는 것을 우리는 흔히 경험하게 된다. 스스로 에너지를 발산하고 뛰어난 유머감각과 활기로서 주위를 환하게 밝혀나갈 수 있어야겠다. 그러기 위해서는 사람이나 사물을 대할 때 긍정적인 면을 보도록 노력하여 모든 면에 있어 관심과 열정을 가지고 임해야 한다. 함께 있으면 즐겁고 뭔가 함께 하고싶은 동료가 될 수 있도록 긍정적인 자세와 적극적인 태도를 가지는 것이 중요하다.

이와 반대로 부정적인 태도를 가진 사람은 자신을 망칠뿐만 아니라 주위사람들 및 회사에도 나쁜영향을 끼치게 된다. 항상 불만에 찬 동료가 옆에 있으면 회사에 나오는 것이 즐겁지 않고 자신도 모르는 사이 불만을 토로하는 것을 발견하게 된다. 또한 부정적 태도를 가진 사람은 항상 불행해 보이며 모든 일에 대하여 만족하지 못하며 업무성과도 좋지 않다. 실제로 나쁜일이나 결과를 생각하면 종종 실제로 그 나쁜일이 발생하는 것을 경험한다.

난관이 닥쳐왔을 때 이에 대처하는 태도에 따라 그 결과도 달라진다. 자신의 생과 태도에 대하여 스스로 책임감을 가지고 현실적으로 긍정적인 생각을 지닌 사람은 어떠한 장애도 극복할 수 있다. 반면 부정적인 태도를 가진 사람은 작은 난관에도 쉽게 포기하며 부정적인 결과를 생각하며 더 이상 노력하지 않는다. 태도는 나 스스로가 프로그래밍 하기에 달려있다. 긍정적인 생각과 태도를 입력하면 긍정적인 결과가 나오고 부정적인 생각과 태도를 입력하면 부정적인 결과가 나오기 마련이다. 어느 것을 선택하느냐는 스스로의 판단과 책임에 달려있음을 항상 명심하여야 한다.

제4장

동기부여

01 동기부여란?

02 무엇이 동기부여의 원동력인가?

03 어떤 과정으로 동기를 부여하는가?

욕구(needs)는 인간의 내적·심리적인 상태를 말하며, 우리는 일상생활을 통해 수없이 많은 욕구를 인지할 수 있다. 우리가 경험하는 수많은 욕구는 매우 다양하며, 다양한 형태와 긴장의 강도로 어떤 욕구는 쉽게 충족되어 소멸되는가 하면 어떤 욕구는 주기를 갖고 반복적인 긴장감으로 불만족한 상태에서 우리를 괴롭히고 있음을 알 수 있다. 이와 같이 육체를 소유한 인간은 그 육신을 유지·관리하기 위해 **욕구체계**를 갖고, 가장 결핍된 욕구수준이 우선적으로 우리의 행동을 유발시켜 결핍된 욕구를 만족시키거나 긴장을 완화시킨다.

01 동기부여(motivation)란?

인간의 모든 행동은 결핍된 욕구(needs)를 충족시키기 위해 발생한다. 결핍된 욕구로 인한 긴장감(tension)을 해소하려는 동기(motive)가 인간의 활동으로 나타나는 것이다. 동기부여는 인간의 욕구를 충족시키는 과정을 조직활동에 연관시켜, 결핍된 욕구를 만족시키는 반대급부로 조직의 목표달성을 위한 조직활동에 기꺼이 응하는 성원의 태도를 말한다.

조직활동에서 성원의 충족되지 못한 결핍된 욕구는 내적·심리적 관점에서 충동(drives)을 일으키는 긴장감을 발생시킨다. 충동은 긴장감을 감소시키고 욕구를 만족시킬 수 있는 특정한 목적을 향한 행동을 하게 된다. 조직의 관리자가 성원을 동기부여하는 활동은 성원의 욕구해소를 위한 노력이 조직의 목표달성에 부합하고 일관성 있는 행동으로 전환될 수 있게 하는 것이다.

조직활동에서 성원을 동기부여하기 위해 경영관리자는 [그림 4–1]에서와 같이, 세 가지 관점을 중요시 해야 한다. 즉 성원의 개인차, 직무의 특성, 조직의 관행이 그것이다.

관리자는 성원의 동기부여 프로그램을 효과적으로 발전시키기 위해 이 세 가지 요인을

그림 4–1 **동기부여에 미치는 요인**

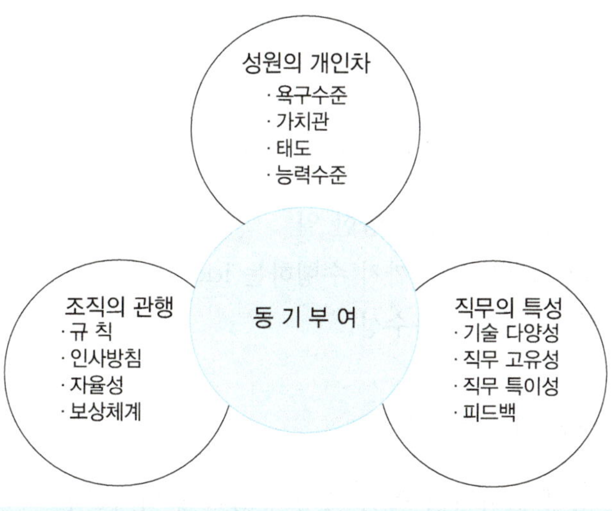

반드시 고려하여, 이 세 가지 요인이 서로 상호작용하여 성원의 업무성과와 관련된 행동에 어떻게 영향을 미치는지 알아야 한다. 어떤 요인은 성원의 업무성과에는 지대한 영향을 미치지만 현실적으로 관리자의 손이 미치지 못하는 경우도 있을 수 있다. 예컨대, 개인적인 지병이나 가정사정으로 인한 심각한 고민 등 개인적인 애로사항을 알지 못할 수도 있고, 해결하지 못할 수도 있을 것이다.

1.1 성원의 개인차

모든 성원은 유별나다. 조직의 성원은 저마다 특유의 개성을 갖고있기 때문에, 모두가 서로 다르다고 가정해야 한다. [그림 4-1]에서와 같이, 개인의 욕구면에서 가치관, 중요한 관심을 갖고있는 취미나 추구하는 흥미, 기술이나 지식을 포함한 능력수준 등에서 성원의 개인차가 나타남을 쉽게 알 수 있다.

이러한 성원의 개성은 서로 다르기 때문에, 성원을 동기부여하는 노력도 이에 적합시켜야 한다. 즉 어떤 성원은 돈이나 높은 급료를 지불함으로써 동기부여가 되지만, 어떤 성원은 직책을 중요시하기 때문에 안정적인 직책보장을 우선시할 수도 있다. 또 다른 성원은 매일매일 되풀이되는 지루한 작업보다는, 도전적인 일이나 해외파견근무를 원하는 등 각 성원의 추구하는 개성이 다를 수 있음을 경영관리자는 명심해야 한다.

1.2 직무의 특성

직무의 성격은 다음 다섯 가지로 나누어 설명할 수 있다.

- 다양한 기술을 필요로 하는 다양한 일
- 한 성원이 일의 시작부터 끝까지 수행하는 identity 정도
- 직무가 특별히 갖고 있는 특수성
- 일 수행의 자율성
- 작업진행에 대한 피드백정도

일이나 작업의 성격에 따라서 어떤 특성이 강하게 나타나면 다른 특성은 상대적으로 낮

게 요구될 수도 있다. 성원에게 할당된 업무가 필요로 하는 직무의 특성이 어떻게 조화되어 있는지 알아야만, 이에 적합한 동기부여를 통하여 관리효과를 높일 수 있다.

1.3 조직활동의 관행

동기부여와 관련된 조직활동의 관행을 살펴보면 규칙과 인사정책, 경영관리자의 관리스타일, 보상시스템 등이 성원의 직무태도에 영향을 미치고 있음을 알 수 있다.

조직활동의 관행이 동기부여에 중요하게 작용하고 있음은 다음 두 가지로 나누어 살펴볼 수 있다.

첫째, 조직활동의 관행이 성원의 욕구충족을 위하여 얼마나 성의있게 만들어졌느냐 하는 문제이다. 급속히 변화하는 다양한 성원의 관심에 부합되지 못할 때는 동기부여가 될 수 없다는 것이다.

다음으로는 규칙이나 인사정책, 보상시스템의 상호 긴밀한 집행을 성원이 수용하는 태도이다. 아무리 경영진에서 성원의 욕구를 공정하게 적합시켰다고 판단해도 성원이 자신들의 욕구충족에 미비하고 불공정하게 집행된다고 이해하고 있다면 적극적인 조직활동을 기대하기는 어려울 것이다.

이상과 같이, 성원의 동기부여에 긴요한 세 가지 요인을 검토하였다. 이들 요인들은 어떤 때는 독립적으로, 또 어떤 때는 상호작용을 통하여 성원의 동기부여에 영향을 미친다. 이러한 요인들은 현실적으로 생각하는 것보다 훨씬 더 복잡하고, 성원의 활동에 지대한 영향을 미치고 있음을 알아야 한다.

02 무엇이 동기부여의 원동력인가?

지금까지 동기부여의 개념에 대하여 검토하고 동기부여에 미치는 세 가지 요소를 알아보았다. 이제부터는 무엇에 의하여 성원의 행동이 활성화될 수 있느냐에 초점을 맞추어 보자. 동기부여의 내용이론은 매스로우(Maslow)를 비롯하여 알더퍼(Alderfer), 맥클랜드

그림 4-2 **내용이론의 동기부여**

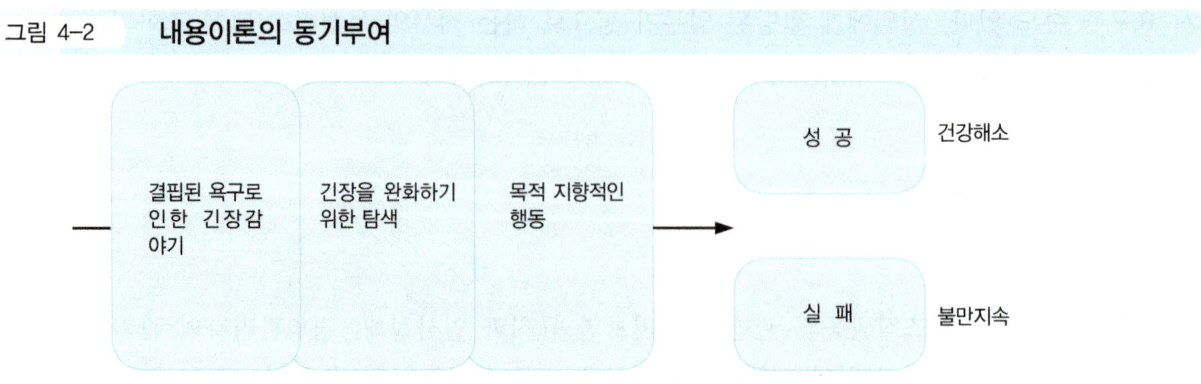

(McClellend), 허쯔버그(Herzberg), 그리고 로크(Locke) 등의 학자들에 의하여 작업현장에서 조직성원이 작업만족을 얻기위해 무엇을 필요로 하며, 그로인한 행동이 어떻게 나타나느냐에 관심을 갖고 많은 연구가 진행되었다.

이러한 연구를 통해 인간은 조직활동에서 만족을 얻기 위하여 동기가 유발되는 내적욕구가 존재한다는 것을 알게 되었다. [그림 4-2]에서와 같이 인간은 자신의 욕구를 만족시키는 방향으로 행동한다고 결론짓는다. 따라서 조직활동에서 동기부여는 성원의 욕구를 충족하기 위한 행동의 예측에서 출발하였다.

그러나 현실적으로 동기부여의 과제는 이론보다 훨씬 복잡함을 다음의 설명에서 짐작할 수 있다.

첫째, 인간의 욕구는 사람에 따라 상당한 차이가 있고, 시간의 경과에 따라서도 끊임없이 변화한다. 또한 결핍된 욕구가 소멸하는 현상도 역시 사람에 따라, 시간에 따라 각양각색이다. 이러한 개인차와 변화의 다양성이 과업을 수행하는 성원의 조직활동을 활성화시키는 동기부여를 어렵고 복잡하게 한다.

둘째, 결핍된 욕구가 행위로 전환되는 과정이 사람에 따라 큰 차이를 보인다.

셋째, 욕구만족이나 불만족에 대한 반응이 사람마다 다르게 나타난다.

2.1 매슬로우의 욕구계층이론

일찍이 매슬로우는 인간의 욕구를 알기쉽게 설명할 수 있는 모형을 개발하였다. 매슬로우는 인간의 욕구가 다섯 단계의 계층을 이루었다고 보고, 이 계층에 따라 인간을 동기부

그림 4-3 **매슬로우의 욕구계층**

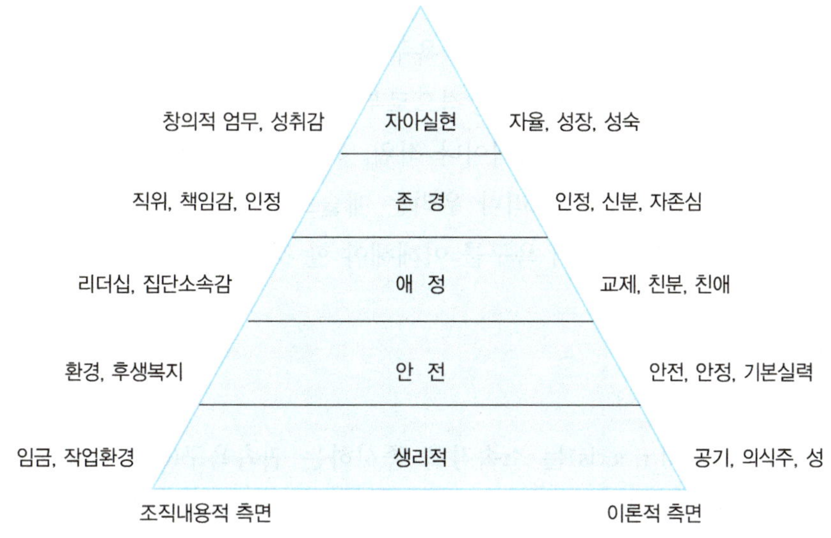

여시킬 수 있다고 주장하였다. 즉 가장 낮은 수준의 욕구적인 생리적 욕구에서부터 가장 고차원적인 자아실현의 욕구에 이르는 다섯 단계를 따라, 낮은 수준의 욕구가 어느 정도 충족되면 다음 단계의 욕구를 추구함으로써 결핍된 욕구를 만족시키려는 인간의 행동은 욕구의 계층을 따라서 동기부여된다고 가정하였다.

매슬로우가 발표한 욕구계층의 단계는 [그림 4-3]에서와 같이 제 1단계 생리적 욕구, 제 2단계 안전의 욕구, 제 3단계 사회적 욕구, 제 4단계 존경의 욕구, 그리고 마지막 제 5단계인 자아실현의 욕구이다.

1. 생리적 욕구

생리적 욕구(physiological needs)는 인간의 가장 기본적인 욕구로서 인간의 육신을 유지, 관리, 성장시키기 위한 필수적인 요건이다. 즉 의, 식, 주에 관련된 것을 비롯하여 성(性) 행위, 휴식, 수면 등 생리적 조건의 불편으로 인한 긴장감이 발생하지 않도록 하는 욕구이다. 매슬로우에 의하면 인간에게는 이 생리적 욕구가 가장 중요하며, 어떤 다른 계층의 욕구보다 우선하여 상당히 높은 수준의 만족을 유지해야 한다고 한다.

2. 안전의 욕구

안전의 욕구(safety needs)는 생리적 욕구가 상당한 수준으로 만족된 상태에서 추구하는 욕구로서, 자연재해나 외부세력의 공격으로부터 인명이나 재산상의 안전보호를 의미한다. 물론 조직활동을 하는 성원의 직책이나 직위, 책임영역의 보장이나 사회적 지위를 현상태로 유지하는 것도 포함된다. 그러나 우리는 매슬로우가 이 모형을 발표한 1940년대의 사회상과 비교, 참작하여 안전의 욕구를 이해해야 할 것이다.

3. 사회적 욕구

사회적 욕구(social needs)는 소속감을 중시하는 귀속욕구(affiliation needs)나 애정욕구(love needs)라고도 한다. 사회적 욕구는 생리적 욕구와 안전의 욕구가 상당한 수준으로 만족될 때 추구하는 욕구로서 이웃을 그리워하는 마음으로 쉽게 설명할 수 있을 것이다. 즉 인간의 사회적 존재를 나타내는 속성을 욕구로 표현한 개념으로 소속감을 중요시하여 멤버십획득이나 여러 사람들과의 교제를 원하는 욕구를 말한다.

4. 존경의 욕구

존경의 욕구(esteem needs)는 자기존재의 확인과정으로서 앞에서 열거한 욕구들이 어느 정도 만족될 때 추구하는 욕구이다. 존경의 욕구는 신뢰감, 성취감, 존경심, 권력, 책임감, 칭찬받고 싶은 마음, 독자성, 명예 등 주위 동료들로부터 인정받고 싶은 욕구이다.

5. 자아실현의 욕구

자아실현의 욕구(self-actualization needs)는 매슬로우가 제시한 최고수준의 욕구로서, 자기가 보유한 잠재능력을 마음껏 발휘하고 싶어하는 욕구이다. 이 욕구단계에서는 본래의 자기자아를 찾아가고 자기가 소원하는 자아로서 성숙하려는 욕망이 나타난다. 그러나 자기능력을 다해 자아를 완성하고자 하는 노력은 인간의 한계에 부딪칠 수밖에 없어, 자아실현의 욕구는 언제나 불만족상태에서 계속적으로 추구할 수밖에 없다고 보았다.

이와 같은 욕구단계모형은 다음 네 가지 가정에 근거하여 설명되고 있다.

- 만족된 욕구는 더 이상 동기부여가 될 수 없다. 어떤 단계에서 추구하든 욕구가 충족되면 더 높은 계층의 욕구를 추구한다.
- 인간의 욕구체계는 모형에서처럼 간단한 것이 아니라, 매우 복잡하고 다양한 여러 욕구가 동시에 인간의 행동을 지배한다.
- 상위계층의 욕구를 추구하기 전에 언제나 하위계층의 욕구가 충족되도록 동기부여되어야 한다.
- 욕구충족은 하위계층의 욕구보다는 상위계층의 욕구에서 더 많은 다양한 방법을 동원할 수 있다.

매슬로우의 욕구단계모형은 인간의 욕구가 다양하게 존재하기 때문에 조직활동에서 동기부여하기 위해서는 물질적으로 충족시키는 것도 중요하지만, 정신적인 요소도 중요함을 시사하고 있다. 조직의 작업환경에서 성원의 욕구체계를 파악하면, 이에 적합한 동기부여를 통해 조직활동의 효과를 향상시킬 수 있다. 또한 성원의 생활이나 작업환경이 변함에 따라 욕구시스템도 변하기 때문에, 이에 적합하게 동기부여를 해야만 성원의 노력을 활성화 시킬 수 있다. 특히 글로벌환경의 관리자는 작업환경이 갖고있는 특수한 경제적 여건과 그 나라 문화를 고려하여 정확한 욕구계층을 파악해야 한다.

매슬로우 모형에 대한 연구는 활발하게 진행되진 못했으나, 상식적인 수준에서 쉽게 이해할 수 있기 때문에 많은 사람들로부터 공감을 받고 있다. 그러나 실제 인간의 욕구를 단계별로 구분할 수 있느냐 하는 문제와, 또한 인간의 욕구는 정태적인 것이 아니라 수시로 끊임없이 변하는데, 한 수준의 욕구가 성원의 행동을 얼마나 오랫동안 강하게 지배할 수 있느냐 하는 점도 의문이다. 현실적으로 우리는 수많은 욕구가 동시에 서로 교차하여 발생하고 소멸함을 일상생활에서 쉽게 경험하고 있다.

2.2 알더퍼의 ERG모형

알더퍼(Alderfer)는 매슬로우의 욕구단계설을 수정, 보완하여 조직환경에서 성원의 욕구를 더 현실적으로 나타내는 ERG모형을 발표하였다. 알더퍼에 의하면, 개인의 욕구는 존재의 욕구(Existence needs), 관계적 욕구(Relatedness needs), 그리고 성장의 욕구(Growth

그림 4-4 **ERG모형의 만족-진행과 좌절-퇴행**

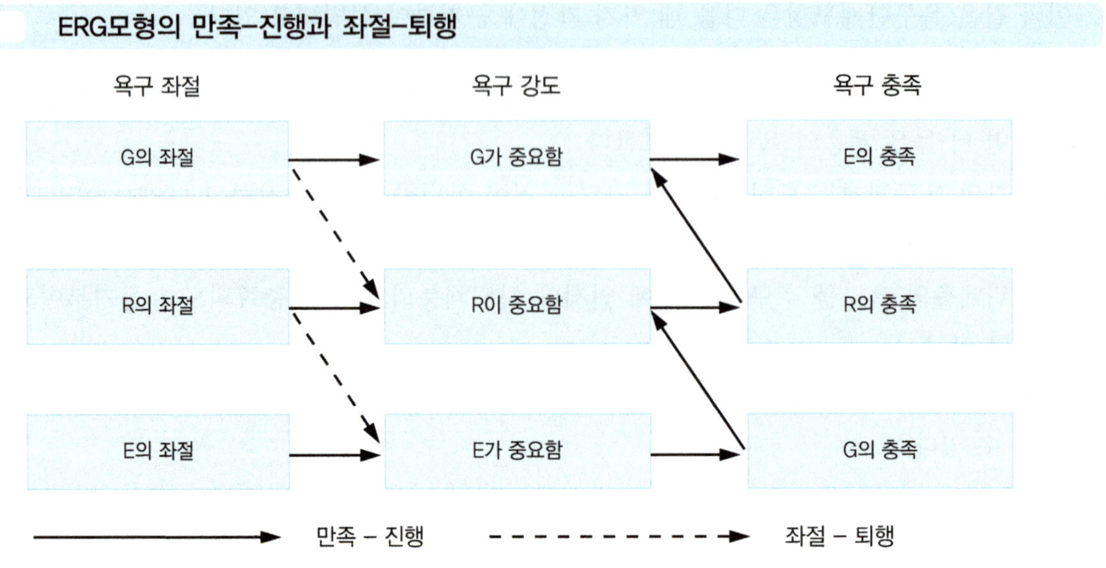

needs)로 나뉜다.

존재의 욕구(E)는 경제적 보상과 안전한 작업 조건 등 생리적·물질적 욕구로서, 매슬로우 이론의 생리적 욕구와 안전의 욕구에 해당된다. 관계적 욕구(R)는 대인간의 상하관계와 소속감, 상호 의존성, 자존심 등을 포함하여 매슬로우 모형의 사회적 욕구와 존경의 욕구에 해당된다. 마지막으로 성장의 욕구(G)는 개인과 직무를 통해 계속적인 심리적 성장과 창의성, 성취감 등 개인의 발전에 대한 욕망으로, 매슬로우의 자아실현의 욕구와 같이 설명하고 있다.

ERG 이론에 의하면, 하위욕구가 충족될수록 상위욕구를 추구하는 노력이 더욱 강하게 나타난다. 알더퍼는 이런 형상을 만족-진행관계라고 정의하였다. 그러나 상위욕구를 만족하지 못할 때는 오히려 하위욕구충족을 위한 강도를 더욱 높여간다고 주장하고, 이런 현상을 좌절-퇴행관계라고 하였다 즉, [그림 4-4]에서와 같이 성장욕구를 추구하다가 욕구달성에서 좌절되면 오히려 관계욕구의 중요성이 커지면서, 성장욕구의 하위욕구인 관계욕구가 더 중요한 동기로 작용한다고 주장하고 있다.

2.3 허쯔버그의 2요인이론

허쯔버그(Herzberg)의 2요인이론(two-factor theory)은 성원의 행동에 영향을 미치는 동기부여를 직무의 특성(job characteristics)과 조직의 관행(organizational practices)에 초점을 맞춘 연구이다. 허쯔버그와 그의 연구진은 직무만족과 생산성의 관계를 연구하기 위해, 200여 명의 기술자로 하여금 조직활동의 직무수행경험에서 만족감과 불쾌한 감정을 유발시켰던 경우를 기술하도록 하였다. 기술된 설문을 종합검토한 연구진은 조직활동에서 만족감을 느끼게 하는 경우는 '일' 그 자체와 관련된 요소였고, 불만족을 느끼게 하는 것은 작업조건이나 일을 하기 위한 '작업환경'이었다고 결론내렸다.

허쯔버그는 이러한 결론을 토대로 하여, 조직활동에서 성원의 태도를 결정하는 요인을 동기요인과 위생요인으로 구별하였다.

1. 동기요인

동기요인(motivators)은 직무활동을 활성화시켜 성원의 직무태도를 만족시키는 요소로서, 성원에 업무성과 향상에 기여한다. 동기요인에는 성취감과 인정, 직무내용, 책임, 승진, 성장 등이 있다. 동기요인은 주로 직무내재적(intrinsic job condition) 성격을 갖고 있으며, 동기요인이 결핍되어도 불만족을 초래하지는 않는다.

그림 4-5 허쯔버그의 2요인이론

동기요인	위생요인
· 성취감	· 임 금
· 인 정	· 고용안정성
· 도전감	· 작업소건
· 성장 가능성	· 회사정책
· 책임감	· 인간관계
· 승진 가능성	

그림 4-6 **매슬로우 모형과의 비교**

욕구단계설	2요인 이론	
자아실현의 욕구	도전, 성취, 성장, 책임	동기요인
존경의 욕구	발전, 안정, 지휘	
사회적 욕구	개인 상호간의 관계, 조직	
안전의 욕구	감독의 질, 작업조건, 직무안정	위생요인
생리적 욕구	임금, 개인적 생활	

2. 위생요인

위생요인(hygiene factors)에는 임금과 직업안정, 감독, 작업조건, 지위, 방침, 규정, 대인관계 등이 있다. 즉 위생요인은 주로 직무환경과 조직의 여건에 관련된 직무 외래적(extrinsic job conditions) 성격을 갖고 있다.

위생이란 병을 예방하는 개념으로서 아무리 위생을 철저히 한다고 해도 병을 고칠 수 없듯이 조직활동에서 성원의 태도를 만족시킬 수 없으며, 다만 위생요인을 최선으로 했을 때 성원의 직무불만족을 줄일 수 있다는 개념이다.

2요인이론은 행동과학자와 실무관리자들로부터 중요한 관심의 대상이 되었다. 관심의 초점은 동기요인과 위생요인이 조직활동에서 다 같이 필요한 요소이기 때문이다. 즉 직무불만족의 원인이 되는 위생요인을 작업장에서 제거하면 성원의 불만족은 없어질지 모르지만 일 자체는 수행할 수 없는 것이다. 이와 같이 동기부여가 되는 작업 그 자체는 작업환경에 의해 마련된다. 따라서 조직을 설계할 때에는 조직활동의 필요악적 요소인 위생요인이 성원의 불만족태도를 감소할 수 있도록 세심한 배려를 해야 한다.

2.4 로크의 목표이론(goal-setting theory)

로크(Rocke)에 의하면 작업노력, 업적 및 직무만족을 향상시키기 위해서는 적절한 목표를 설정해야 한다고 한다. 잘 설정된 목표(well-set task goals)는 작업활동의 방향이 제시되고 성원의 작업노력을 활성화하여, 목표가 달성될 때까지 노력을 지속함으로서 성원에 동기부여에 중요한 원천이 된다. 과업목표야 말로 작업수행의 분명한 기분이 되고, 과업활동의 피드백을 제공하는 수단으로써, 성원의 업무성과와 직무만족을 향상시킨다고 주장한다.

1. 목표이론의 핵심요소

성원의 의도적인 목표(conscious goals)와 과업성과(task performance)간의 관계를 설명하는 목표이론의 중요한 요소는 다음과 같다.

(1) 목표의 구체성

상징적이거나 일반적인 목표보다는 목표가 명확하고 구체적일 때 과업성과가 높아진다.

(2) 목표의 수준

목표를 어떤 수준에 맞춰 설정하느냐 하는 것은 동기부여와 성과달성에 중요한 영향을 미친다. 일반적으로 도전적이고 달성가능한 수준에서 최선의 결과를 나타낸다.

(3) 성원의 참여

목표를 설정하는 과정에 성원을 참여시킬 때, 직무만족도와 성과향상에 결정적인 결과를 가져온다.

(4) 결과에 대한 피드백

설정된 목표를 얼마나 달성하고 있는가에 대한 피드백은, 목표달성의욕을 자극하여 작업노력을 증진시킨다.

(5) 목표의 수용도

설정된 목표와 수준에 대하여 성원이 얼마나 동의하고 수용하느냐 하는 정도는 동기부여와 과업성과에 결정적 요소가 된다. 또한 목표달성에 대한 보상이 명백히 정해져 있을 때 높은 노력과 성과를 기대할 수 있다.

2. 목표이론과 상황적 요소

목표이론의 성패를 좌우하는 상황적 요소는

첫째, 구조적 요소로서 보상시스템과 과업구조, 기술시스템 등으로 성원의 동기부여와 목표달성을 위한 조직활동을 촉진하거나 제한한다.

둘째, 조직의 관행은 목표설정과 목표달성과정에 중요한 작용을 한다.

마지막으로, 성원의 개인차에 따라 목표의 영향이 큰 차이를 보인다. 특히 성취욕구가 높은 수준의 성원은 피드백과 구체적이고 도전적인 목표에 긍정적으로 반응하는 반면, 성취욕구가 낮은 성원에서는 적절한 목표를 설정해 주어야 한다.

03 어떤 과정으로 동기를 부여하는가?

동기부여의 원동력을 찾는 연구에서는, 성원의 조직활동을 활성화시키고 있는 요인이 무엇인가에 관심의 초점을 두었다. 동기부여의 과정이론에서는 동기부여과정에서 발생하는 여러 변수의 상호작용에 연구의 초점을 두고 있다. 즉 인간의 행동을 유발시키고 활성화시키는 요인이 인간의 욕구라고 한다면, 그 욕구를 충족시키기 위해 필요한 여러 가지 행동과 행동전략을 어떻게 선택하느냐에 관심을 둔 연구를 동기부여의 과정이론이라고 한다.

동기부여의 과정이론으로는 기대이론(expectancy theory)과 아담스의 공정성이론(equity theory), 스키너의 강화이론(reinforcement theory) 등의 연구가 있다.

3.1 기대이론(expectancy theory)

내용이론에서 매슬로우의 욕구계층이론이 크게 관심을 얻고 있다면, 과정이론에서는 기대이론이 가장 많이 연구되었다. 그 결과 여러형태의 모형이 개발되어 성원의 직무와 관련된 노력을 활성화시키는 과정을 잘 설명하고 있다.

그 중에서 기대이론의 대표격인 브롬(Vroom)의 모형과 포터와 로울러(Poter & Lawler)의 모형이 널리 알려졌다.

1. 브롬의 기대이론

브롬(Vroom)에 의하면 조직의 성원은 바람직한 결과가 수반될 수 있는 행동을 선택함으로서 동기부여가 된다고 한다. 기대이론이 설명하는 동기부여는 노력과 성과의 관계를 유지하는 과정으로서, 조직의 성원이 조직의 과업을 달성하여 가치있는 보상을 받기위해 노력을 발휘하는 과정을 말한다.

브롬의 모형은 [그림 4-7]에서와 같이, 여러 가지 요인이 동기부여를 설명하는 중요한 변수가 된다. 즉 행동의 선택과 기대, 직무성과, 수단성, 보상, 그리고 유의성의 개념을 도입하여 기대이론은 완성되었다.

그림 4-7 브롬의 기대모형

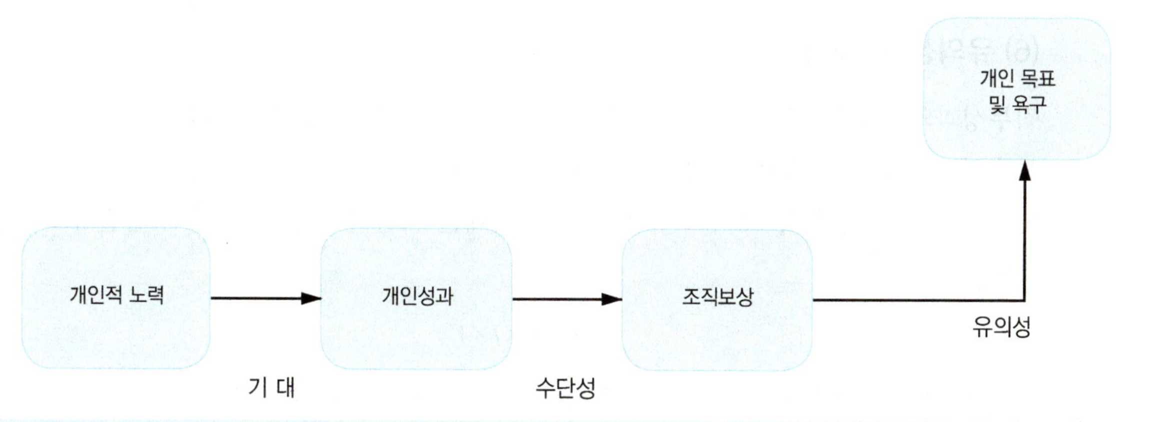

(1) 행동의 선택(choice behaviors)

기대되는 결과와 그 중요성을 고려하여 성원이 선택하는 행동의 대안이다. 즉 노력의 정도를 말한다.

(2) 기대(expectancy)

선택한 행동이 달성할 결과에 대한 기대감으로서, 열심히 일하면 높은 수준의 직무성과에 달성될 수 있는 것이라는 믿음이다. 0에서 1까지의 수치로 표시하여, 1은 기대한 결과가 100% 달성되는 경우이고, 0은 0% 달성되는 관계이다.

(3) 직무성과(outcomes)

성원이 선택한 행동의 결과로서 나타나는 1차적 결과를 말한다.

(4) 수단성(instrumentality)

성원이 지각하는 1차적 결과와 2차적 결과의 상관관계를 말하며, 수치로 나타낼 때 +1로부터 −1까지를 말한다. +1은 성원이 예상한 대로 1차적 결과가 2차적 결과로 100% 반영된 결과이고, 0은 서로 관계가 없으며, −1은 서로 100%의 역관계를 의미한다.

(5) 보상(reward)

2차적 결과인 보상은 업무성과에 따라 성원이 받게되는 혜택을 말한다.

(6) 유의성(valence)

직무성과와 관련된 보상에 대해 성원의 욕구가 반영된 개인적 가치이다.

브룸의 모형은 동기부여를 하나의 승수효과(multiplier effects)로 표시했는데, 동기부여(M), 기대(E), 수단성(I), 그리고 유의성(V) 사이에는 다음과 같은 관계가 성립된다고 가정하였다.

$$M = E \times I \times V$$

즉 성원의 개인적 동기부여는 자신이 달성할 수 있을 것이라고 기대하는 1차적 성과와 1차적 성과가 현실적으로 달성될 수 있는 개인적 가치에 영향을 미치는 2차적 성과로서 결정된다고 보았다.

2. 포터와 로울러의 모형

브롬의 기대이론은 여러 학자들에 의해 다양한 모형으로 보완변형되었다. 그 중에서도 포터와 로울러(Poter & Lawler)의 기대이론은 많은 학자들의 공감을 불러일으켰다 [그림 4-8]에서와 같이 포터와 로울러의 모형은 복잡한 형태를 취하고 있으나, 현실적으로는 매우 적합한 설명을 제공한다.

우선모형에 영향을 미치는 변수들은 다음과 같다.

(1) 보상의 가치(value of reward)

승진과 임금인상, 성취감, 동료애 등 직무달성으로 인하여 파생되는 보상에 대하여, 성원의 개인적 만족의 정도로서 성원에 따라 차이가 생길 수 있다.

(2) 노력-보상의 기대감(perceived effort-reward probability)

투자한 노력에 대한 예상되는 보상의 정도를 말한다.

그림 4-9 **조작적 조건형성**

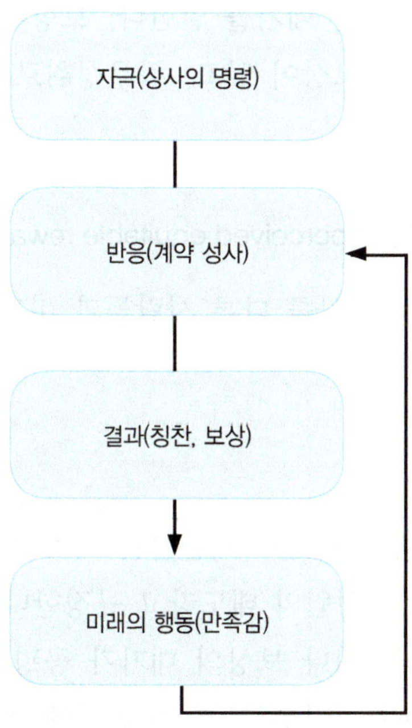

(3) 노력(effort)

얼마나 열심히 일했느냐 하는 성원이 투자한 정신적·육체적 에너지를 말한다. 노력은 동기부여를 의미하고, 보상의 가치와 노력-보상의 기대감에 의해 결정된다고 보았다.

(4) 개인의 능력과 특성(abilities & traits)

업무달성에 필수적인 성원의 기술능력과 자질을 말한다.

(5) 역할에 대한 지각(role perceptions)

업무달성에 필요한 성원의 역할숙지정도를 말한다.

(6) 성과(performance)

성원의 직무성취정도를 말한다. 성과는 동기부여정도인 노력에 의해서만 결정되는 것이 아니라, 업무달성에 필요한 성원의 기술과 능력, 성원이 이해하고 있는 역할숙지에 따라서 달라진다고 가정하였다.

(7) 보상(reward)

업무달성에 따라 지급되는 대가를 말한다. 보상에는 조직에서 지급하는 임금이나 상여금 등과 같이 직무외재적 보상이 있고, 직무성취로 인한 만족감이나 성취감과 같은 직무내재적 보상이 있다.

(8) 공정성에 대한 지각(perceived equitable rewards)

성과에 대해 지급되는 대가를 다른 사람들과 비교하여 공평하다고 판단하는 정도를 말한다.

(9) 만족감(satisfaction)

만족감은 성원이 노력의 대가로 지급받은 대가와 받아야 한다고 스스로 생각하는 보상 간의 차이에 의해 생기는 성원의 태도라고 규정한다. 비교한 차이가 적을 때는 대체로 만족하게 되고, 차이가 심하거나 보상의 대가가 공평하지 못하면 성원의 불만족은 커진다. 만족감과 업무성과 간에는, 업무성과가 만족감에 영향을 미치는 정도로 만족감이 업무성과에 영향을 주지는 않는다고 한다. 그러나 성원의 만족한 업무태도는 매사의 조직활동에 적극적으로 참여하는 성향을 보인다.

이상과 같이 포터와 로울러의 모형은 직무만족은 업무성과의 원인이 아니라, 오히려 그 반대로 업무성과의 결과라고 주장한다. 업무성과의 차이는 보상을 차별화시키고, 차별된 보상이 만족도를 결정한다. 결론적으로 포터와 로울러의 모형은 개인과 직무, 조직의 특성을 통해 동기부여를 설명하는 이론이다.

3.2 강화이론(reinforcement model)

강화이론은 스키너(Skinner)의 학습이론을 바탕으로 하는 동기부여 이론이다. 지금까지 동기부여 이론이 인간의 인지적 과정을 중시해서 설명했다면, 강화이론은 인간이 환경과의 상호작용결과에 의해 결정된다고 보았다. 스키너는 인간의 내면을 관찰하거나 사고과정을 연구하는 대신에 외부환경과 환경이 인간에게 미치는 결과를 연구하였다.

이 이론은 동기의 개념이나 동기부여과정을 무시하고 주기적인 학습과정에서 과거의 행위가 미래의 행위에 어떻게 영향을 미치는가에 초점을 맞춘다. 이러한 관점에서 보면, 성원은 과거의 어떤 행위에서 바람직한 결과와 불쾌한 결과를 학습했기 때문에, 불쾌한 결과

그림 4-9 **강화이론의 유형**

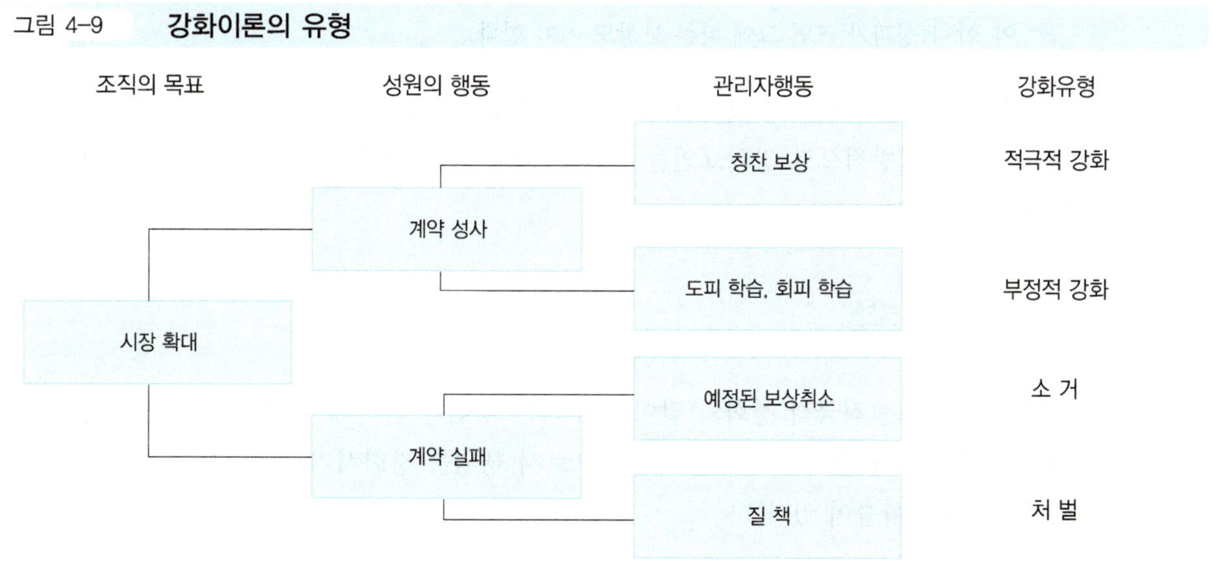

를 초래한 행위를 피하고 유쾌한 결과를 가져온 행위를 선호하게 된다는 것이다.

강화란 조직성원의 일정한 행동을 유발하기 위하여 보상을 실시함으로서, 성원의 행위에 영향력을 행사하는 것을 말한다. 스키너는 조직적 조건의 개념을 사용하여 성원의 행동을 강화하기 위한 기법을 개발하였다.

강화의 유형에는 적극적 강화와 부정적 강화, 소거 및 처벌이 있다. 적극적 강화와 부정적 강화는 성원의 바람직한 행동을 강화시키는 operant conditioning이고, 소거와 처벌은 원하지 않는 행동을 감소시키는 작용을 한다.

1. 적극적 강화

적극적 강화란 행동에 대한 바람직한 결과를 조성함으로서 행동의 빈도를 증가시키거나 행동을 강화시키는 것을 말한다. 열심히 일한 성원에 활동에 대한 칭찬과 보상 등의 긍정적인 대응으로서 성원의 행동이 계속적이고 반복적으로 유인하는 유형이다.

적극적 강화가 성공하기 위해서는

- 성원 개개인이 추구하는 강화요인을 선택해야 한다. 개인이 소망하는 보상이어야 강화요인이 될 수 있다.
- 보상은 요구되는 행위와 접합되어야 한다.
- 성과의 결과로서 보상이 주어져야 한다. 보상이 요구되는 행위의 정도와 관련이 있어야 한다(성과가 크면 그에 따른 보상도 커야 한다).

적극적 강화를 적용함에 있어서 특히 유의할 점은, 성원의 개인차에 따라 강화요인이 다르기 때문에 일방적으로 강화요인을 설정함으로서 개인차를 무시할 때는 동기부여가 되지 못한다는 것이다.

2. 부정적 강화

부정적 강화는 적극적 강화와 같이 요구되는 행위를 강하게 하기위한 방법으로, 보상을 하는 것이 아니라 불쾌한 자극을 제거함으로서 행위를 강화시켜 준다. 부정적 강화에는 도피학습과 회피학습이 있다.

(1) 도피학습(escape learning)

성원의 업무성과가 좋으면 불쾌한 자극이 끝나도록 되어있는 결속관계를 말한다. 즉 계약만 성사되면 보직변경이 없을 것이라는 언약들이 좋은 예이다.

(2) 회피학습(avoidance learning)

어떤 행동이 불편한 자극을 사전에 봉쇄할 수 있을 때 취하는 행위로 출근시간에 늦는다고 잔소리를 듣지않기위해 일찍 출근하는 경우이다. 이와 같이 과거의 학습된 행위를 바탕으로 어떤 행동의 결과가 초래할 불편한 자극을 사전에 미리 대비하여, 그 행위를 회피하도록 하는 것을 말한다.

2. 소 거

소거는 성원의 행동에 보상되지 않는 상황을 반복시켜서, 바람직하지 못한 행동의 빈도를 줄이거나 제거하는 것을 의미한다. 어떤 행위를 소거하기 위해서는 그 행위의 결과로 아무것도 발생하는 일이 없어야 한다. 소거에는 불편한 결과가 직접 적용되지 않기 때문에 벌보다는 덜 고통스러운 것으로 생각할 수 있다, 더 가혹할 수 있다.

3. 처 벌

처벌은 성원행동에 불쾌한 결과를 경험하게 함으로서, 바람직하지 못한 행동의 빈도를 줄이거나, 행동자체를 제거한다. 보상이 바람직한 행동을 고무시키는 것과 달리 처벌은 바람직하지 못한 행동을 약하게 한다.

4. 강화법칙의 적용(schedules of reinforcement)

성원의 조직활동을 동기부여하기 위해서는 강화법칙의 선택도 중요하지만, 그 강화법칙의 적용빈도도 중요한 작용을 한다. 강화법칙을 사용하는 스케줄에는 간격법과 비율법이 있다. 간격법에는 고정간격과 변동간격이 있고 비율법에는 고정비율과 변동비율이 있다. 어떤 스케줄이 더 유효한지는 작업환경에 따라 서로 다름을 알 수 있다.

제5장

자긍심과 자아개방

여호와는 나의 목자시니 내가 부족함이 없으리로다.
그가 나를 푸른초장에 쉴만한 물가로 인도하시는 도다.
내 영혼을 소생시키시고 자기이름을 위하여 의의 길로 인도하시는 도다.
내가 사망의 음침한 골짜기로 다닐지라도 해를 두려워 하지 않을 것은 주께서 나와함께 하심이라
주의지팡이와 막대기가 나를 안위하시나이다.
주께서 내 원수의 목전에서 내게 상을 베푸시고 기름으로 내 머리에 바르셨으니 내 잔이 넘치나이다.
나의 평생에 선하심과 인자하심이 정녕 나를 따르리니 내가 여호와의 집에 영원히 거하리로다.
아멘

〈시편 23장〉

01 자아개념이란?

자아개념은 자신이 스스로를 어떻게 인식하는가를 의미한다. 자아개념은 자아정체감(self-identify), 자아존중감(self-esteem) 등 여러 비슷한 개념으로 표현되기도 한다.

우리가 하는 대부분의 행동들과 동시에 우리의 일상속의 행동이나 일들은 자아개념에 영향을 주고, 다시 자아개념은 우리가 하는 행동에 영향을 준다. 우리가 하는 일들이 자신에 대하여 부정적으로 느끼게 할 때에는 자아개념도 부정적으로 바뀌게 되며 이러한 악순환은 계속되기도 한다.

자아개념은 이상적 자아, 자아상, 실제적 자아, 타인에 비친 자아 네 가지 요소로 구성된다. 이 네 가지 요소가 항상 일치하는 것은 아니며 보다 안정적인 자아개념을 가지기 위해서는 이 네 가지 요소를 일치시키려는 노력이 필요하다.

그림 5-1 **이상적 자아**

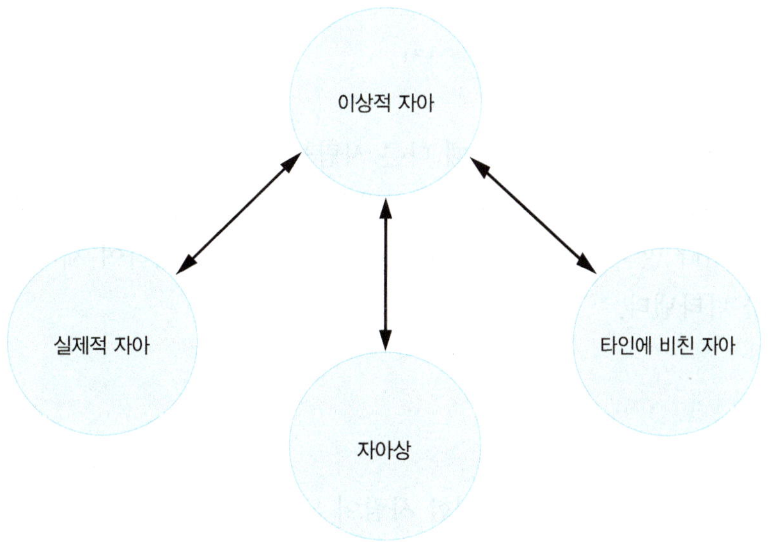

1. 자아상

자아상[1]은 스스로 생각하는 자신의 모습이다. 자아상은 매일하는 행동과 말에 의하여 프로그래밍될 수 있다. 만약 스스로에게 '나는 인생의 실패자' 등과 같이 부정적인 말들을 계속하게 되면 자아개념은 그 메시지를 받아들여 자신의 기억에 입력해 둔다. 그런반면 자신에 대하여 긍정적인 단어와 말들을 사용하면 그러한 메시지들도 역시 기억장치에 입력되었다가 목표를 달성할 때나 행복감을 느끼는 데에 기여하게 된다. 따라서 스스로에게나 타인에게 항상 긍정적인 말을 해주는 것이 매우 중요하다.

2. 실제적 자아

실제적 자아[2]란 다른 사람에게 어떻게 비추어 지는가에 상관없이 실제의 자신을 의미한다. 이 자아개념의 부분은 스스로가 발견하도록 노력하여야 한다. 타인에게 비추어지는 자아나 스스로 생각하는 자아와 실제적 자아사이에 거리가 있을 수도 있기 때문이다. 실제적 자아를 발견하기까지는 오랜 시간이 걸릴 수도 있으며, 이 과정을 자아인식(self-awareness)이라고 한다.

3. 타인에게 비추어지는 자아[3]

이 자아개념은 스스로 생각할 때 다른 사람들이 나를 이렇게 볼 것이다라고 생각하는 자아를 의미한다. 어떤 사람들은 다른 사람들이 자신을 실제보다 더 낫게 생각하고 있다고 여긴다. 그러나 많은 사람들은 반대로 타인들이 자신에 대하여 제대로 평가해주지 않는다고 불만을 나타낸다.

4. 이상적 자아[4]

대부분의 사람들은 미래에 어떠한 사람이 되고 싶다는 이상을 가지고 있다. 어떤 사람에

1) 스스로 생각하고 있는 자신의 모습
2) 스스로 인식하고 있는 것과는 관계없는 실제의 자신모습
3) '타인이 나를 이렇게 생각할 것이다.'라고 스스로 생각하고 있는 자아
4) 미래에 되고자 하는 스스로의 모습

게는 그 이상이 뚜렷하고 명확하며 그 이상을 실현하기 위해서는 현재의 삶에 있어 어떠한 변화가 필요한지를 분명히 인식한다. 그러나 많은 경우 이상은 구체적이지 않고 막연하여 실현되기 힘든 경우도 있다.

가장 바람직한 자아개념은 위 네 가지 형태의 자아개념이 완전히 일치하는 것이며 또 완전히 일치시키기 위해서 항상 노력해야 한다.

02 자긍심

자긍심[5)]은 스스로에 대하여 능력있고 가치있다고 믿는 믿음의 정도를 의미한다. 많은 사람들은 일반적으로 생각하는 것과는 달리 스스로에 대하여 자긍심을 가지고 있지 못할 뿐 아니라 자신에 대한 확신을 가지고 있지 못하다. 그러나 우리가 사회나 직장에서 잘 적응하고 활동하기 위해서는 다른 사람과의 관계에서나 모든 상황에서 부정적으로 대하기보다는 스스로에 대한 확신을 가지고 긍정적으로 대하여야 한다.

자신을 좋아하고 자신을 받아들일 줄 아는 것은 행복한 삶을 살기위한 인생의 기술이다. 스스로가 자신을 어떻게 보는지, 스스로가 자신을 받아들이는지 혹은 거부하는지, 또 다른 사람이 나에 대하여 어떻게 본다고 생각하는지와 같은 요소들은 나와 타인과의 관계를 결정하는 데 중요한 영향을 미친다. 또한 이러한 요소들은 스스로의 자긍심을 형성하는 데 영향을 미친다. 연구에 의하면 낮은 자긍심을 가진 사람들은 그렇지 않은 사람들보다 일상생활에 있어 정서적·심리적 문제를 더 많이 가지고 있는 것으로 나타나고 있다.

많은 사람들은 스스로 자신이 없고 남들도 자신을 좋아하지 않을거라 생각한다. 그러나 이들 중 많은 사람들은 표면적으로는 그렇지 않은 것처럼 가장한다. 오히려 자신의 한 가지 강점, 즉 잘 생긴 외모, 지능, 특기 등을 내세우며 스스로 잘난척하며 열등감을 숨기기도 한다. 그러나 아무리 장점을 내세우더라도 일정기간이 지나고 나면 근원적으로 자신에 대하여 가지고 있는 부정적인 생각들을 떨쳐버릴 수가 없다.

이러한 사람들은 평소 자기가 가진 부정적인 자아개념에 의하여 지배받는다. 이러한 감

5) 스스로를 능력 있고 가치있다고 믿는 믿음의 정도

정을 떨쳐버리기 위하여 노력을 하지만 결국에는 그 노력이 수포로 돌아가는 경우도 많다. 건강한 자긍심을 가지고 개인적인 목표나 커리어목표, 더욱 중요하게는 생의목표를 추구함에 있어 성공하는 사람은 그렇게 많지 않다. 직장에서 어떠한 좋은 일이나 나쁜 일을 경험하든, 주위환경이 어떻게 변화하든 건강한 자긍심을 가진 사람은 이러한 경험들을 가치있는 것으로 여기고 변화에 잘 적응한다.

2.1 자긍심의 형성과정

자긍심은 선천적으로 타고나는 것인가 아니면 성장과정에서 형성되는 것인가를 살펴보자. 다른 성격적인 요소들도 그렇지만 자긍심은 타고나는 요소도 있지만 아주 어린유아시절부터 형성되기 시작한다.

우리가 어렸을 때는 자긍심은 부모나 타인들이 우리에게 가지는 기대의 반영에 불과하다. 따라서 주위의 중요한 사람들이 우리에게 어떻게 대하는가에 대하여 반응을 하면서 자긍심은 발달하게 된다. 유년기동안에는 부모가 자긍심을 형성하는 가장 중요한 역할을 하며, 성장하여 청소년기에 접어들면 선생님, 친구들과 같이 많은 시간 가까이 있는 타인들이 자긍심형성에 영향을 준다.

건강한 자긍심을 키우기 위해서는 부모나 주위의 중요한 사람들이 무조건적 긍정적 관심[6]을 가져다주거나 자녀가 어떤 잘못된 행동을 하든지 소중하고 가치있는 사람으로 받아들여 주어야 한다.

만약 부모가 자녀에게 조건적 긍정적 관심[7]을 보인다면, 즉 부모가 원하는 대로 행동하였을 때만 자녀를 받아들여 준다면 건강한 자긍심개발에 방해가 된다. 부모들이 자녀에 대하여 조건적, 긍정적 관심을 베푼다면 자녀들은 부모들이 그들에게 원하는 바가 무엇인가를 알아내기 위하여 눈치를 보게 될 것이다. 처음에는 부모들의 이중적인 판단때문에 혼란이 오게되는데 이는 어린이가 인식하기는 같은 행동으로 여겨지는 행동에 대해 어떤 경우에는 좋다고 하고 어떤 경우에는 나쁘다고 하기 때문이다.

부모의 칭찬을 받기 위하여 눈치를 보면서 또래의 다른 친구들과 자신을 비교하면서 행동하는 것은 자긍심을 개발하는 데 도움이 되지 않는다. 따라서 [그림 5-2]와 같이 부모의

6) 행동이나 관심대상의 상황에 상관없이 절대적인 관심을 보여줌
7) 특정한 조건의 행동이나 상황에서만 관심을 가짐

그림 5-2 **자긍심의 원천**

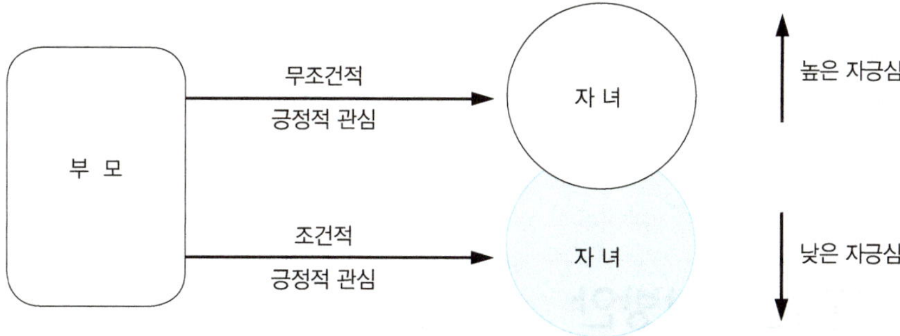

무조건적 긍정적 관심은 높은 자긍심을 키우는 데 도움이 되나 조건적, 긍정적 관심은 자긍심을 낮게 만든다.

2.2 자긍심과 업무성과

직장이나 사업에 있어서의 성공은 우리 자신의 자긍심수준과 밀접하게 연관되어 있다. 자긍심은 성공과 실패를 구분하는 중요한 요소이다. 스스로 자신이 성공하기에 충분하다고 생각한다면 그 신념대로 되는 확률은 그렇지 않을 경우보다 훨씬 높다.

심리학적 연구조사에 의하면 낮은 자긍심을 가진 사람들은 우울증, 고립감, 불행, 거부감, 불면증 등 많은 심리적 병리들을 경험하는 것으로 나타난다. 사람들이 이런 문제들로 시달릴 때는 직장에서의 업무성과도 아울러 불안정하다. 낮은 자긍심을 가진 사람은 또한 사회생활에서도 자신이 부적합하다고 느끼며 지나치게 자기중심적으로 생각하거나 작은 일에도 과민하게 반응한다. 다른 사람이 자신을 받아주는 것은 좋아하면서도 다른 사람에게 자신이 받아들여지도록 적극적인 노력을 하는 것은 싫어한다. 타인들에 대하여 부정적으로 행동하며 그 결과로 다른 사람들도 낮은 자긍심을 가진 사람에게는 부정적으로 대하게 된다.

자긍심이 낮은 사람은 일반적으로 업무에 임할 때에도 열심히 일을 하거나 신나게 일하지 않는다. 근로자가 스스로 능력이 있음을 확신하며 회사에 기여할 수 있다는 긍정적인 생각을 가지고 일할 때 업무능률은 향상된다.

건강한 자긍심을 가진 사람은 새로운 경험에 대해서도 폐쇄적이지 않고 개방적이며 그

경험을 받아들인다. 그런 사람들은 문제를 해결할 때에도 그 문제들에 대하여 비교적 객관적으로 접근하는데 이는 자기방어를 할 필요가 없기 때문이다. 또한 높은 자긍심을 가진 직원들은 자신들을 좋아하고 동료들에 대해서도 훨씬 수용적이다. 건강한 자긍심을 가진 사람은 결과적으로 회사로서는 매우 소중한 인적자원이다.

03 자긍심 향상방안

높은 자긍심은 하루아침에 키워지는 것은 아니다. 보다 건강한 자긍심을 키워나가기 위해서는 지속적인 행동이 필요하다.

1. 특기를 키운다

자신이 좋아하거나 잘하는 스포츠나 악기 혹은 취미가 있으면 그것을 특기로 키운다. 무엇이든 잘하는 것이 있으면 자신의 긍정적인 특기에 대하여 초점이 맞추어지고 부정적인 요소들은 자연히 관심의 초점에서 사라지게 된다. 또한 열심히 노력하면 성취를 맛볼 수 있게 되고 성취의 경험은 건전한 성장을 위해서 꼭 필요하다. 자신이 잘할 수 있는 일을 적어도 매일 한 번은 실천함으로써 긍정적 자아개념을 키울 수 있다.

2. 자신의 현재 모습을 받아들인다

자신의 현재 모습을 받아들이는 것이 필요하다. 과거의 부정적 기억이나 경험에 사로잡히지 말고 과거와 미래는 같지 않다는 것을 깨달아야 한다. 그리고 지금 당장 이상형의 자아가 되어야 한다고 생각하지도 않는다. 왜냐하면 그 이상은 미래의 것이기 때문이다. '현재이대로의 나도 꽤 괜찮아'라고 생각하면서 자신을 받아들인다. 그것은 곧 자신은 소중하고 나와 다른 사람과의 차이는 결점이 아니라 오히려 장점이라는 것을 진심으로 믿는 것을 의미한다.

3. 건강한 자긍심을 가진 사람을 주위에서 살핀다

주위에 건강한 자긍심을 가진 사람을 관찰하고 그들이 하는 행동이나 일 중 나에게 도움이 될 만한 것이있는지 살펴본다. 다른 사람으로부터의 부정적인 반응에 대하여 어떻게 대처하는지 혹은 다른 사람들과 이야기할 때 어떻게 행동하는지 등을 관찰한다. 그러나 자신의 주체성을 잃어버리는 것이 아닌 다른 사람들의 인간관계기술을 배워서 자신의 삶의 방식에 적용하는 것이 도움이 되기 때문이다.

4. 자신이 가진 장점들을 나열해 본다

자신이 가진 장점들을 나열해 보자. 나에게 아무런 장점이 없다고 생각된다면 가까운 친구나 가족의 도움을 받아 자신의 장점을 리스트로 적어보자. 때때로 다른 사람들이 나의 장점이나 능력 그리고 재능 등을 더 잘 볼수 있기 때문이다.

일단 장점들을 열거한 다음 장점 하나하나를 새로운 자아개념의 한 부분으로 삼는다. 가장 적은 노력으로 발전시킬 수 있는 특기나 자질을 선택하고 그것을 목록의 맨위에 놓는다. 스스로에 대하여 느끼는 감정은 아주 사소한 것에 의해 좌우된다. 따라서 목록맨위에 적힌 요소들은 사소할지라도 조금만 노력하면 자긍심에 상당한 긍정적 효과를 줄 수 있는 것들이다.

5. 해야 할 일을 미루는 것을 멈춘다

스스로 생각해 볼때 해야 할 일들을 절대로 미루지 않는 유형이라면 이 부분을 통해서 자긍심을 키우는 것은 별 도움이 되지 않을 것이다. 그러나 대부분의 사람들은 해야 할 일을 미루는 경향이 있으며 이 미루는 경향은 자긍심에 많은 손상을 준다. 목표를 향해 노력하고 있지 않을 때는 그것 자체가 자긍심을 낮추게 하는 요소가 될 수 있다.

어떤 사람들은 미루는 사람들을 게으르다고 생각한다. 그러나 실제로는 매우 열심히 일하는 사람들 중에서도 미루는 사람들이 많다. 이러한 일반적인 문제를 극복하기 위해서는 스스로 미루게하는 원인이 어디에 있는지 살펴볼 필요가 있다.

6. 가르침을 받을 수 있는 스승을 찾는다

멘토란 삶에 있어서의 스승으로 그가 이미 거쳤던 길을 나에게 안내해 줄 수 있는 사람을 말한다. 멘토(mentor)[8]는 그리스신화에 나오는 사람으로 오디세우스가 자기아들의 교육을 부탁한 좋은 지도자였다. 오늘날에서는 일반명사로 훌륭한 지도자 혹은 스승이란 뜻으로 쓰인다.

멘토는 일 대 일, 즉 스승과 제자의 관계로서 상호간의 원활한 의사소통과 교류를 필요로 한다. 자신이 지나온 길로 나를 인도해 줄만한 스승을 찾을 수 있다면 자긍심을 구축할 수 있는 매우 좋은 방법을 찾은것이나 다름없다.

그러나 스승은 쉽게 찾을 수 있는 것이 아니다. 차선책은 나에게 역할모델이 될 만한 사람을 찾는 것이다. 역할모델[9]이란 주위에 내가 원하는 특성을 가졌거나 내가 원하는 위치에 있는 사람을 선정하여 그를 본받고 모방하는 것을 의미하며 꼭 그 역할모델과 깊이 교류해야 하는 것은 아니다. 직장에서는 나의 일을 하면서도 이러한 사람의 도움을 받을 수 있을 것이다.

멘토와 교류하든 역할모델의 본을 받든 중요한 것은 그들이 나의 자긍심을 향상시키는 것을 도와주는 데 그쳐야 하며, 그들을 본받는 과정에서 자신의 정체성을 잃어버려서는 안 된다는 것이다. 자신의 장점을 바탕으로 개발해 나가야지 나 아닌 다른 사람이 되어서는 곤란하다.

7. 자신과 타인에 대한 피상적인 분석을 피한다

피상적인 분석이란 삶의 밑바닥이나 내부에 있는 것을 보는 것이 아니라 눈에 보이는 외형만 보고 판단하는 것을 의미한다. 아주 확고하고 멋있어 보이는 사람 중에서도 내부에서는 갈등과 싸우고 있는 사람도 있다는 것을 알아야 한다.

능력있는 사람들 중에도 스스로 너무 부끄러움을 타거나 남의 앞에 나서거나 주목받기를 꺼려하는 사람들이 있다. 이런 사람에게는 약간의 연극이 필요하다. 두렵지 않은 것처럼 행동함으로써 극복할 수 있다. 정도의 차이가 있을 따름이지 대부분의 사람들은 내부적인

---

8) 한 분야에서 더 많은 경험을 가진 자로써 경험이 적은 초보자들에게 조언과 도움을 주고 어려움으로부터 보호해 주는 사람

9) 주위에 내가 원하는 특성을 고유하고 있거나 위치에 있는 사람을 선정하여 그를 본받고 그와 같이 되려고 노력함

갈등과 부족함으로 인하여 고민하고 있다. 단지 나보다 조금 더 나은 연극을 할 수 있는 사람들과 자신을 비교하여 스스로에 대하여 열등감을 가질 필요는 없다.

8. 긍정적인 독백[10)]을 한다

자기자신에 대한 계속적인 대화를 통해 스스로를 변화시킬 수 있다. "나는 되는 일이없어", "나는 늘 이 모양이야"라고 부정적인 독백을 하면 매사에 자신감을 잃고 부정적인 태도를 가지게 된다. 반대로 "나는 괜찮아", "나는 잘하고 있어" 등과 같은 긍정적인 생각을 끊임없이 스스로에게 말함으로써 잠재의식속에 긍정적 사고와 태도를 갖게되는 것이다.

이러한 긍정적 독백을 할 때 막연하게 말하지 말고 "나는 테니스를 잘할 수 있어"와 같이 구체적으로 이야기하는 것이 필요하다. 또한 미래시제로 말하는 것보다 "나는 최고로 잘하는 테니스선수야"와 같이 스스로에게 힘을 불어넣어주는 독백이 필요하다. 이를 심리학에서는 자성예언[11)]이라고 하는데 스스로 뭔가를 확실히 믿으면 실제로 실현된다는 이론이다. 보다나은 자긍심을 추구하는 과정에서 자그마한 것이라도 성공하면 이를 축하하고 그 성취를 자랑스럽게 여기는 것이 필요하다. 자그마한 성취의 경험들이 모여서 높은 자긍심을 이룩할 수 있기 때문이다. 그러나 결코 자만해서는 안 된다. 작은 성취에 자만하여 노력을 멈추어 버리면 결코 성장할 수 없다.

9. 다른 사람들을 격려한다

다른 사람에 대하여 지나치게 경쟁의식을 가지고 대하지 말고 다른 사람들도 나와같이 성취할 수 있도록 도와준다. 다른 사람들을 배려하며 내가 도울 수 있을 때 도와주면 미래에 성공할 사람들을 친구로 가질 수 있게 된다. 자신이 관리자나 리더의 위치에 있을 때 부하직원에게 자긍심을 키워줄 수 있는 상사가 되도록 노력하여야 한다. 질책하고 성장을 방해하기보다 격려하고 칭찬하며 자기발전을 해 나갈 수 있도록 도와준다. 마찬가지로 부모가 되었을 때는 자녀의 자긍심 향상에 부모의 역할이 크다는 것을 인식하고 자녀에게 긍정적인 성격을 심어줄 수 있어야 한다.

---

10) '할 수 있다' 또는 '잘하고 있다'는 식의 긍정적인 힘을 줄수 있는 말을 계속 스스로에게 말함으로써 잠재의식 속에 긍정적인 생각이 주입되도록 하는 것

11) 자기충족적 예언이라고도 하며, 자신 스스로가 믿고 생각한 대로 이루어진다는 것

04 자아개방

대부분의 사람들은 자신도 모르게 벽을 쌓으면서 살아간다. 이 벽은 다른 사람들이 우리가 누구인지, 우리가 무엇을 생각하는지, 또 우리가 그들을 어떻게 생각하는지를 알지 못하게 가로 막는다. 그 벽은 우리를 보호할지는 모르나 한편으로는 다른 사람들에게 자신이 누구인가를 개방적으로 알리는 것 또한 불가능하게 한다. 게다가 그 벽은 스스로를 내부에 가두는 감옥의 벽과 같이되어 우리가 성장하는 것을 방해하기도 한다. 그러면 그 벽을 허물것인가 말것인가 혹은 조금 허물것인가 다 허물것인가는 자신에게 달려있다. 그 벽을 효과적으로 제거해 나가는 것이 우리가 완전한 인간이 되어가는 과정이기도 하다.

4.1 조하리 창[12)]

조셉 루프트(Joseph Luft)와 해리 잉그햄(Harry Ingham)은 인간의 내면을 자신에 대한 개방정도와 타인으로부터의 피드백정도에 따라 네 영역으로 나누고 자신들 이름의 앞 글자를 따서 조하리 창이라고 이름붙였다.

우리내면의 영역은 다른 사람과의 관계에 있어 개방하는 부분, 남들은 알지만 자신은 알지 못하는 부분, 알고있지만 숨기는 부분 그리고 아무도 모르는 미지의 부분 등으로 구분되어 질 수 있다. [그림 5-3]의 조하리 창은 이에 대하여 잘 나타내 보여주고 있는데, 이 창은 우리가 '자신에 대하여 얼마나 아는가'와 '얼마나 타인들에게 자신을 나타내 보이는가' 하는 두 가지 요소에 의하여 결정된다. 따라서 조하리 창은 우리가 스스로에 대하여 가지는 이해의 정도와 그 이해의 바탕위에 얼마나 다른 사람들과 교류하는가의 정도를 나타내 보인다고 할 수 있다.

12) 자아개방 모형으로 인간의 내면을 자아개방과 피드백을 기준으로 분석한 것이다. 자아개방(self-disclosure) 자기노출이라고도 하는데, 자신의 생각, 감정, 그리고 욕구에 대하여 다른 사람이 알도록 하는 것이다.

그림 5-3 **조하리 창**

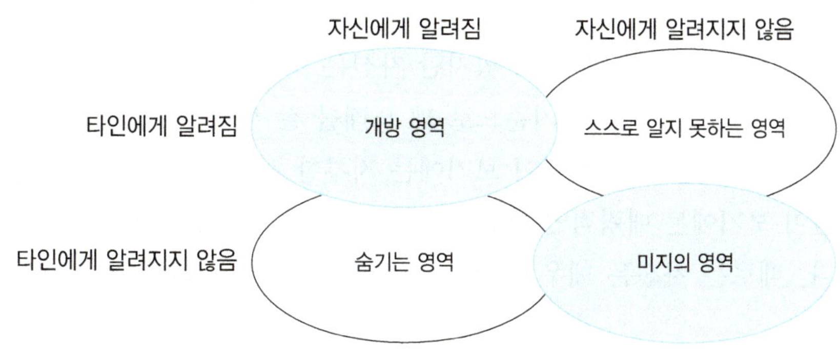

1. A-개방영역(open)

창의 왼쪽위에 있는 부분은 자신스스로도 알고있으며 다른 사람에게도 숨길필요가 없는 영역이다. 창의 네 영역은 항상 크기가 같은것은 아니다. 타인과의 관계를 발전시켜 나갈수록 이 개방부분이 넓어진다. 예를 들면, 우정이 깊어질수록 그 친구에게 자신에 대하여 더 많이 내보임으로써 개방영역이 넓어질 수 있다. 자신에 대한 정보를 상호간에 많이 나누면 나눌수록 더 바람직한 관계로 발전시켜 나갈 수 있다. 서로 자신이 살아왔던 과거와 현재, 그리고 자신의 관점에 대하여 서로 나누면 친구 사이에서 개방부분을 더 넓혀나가는 것이 된다.

2. B-숨기는 영역(hidden)

이 영역은 자신이 다른 사람에게 드러내기를 꺼려하는 정보나 감정을 담고 있는 부분이다.

다른 사람에게 굳이 내보일 필요가 없는 내용들이 될 수도 있고 혹은 다른 사람에게 내보이기는 부끄럽기나 다른 사람들이 혹시 알까 두려워하는 내용들이기도 하다. 부끄러움을 많이 타거나 내성적인 사람이라면 아마도 이 부분은 상당히 클 것이다. 그러나 상호간에 친밀한 관계를 발전시켜 나가면 숨기는 부분은 점차 좁아지고 개방부분이 점차 넓어질 것이다. 또한 상대방에 대한 신뢰가 증가할수록 숨기는 부분은 줄어들 것이다.

3. C-스스로 알지 못하는 영역(blind)

이 부분은 타인에게는 알려져 있지만 자신은 모르는 영역이다. 자신의 목소리가 나쁘다고 생각하지만 다른 사람의 기준으로 꽤 노래를 잘 부르는 사람, 자신은 꽤 재미있는 사람이라고 생각하지만 다른 사람이 보기에는 지루한 사람, 자신은 평범하다고 생각하지만 다른 사람이 보기에는 매력적인 사람 등 사람들은 스스로에 대하여 정확히 알지 못하는 부분이 있다. 때로는 자신은 매우 잘났다고 생각하나 다른 사람들은 거만하다고 평가할 수도 있다.

타인과의 상호관계가 발전할수록 이 부분은 점차 줄어들게되는데, 좋은 친구는 상대방이 스스로 보지 못하는 부분을 더 많이 볼 수 있도록 도와준다.

4. D-미지의 영역(unknown)

미지의 영역은 나도 모르고 남도 모르는 영역이다. 예를 들면, 어떤 이유로 인해서든지 완전히 잊어버리고 있었던 아주 어릴적의 기억일 수도 있다. 부모가 결코 입밖에 내지는 않았지만 무의식중에 행동으로 보여준 태도나 편견일 수도 있다. 또한 이 창안에 억압되고 감추어졌던 모든 경험, 감정, 환상, 그리고 가능성이 담겨있을 수도 있다. 이 부분은 자아를 알아나가는 또 다른 길이되기도 하지만 어떤 경우에는 자신이 몰랐던 부분으로 인하여 상처받기도 한다.

이 부분 또한 친밀한 관계를 발전시켜 나가는 서로의 교류에 의하여 좁혀나갈 수 있다. 다른 사람으로부터의 적절한 피드백은 오랫동안 생각해보지 않았던 부분에 대하여 생각의 실마리를 마련해 줄 수 있기 때문이다.

5. 개방 영역확대

개방 영역을 넓히기 위한 방안으로는 [그림 5-4]와 같이 다른 사람들에게 자기자신을 적절한 선에서 개방하고 다른 사람들로부터 나에 대한 피드백을 받아들여 적극적으로 수용하는 태도가 필요하다. 조언을 받아들이지 않거나 자기변명이나 핑계를 앞세우게 되면 누구나 정직한 피드백주기를 꺼려하기 때문이다.

감춘영역을 줄이고 개방영역을 넓히기 위해서는 자기의 마음을 솔직하게 다른 사람들에게

그림 5-4 **개방영역의 확대**

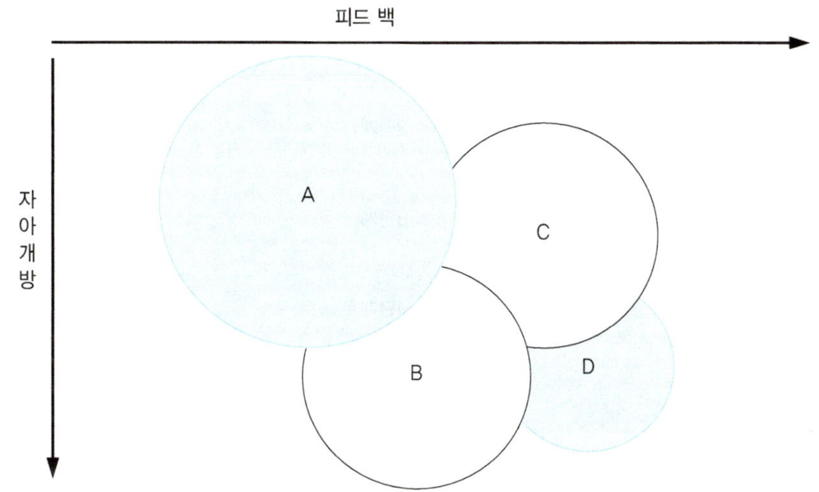

이야기하는 자아개방이 필요하다. 물론 사람이 자신을 솔직히 드러내 놓는다는 것은 약점을 잡히거나 공격을 받을 수 있기 때문에 두려운 일이다. 따라서 자신이 인간관계를 깊이하고자 원하는 상대에게는 좀 더 솔직하게 자신을 드러내고 그렇지 않은 경우에는 적절한 정도의 자아개방을 유기하는 것이 바람직하다. 만난지 얼마되지 않은 상대방에게 나의 모든 것을 개방하게 되면 상대방으로 하여금 오히려 거부감을 불러일으키기 쉽다.

피드백과 자아개방에 있어 신뢰수준은 매우 중요하다. 자신이 상대방에 대하여 가지는 신뢰수준이 높으면 높을수록 더 개방적이 될 것이며 상대방도 더 많은 정보를 나에게 피드백할 것이다. 또한 내가 더 수용적이고 개방적일수록 상대방은 나에 대해 자신이 느끼는 바를 더 피드백하려 할 것이다. 따라서 개방영역이 확장되기 위해서는 두 사람 사이에 신뢰성, 개방성, 그리고 수용성의 수준이 높아야 한다.

4.2 개방의 단계

자아인식과 자아개방의 기술에 있어 성장하기 위해서는 우리가 사용하는 개방의 단계를 인식할 수 있어야 한다. 또한 높은 수준의 개방을 이해하고 사용할 수 있어야 한다. 존 포웰(John Powell)은 자아개방을 다섯 단계로 구분하였다. 이 다섯 단계의 의사소통은 우리

그림 5-5 **개방의 단계**

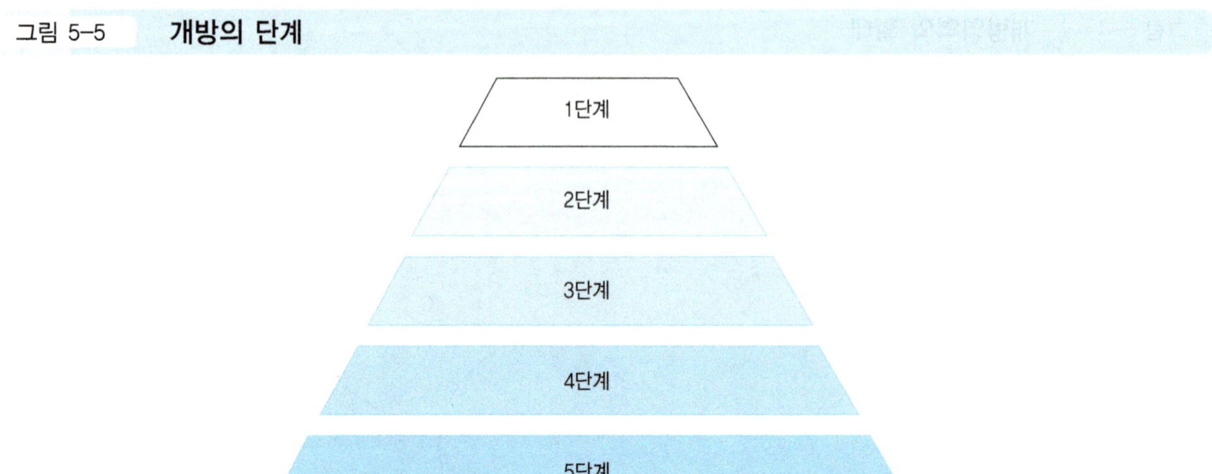

가 다른 사람과의 관계에 있어 어느 정도의 자아개방이 일어나는가를 이해하는 데 도움이 된다. [그림 5-5]에 나와있는 단계를 낮은 단계로부터 높은 단계에 이르기까지 살펴보자.

1. 5단계 : 일상적 회화수준

"안녕하세요?" "날씨는 어땠어요?"등은 우리가 매일 일상적으로 하는 대화의 수준이다.

이러한 말들은 실제적인 의미의 대화라고는 할 수 없다. 길이나 복도에서 마주치는 사람에게 대답을 기대하지도 않으면서 별다른 의미없이 던지는 말들이다. 다른 사람의 감정이 어떨까를 살펴볼 필요조차 없을 뿐 아니라 나 스스로도 별다른 감정개입없이 하는 일상적인 말들이다.

2. 4단계 : 다른 사람들에 대한 사실을 말하는 수준

이 단계에서는 위의단계보다는 좀 진전이 되기는 하였지만 아직은 자아개방이 이루어지지 않은 상태이다. 단지 누가 어떤 일을 했다는 등의 객관적인 사실을 전달하는 수준으로 개인적인 느낌이나 감정은 개입되지 않는다. 자신에 대한 사실을 나타내지 않을 뿐 아니라 대화하는 대상에 대한 어떠한 평가도 내려지지 않는다.

3. 3단계 : 생각을 표현하고 판단하는 수준

이 단계에서는 어느 정도 솔직한 표현의 단계로 접어들었다고 할 수 있다. 어느 정도는 모험을 감수하면서 자신의 가치판단을 거쳐 나온 내용들을 이야기하게 된다. 그러나 물에 뛰어들기 전에 물의 온도를 알아보아야 하는 것처럼 다른 사람들이 어떻게 받아들이는가를 자세히 살펴야 한다. 다음단계로 향상하기 전까지는 진실한 자아개방적 의사소통이 이루어진다고 볼 수는 없다.

4. 2단계 : 솔직하게 자신의 감정과 느낌을 표현하는 수준

만약 다른 사람이 내가 누구인가를 이해하기 원한다면 상대방에게 내 자신속에 있는 감정과 지식을 솔직하게 이야기할 수 있어야 한다. 자신의 속마음을 솔직히 의사소통하는 단계이며 이를 통해 진정한 자아개방이 이루어진다.

5. 1단계 : 최고의 의사소통 수준

깊이가 있고 영속적인 모든 관계는 완전하고도 솔직한 자아개방에 기초하게 된다. 포웰의 다섯 단계 중 가장 높은 단계인 1단계는 아브라함 매슬로우의 단계이론 중 가장 높은 단계인 '최고의 경험'에 아이디어의 기초를 두었다. 매슬로우는 최고의 경험을 연구한 최초의 사회과학자였다. 그에 따르면 "영적·감정적 그리고 심미적인 극치의 지점은 우리삶에 있어 자주 경험하지는 못하지만 일단 한 번 경험하면 그에 대한 기억은 우리가 일상적인 삶을 살아갈 때에 큰 도움이 된다"고 하였다.

포웰은 이러한 생각을 의사소통의 언어로 재해석하였다. 그는 매슬로우의 최상의 경험처럼 최상의 의사소통경험은 자주 일어나지는 않지만 일단 일어나면 두 사람은 완전한 상호간의 교감을 느낀다고 하였다. 이 단계의 자아개방이 자주 일어날수록 상대방, 니자신, 그리고 세계에 대하여 더 많이 알 수 있을 것이다.

6. 인간관계향상의 주요 요소는 2단계

포웰의 다섯 단계 중에서 처음 세 단계는 실제적인 의사소통이 아니고 마지막 단계는 특별한 경우에만 일어난다면 2단계가 인간관계를 개선하는 데에 가장 유용할 것이다. 솔직하게 감정과 느낌을 표현한 것은 자아개방을 연습함에 있어 매우 유익하다. 사람들이 이 단계에서 서로 의사소통을 할 때 인간관계는 성장하고 자신들을 더 잘 이해하게 되며 갈등은 훨씬 줄어들게 된다. 조직사회에서는 이러한 이점들이 조직전체의 더욱 높은 능률과 생산성으로 연결된다.

제6장

리더십

▶ ● ≣

조직활동에 있어서 리더십은 가장 중요한 기능으로 간주된다. 현대산업사회의 출현을 조직활동의 공적으로 본다면 그 원동력은 리더십에서 찾아볼 수 있다.
삶의 잘을 높일 수 있는 가치를 창조하기 위해서는 개인의 생산능력보다는 조직의 생산에 의존해야 하기 때문에 조직활동의 가장 핵심기능인 리더십의 역할은 지대하다고 할 수 있다.
미국의 언론은 1980년대의 미국경제침체를 조직활동의 리더십결여 때문이라고 대서특필하기도 하였다.

집단이나 조직, 사회, 심지어 글로벌활동에 이르기까지 모든 조직은 훌륭한 리더십을 갈망하고 있다. 이와 같이, 리더십은 조직활동에 매우 중요한 개념이기 때문에 열심히 연구되어 왔으며, 단일주제로는 가장 많은 연구가 진행되었다. 그 결과 통솔력에 관한 많은 지식을 생산했다고 할 수 있지만, 여전히 덜 성숙한 상태로 새로운 도전을 받고있다.

리더십에 대한 연구는 몇 단계로 나누어 진행되면서, 획일적인 결론을 도출하려는 성급함을 보였다. 초기단계에서는 역사적으로 위대한 업적을 남긴 영웅들에 대해, 그들의 성공요인을 리더의 특성으로 간주하여 리더십의 핵심적인 연구대상으로 하였다. 그후 리더의 행동에 관심을 가지고, 연구, 조사를 일선감독자에 맞추어 리더십의 결론을 조출하였다. 결국 다양한 직업과 작업환경, 다양한 성원으로 구성된 다양한 성격의 팀, 다양한 평가의 성격 등을 고려한다면 인간의 두뇌로 인지할 수 있는 단순한 결론은 도출될 수 없을 것이다.

01 리더십이란?

1.1 리더십의 정의

리더십에 대한 정의는 연구하는 학자들의 개인적인 관점에 따라 다양하게 정의되어 왔다. 리더십을 이해하기 위해 학자들이 정의한 개념을 살펴보자.

- 공동목적을 향해 집단의 행동을 지시하는 개인의 행위(Hemphill & Coons, 1957)
- 목표달성을 위해 조직화된 집단의 활동에 영향력을 주는 과정(Kauch & Behling, 1984)
- 조직에 일상적인 지시에 기계적으로 순응하도록 집단의 행동에 영향력을 주는 과정(Katz & Kahn, 1964)
- 특정한 상황에서 목표달성을 위해 성원의 활동에 영향을 주는 과정(Hersey & Blanchard, 1993)

이와 같이 리더십에 대한 정의는 주로 특성과 행동, 영향력, 상호작용 등의 과정에서 다양하게 연구되어 왔음을 알 수 있다. 스토그딜리(Stogdill)는 리더십연구를 총 정리하면서, 리더십의 정의는 리더십을 연구한 학자들의 수만큼이나 많다고 기술하고, 학자들의 연구초점을 다음과 같이 열거하였다.

- 집단과정으로서의 리더십
- Personality와 그 영향력
- 순응시키는 기술적 관점
- 영향력 행사과정
- 행동으로서의 리더십
- 설득력으로서의 리더십
- 권력관계
- 목표달성수단
- 상호작용의 결과
- 분화된 역할관계
- 구조조도로서의 리더십

이상과 같이 학자들의 연구과정에서 정리한 개념을 종합해 보면, 리더십이란 주어진 상황에서 목표를 달성하기 위한 활동과, 상호관계를 유도하고 촉진하도록 성원에게 행사하는 의조적인 영향력이라고 할 수 있다. 따라서 [그림 6-1]에서와 같이 리더십의 구성요소를 통해 리더십의 과정을 이해할 수 있다.

그림 6-1 **리더십의 구성요소**

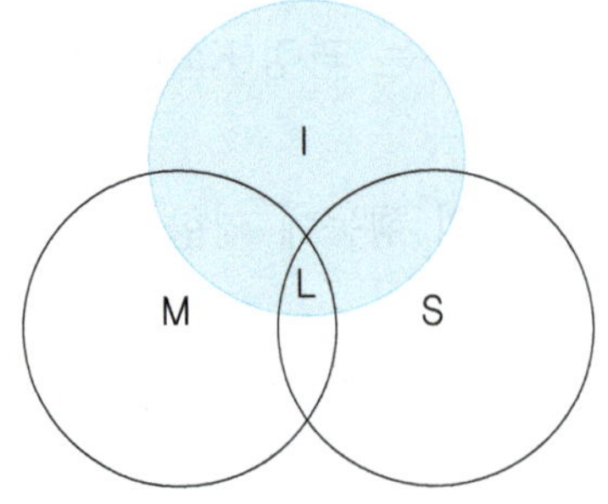

이 모델을 수식으로 표시하면

L = f(l · m · s)

L : Leadership
l : leader
M : 멤버
S : situation

1.2 리더십의 핵심

훌륭한 리더십을 겸비한 의사결정자를 찾기란 결코 쉬운 일이 아니다. 다음에 취급할 리더십특성에서 훌륭한 리더의 특성을 언급하겠으나, 여기서는 단순한 특성이 아니라 우리의 교육과정을 습득할 수 있는 훈련정도를 리더십에 접목시키고자 한다.

첫째로, 뛰어난 리더십은 중·고등학생시절의 우등생이 보유한 능력으로 직관적으로 인식하는 감각에서 찾아볼 수 있다. 언제나 광대한 비전을 갖고 있거나, 변화의 예상이나 위험부담 등 상황판단의 중요요인을 신속히 파악할 수 있는 능력이 통솔력에 직결된다. 이는 시험 성적이 우수한 수험생에게서 공통적으로 쉽게 찾아볼 수 있는 능력과도 같다.

다음으로는 상황을 단순화시키고 의리를 중요시하며 신뢰를 근본으로 하는 운동선수의 능력에서 찾아볼 수 있다. 우등생의 능력이 쉽게 범하기 쉬운 불리한 상황의 회피나 실패에 대한 변명의 구실을 잘포착한다면, 운동선수는 주어진 상황을 받아들이는 제게 언제나 당당하다. 그것은 언제나 최선을 다할 수 있도록 훈련되어 있고, 스스로 자신의 강점과 약점을 잘알고 있기 때문이다.

마지막으로, 사회적 가치관에 투철하고 명예를 존중하는 능력이다. 우등생의 능력이 쉽게 자기모순에 빠질 수 있는 대목이라고 할 수 있는데, 얄은 설명보다는 당당한 정의로움이 필요하다.

1.3 리더가 사용하는 권력

훌륭한 리더십을 발휘하기 위해서는 리더의 권력사용이 필수적이다.

권력(power)이라는 말은 다른 사람의 행동을 변화시키는 영향력으로 정의한다. 즉 리더의 뜻대로 성원의 행동을 변화시켰다면 리더에게 권력이 있는 것이다. 그러나 권력은 정치적 행위나 조작적 의미도 내포되어 있기 때문에 부정적 의미도 지니고 있다.

조직활동에서 권력의 의미는 중요하다. 많은 사람들은 권력을 갖고 있는 사람을 위해 일하기를 좋아한다. 대체로 권력을 소유한 리더는 일의 성취도가 높고 성원의 조직활동을 지원할 수 있기 때문이다. 조직에서 강력한 권력을 행사하는 리더는 특정한 성원이나 부서에 대해 예산 외 지출을 승인하거나, 중요한 의사결정, 중요한 정보의 조기입수 등 조직활동에 막대한 영향을 미친다. 이와 같이 권력은 조직활동에 중요한 요소가 되며, 적절히 잘 행사되었을 때에는 경쟁력을 갖춰 성장할 수 있으나, 잘못 사용되어 최고경영층의 독단에 맡겨졌을 때에는 그 수명이 끝날 수도 있다.

그러면 이와 같이 중요한 개념인 권력은 어떻게 획득되어 행사되며, 최선의 결과를 가져오기 위해서는 경영관리자는 어떻게 해야하는지 알아보자.

1. 권력의 원천

리더십에서 지대한 영향을 미치는 권력은 어디에서 창출되는가? 프렌치와 레이븐(French & Raven)은 권력이 그 영향을 미치는 과정에서 사용되는 잠재요소에 따라 강제적 · 보상적 · 합법적 · 준거적 · 전문적 권력으로 나누어 설명하고 있다.

(1) 강제적 권력

강제적 권력(coercive power)은 상급자가 하급자를 통제하는 수단으로, 바람직한 보상을 박탈하거나 싫어하는 처벌을 명령할 수 있는 능력을 말한다. 상급자는 먼저 하급자의 행동기준을 마련하고, 그 기준에서 벗어날 때 강제적 수단으로서 벌금이나 강등, 해고 등의 조치를 동원하여, 하급자의 행동을 바람직한 형태로 변화시킬 수 있다.

(2) 보상적 권력

보상적 권력(reward power)은 하급자가 필요로 하는 임금인상이나 승진, 칭찬, 자긍심 제고 등 가치있고 긍정적인 대가를 제공함으로서, 조직활동의 바람직한 행동을 유발할 수 있는 상급자의 공시적 · 비공식적 능력을 말한다. 따라서 보상적 권력은 부정적 성격인 강제적 권력에 대한 정반대의 개념이라고 할 수 있다. 이러한 보상적 권력의 효력을 발휘하기 위해 상급자는 하급자가 달성한 업무과정을 공정하게 평가하고, 이에 상응하는 적절한 보상을 해야 한다.

(3) 합법적 권력

합법적 권력(legitimate power)은 공식적 권한으로서 직위의 책임을 다하기위해 하급자에게 명령하고 감독하거나, 상황에 적절한 의사결정과 행동을 할 수 있는 권리이다. 합법적 권력을 제대로 실행하기 위해 상급자는 상급자로서 하급자에게 명령하고 의사를 결정할 수 있음을 확신시켜야 한다.

(4) 준거적 권력

준거적 권력(referent power)은 하급자들이 부러워하고 본받고 싶어하거나, 존경하고 싶거나, 경외의 대상이 될 만한 상급자의 인격에서 발산되는 영향력이다. 상급자의 언행에서 존경하고 싶은 마음을 갖게되었다면, 하급자는 준거적 권력에의해 상급자의 지시나 명령을 따르게 된다. 따라서 준거적 권력은 리더의 공식적인 직책이나 직위보다는 개인적인 매력에서 파생되는 것이다.

(5) 전문적 권력

전문적 권력(expert power)은 하급자의 조직활동과 관련된 업무에 대해, 리더가 소유하는 지식이나 기술 및 정보가 하급자를 압도하여 하급자의 작업행동에 미치는 것을 말한다. 상급자가 하급자의 일에 대해 해박한 전문지식을 갖고있을 때 리더의 지시나 명령은 강력한 영향력을 갖는다.

이상과 같이 리더가 발휘하는 권력은 지위나 직책에서 그 소임을 다하기위해 주어지고 있지만, 이와 대조적으로 리더개인의 특성이나 전문적으로 소유한 매력이나 지식으로도 창출된다. 특히 리더개인의 품성에서 생기는 권력은 하급자로 하여금 헌신적으로 조직활동에 참여하도록 하는 원동력이 된다. 따라서 리더의 권력이 리더십에 얼마나 잘 반영되었느냐 하는 정도는 이러한 권력의 원천을 적절히 활용함에 달려있다고 할 수 있다.

1.4 리더와 매니저

리더십을 연구함에 있어서 리더와 매니저를 구별하는 것은 중요한 의미가 있다. 매니저는 활용할 수 있는 모든 자원을 계획하고 조직화 및 통제활동을 통해 주어진 임무를 달성한다고 보았다. 이러한 과정에서 매니저는 누가, 언제, 무엇을, 어떻게 하느냐에 관심을 갖고 이를 위한 제도나 규칙, 조직구조에 초점을 맞추어 확실한 명령계통수립으로 자신의 직무를 다한다. 주어진 직무에 초점을 맞추어 업무성과 달성에 관심을 두기 때문에 단기적 활동에 초점을 맞추고, 수직적 의사소통을 중시한다. 따라서 매니저는 주어진 작업환경을 수용하고 주어진 일을 올바르게 하는데 관심을 갖는다. 이와 같이 매니저라는 개념을 잘 짜여진 조직에서 주어진 목표달성을 위해 인적자원으로 구성된 팀의 성원과 더불어 맡은바 책임을 다하는 조직활동에 국한되어 시용되고 있다.

이에 비하여 리더라는 개념은 훨씬 폭넓게 사용되며, 성원간의 상호작용이나 관계에서 비전을 가지고 미래 지향적이며 무엇을, 왜, 어떻게 할 것이냐 등 옳은 일을 찾아서 장기적이고 유연한 사고와 수평적 커뮤니케이션을 통해, 인간을 중시하고 인간적인 관점에서 현 상태에 도전함으로서 환경의 혁신을 유도한다.

이러한 개성을 발휘하기 위해서는 누구나 리더의 소양을 갖출 수 있고, 훈련에 의해 어느 정도까지 훌륭한 리더십을 발휘하는 리더를 육성할 수도 있으나, 뛰어난 특성을 소유한 리더는 스스로 태어나는 것으로 보인다.

결국 리더와 매니저의 관계는 매니저는 제한적으로 사용되며 매니저에게 부여된 개념도 제한되어 있으나, 매니저가 맡은바 소임을 획기적으로 성공을 거둘 때, 리더와 매니저의 개념을 동일시 하기도 한다. 경영학의 교육목적도 매니저 양성에 두고 있으나, 사회적으로 바람직하고 훌륭한 리더의 양성을 궁극적으로 소망한다.

02 리더십이론의 발달

여러 학문의 발달을 검토해보면 인간지혜의 한계와 그 변화과정을 알 수 있다. 리더십의 중요성을 인식하고, 통솔력 배양을 위해 관심을 갖기 시작한 이래로 여러 단계에 걸쳐 많은 노력이 행해졌다.

최초의 리더십연구로 알려진 특성이론은 리더에게는 개인적 특성이 존재하며, 그 특성으로 인해 리더와 멤버가 구분된다고 보았다. 그러나 리더특성의 결정적 요인을 찾지 못한 학자들은 리더의 행위에 관심을 갖고 리더십 스타일과 조직의 유효성에 초점을 맞추었다. 그러다가 결국 최선의 리더십을 찾던 노력은 리더십이 주어진 상황에 따라 달라짐을 알게 되었다.

그러면 리더십의 지혜를 찾아가던 여정을 각 단계별로 정리해 보고, 현대적 감각의 리더십연구를 살펴보자.

그림 6-2 **리더십이론의 비교**

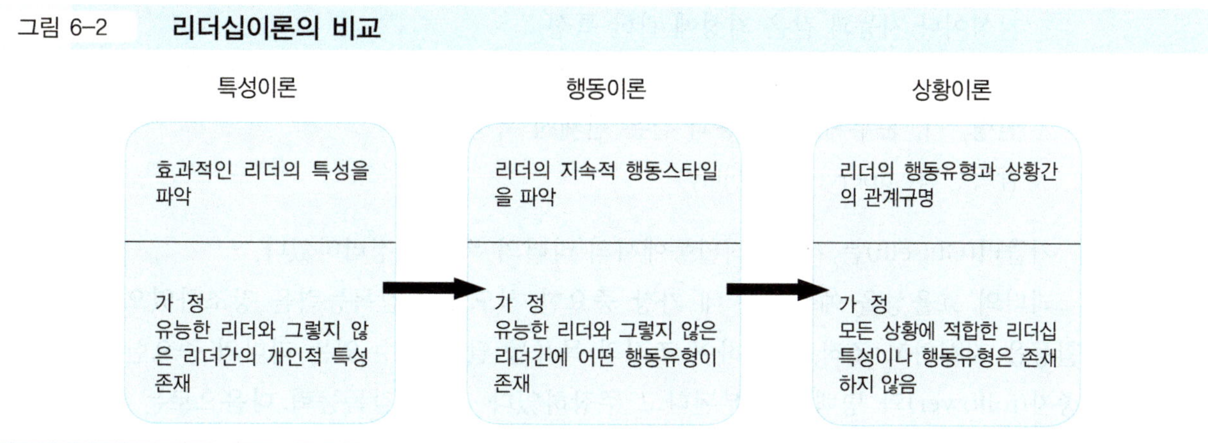

2.1 특성이론(traits theory)

최초의 리더십에 대한 체계적 연구는 리더의 개인적인 특성을 찾으려는 시도였다. 즉, "무엇이 개인적인 리더를 만들었는가?"에 관심을 갖고, 성공한 리더는 특성을 지니고 있으며 그 특성을 찾아낼 수 있다는 가정에 근거를 두었다.

초기 연구과정에서 학자들이 관심을 둔 리더의 연구대상은 유명한 정치가나 큰 전투에서 승리한 장군 등 역사적 영웅들에게 초점을 맞추어, 그들의 성공에 기여한 특성을 찾으려 했다. 이러한 연구는 과학적 관리에서 작업자 개개인이 소유한 특성을 찾으려 했던 시도에서 영향을 받았다고 할 수 있다.

영웅들에게 초점을 맞춘 연구결과는 한결같이 리더는 보통 사람들보다 어떤 특수한 지질들을 소유했다고 보고하였다. 그러므로 이러한 리더가 지닌 특성들을 찾아 보통사람들에게 교육하여 장차 필요한 리더를 양성할 수 있을 것으로 잔주하였다.

리더의 특성에 초점을 맞추어 리더십을 연구한 학자들은 다음과 같다.

버나드(Barnard)는 리더의 자질로서 냉정함과 침착성을 중요시하고, 기술적인 면과 정신적인 면으로 나누어 리더의 특성을 설명하고 있다. 기술적으로는 기술과 체력, 지각, 지식, 기억력, 상상력 등이 특출해야 하고, 정신적으로는 결단력과 지구력, 인내심, 용기 등이 돋보여야 한다고 주장하였다.

깁슨(Gibson)과 그의 동료들은 특성이론의 연구를 종합하여 리더의 특성을 다음 네 가지로 요약하였다.

- 지식이나 지능과 같은 지성에 관한 특성
- 개성에 관련된 특성으로서 상상력과 창의력, 민첩성, 성실성, 외모
- 연령, 키, 몸무게, 외모 등과 같은 신체적 특성
- 감독능력(supervisory ability)

기즐리(Ghiselli)는 기업조직활동에서의 리더의 특성을 정리하였다.

리더의 효율성을 예측하는 데 가장 중요한 척도로서 감독능력을 강조하였으며, 성원의 활동을 지시하고 조직, 통합하여 조직의 목표를 달성할 수 있는 리더의 중요한 특성은 추종자(follower)와 명백히 구분된다고 주장하였다. 그는 감독능력 다음으로는 성취욕구와 지능, 자아실현의 욕구, 자부심, 결단력 등을 강조했으며, 마지막으로 직업안정의 욕구와 친숙도, 창조력, 보상욕구, 권력욕구 등 관리적 기술과 관련된 특성을 중요시 하였다.

이와 같이 초기의 리더십연구는 리더의 개인적 특성을 찾으려했으며, 규명한 리더의 특성을 리더의 일반적이고 공통적인 특성으로 보았다.

결과적으로 우수한 특성을 갖춘 리더가 리더십을 발휘할 수 있는 가능성은 높지만, 그 특성만으로 효과적인 리더십이 보장된다고 할 수는 없다는 것이다.

2.2 리더의 행동이론

리더특성의 연구에서 성공적인 리더의 공통적 특성을 명확히 구분하지 못하게 됨으로서, 리더십연구의 초점은 리더의 실제행동으로 전환되었다. 즉 효과적인 리더와 비효과적인 리더간에 행동의 차이를 구별함으로서 리더의 행동이 리더십성공의 열쇠가 된다는 가정을 전개하게 되었다.

리더십 행동이론은 1940년대에 오하이오(Ohio)주립대학교와 미시간대학교에서 활발히 연구되었으며, 그 연구결과를 토대로 훌륭한 리더양성을 위한 기초를 마련하였다.

1. 오하이오주립 대학교의 연구

연구의 중점은 리더의 행동유형 및 이로 인한 생산성과 성원의 만족감 간의 성관관계를 찾으려고 하였다. 이를 위하여 리더의 행동기술서(LIBQ : Leader Behavior Description Questionaire)를 개발하여, 이를 토대로 두 개의 상이한 리더의 행동인 구조주도와 배려하

그림 6-3 **구조주도와 배려의 비교**

구조주도	배 려
활동의 계획화 분명한 직무할당 규칙 및 절차강조 통제 활동	즐거운 분위기 신뢰구축 성원간의 유대강화 제안 중시

고 일컫는 리더의 행동양식의 변수를 추출하였다.

- **구조주도**(initiating structure)는 조직활동의 목표달성을 위해 리더와 성원간의 역할을 정의하고 지시하는 범위와 정도를 강조한다. 즉 작업활동과 작업간의 관계 및 목표달성활동을 조직화하기 위한 행동을 포함한다.
- **배려**(consideration)는 성원의 생각과 감정에 대한 고려와 상호신뢰를 바탕으로 형성된 조직활동에서의 인간관계유지에 더 관심을 갖는 리더의 행동을 말한다.

이상의 두 가지 상이한 리더의 행동을 바탕으로 리더십스타일을 구조주도형 리더와 배려형리더로 구분하였다. 또한 리더행동을 단일선상에서 관찰하지 않고 [그림 6-4]에서와 같이, 구조주도와 배려를 두 축으로 하는 4분위도를 개발하였다.

이와 같이 네 가지 리더십유형으로 구분하여 실증적 연구를 한 결과, 구조주도와 배려가

그림 6-4 **리더십 스타일**

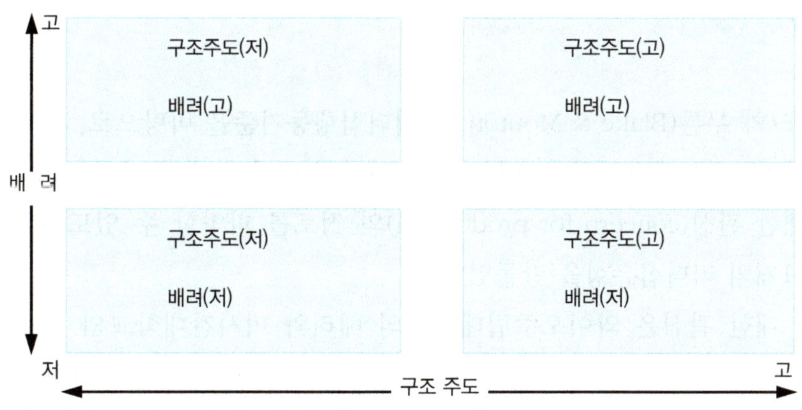

다같이 높은 리더십에서 조직활동의 유효성이 가장 높게 기록되었다. 그러나 한쪽이 높을 경우, 즉 구조주도가 높을 때는 성원의 불만이 고조되고 일에 대한 만족감이 저하되었으며, 배려가 높을 때는 조직활동의 성과가 낮게 생산되는 결과를 초래하였다.

2. 미시간대학교의 연구

미시간대학교의 연구는 과업수행의 효율성과 관련된 리더의 행동양식을 찾아내는 것이었다. 최초의 연구에서 면담을 통하여 리더와 성원이 표현하는 효과적인 리더행동을 찾으려했고, 다음단계로 설문지를 사용해 효과적인 리더와 비효과적인 리더를 구별하려 했다.

이 연구에서는 리더의 행동패턴을 인간중심적인 리더십과 일 중심적인 리더십의 두 가지 리더행동유형으로 분류하였다. 인간중심적인(employee-centered) 리더는 성원의 인간적 대우, 개성, 개인적 욕구, 개인 상호 간의 관계를 중시하는 개인적 차이를 표현하였다. 즉 성원의 인간적 욕구에 대해 관심을 갖고 성원간의 개인적 차이를 인정하고 있다. 이에 비해, 일 중심적인(production-centered) 리더십유형은 기술적 또는 업무적 측면에서 일을 강조하였다. 주로 집단의 목표달성에 관심을 두어 성원을 단순히 조직의 목표달성을 위한 수단으로 이용하고 있다.

미시간대학교의 연구는 리더십의 유효성을 단순히 조직의 목표달성에 국한하지 않고, 성원의 직무만족이나 조직활동 참여도(결근율, 이직률) 등도 고려하여 높은 성과를 달성하는 리더의 유형을 성원의 인간적인 측면에 많은 관심을 기울이는 인간중심적인 리더로 규명하였다.

3. 매니저 Grid

블레이크와 무튼(Blake & Mouton)은 리더십행동기준을 바탕으로, [그림 6-5]에서와 같이 매니저 Grid를 개발하였다. 이 연구는 리더의 인간에 대한 관심(concern for people)과 생산에 대한 관심(concern for production)의 정도를 파악할 수 있도록 각각을 9등급으로 나누어 81개의 리더십유형을 만들었다.

인간에 대한 관심은 와이오주립대학교의 배려와 미시간대학교의 인간지향적인 관심을 나타내며, 생산에 대한 관심은 구조주도와 일 중심적 리더행동을 의미하고 있다.

81개의 리더십유형은 리더가 통솔과정에서 표출하는 지배적인 행동의 바탕을 이루는 관

그림 6-5 **매니저 Grid**

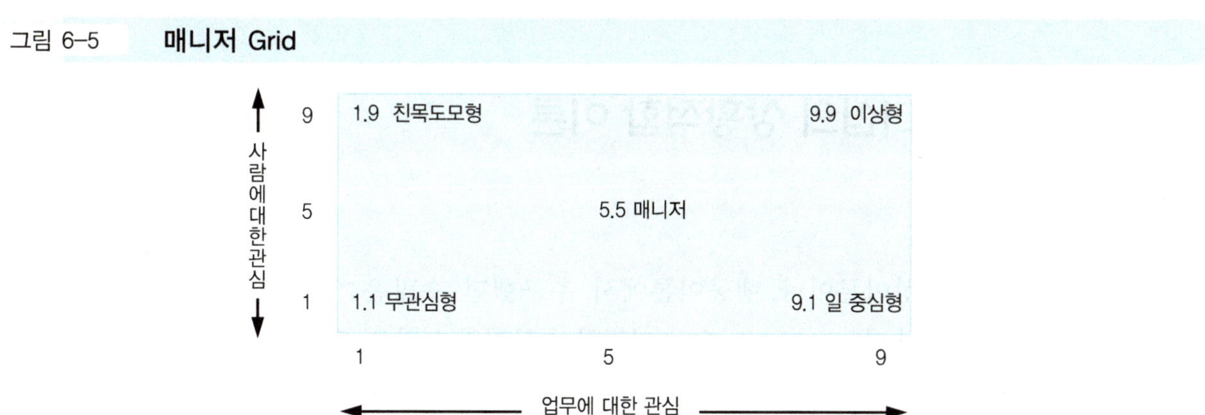

심의 정도를 표현하고 있다.

블레이크와 무튼은 5개의 기본적인 리더십패턴을 [그림 6-5]에서와 같이 비교하여 상대적인 차이를 설명하고 있다.

(1.1)형의 리더는 가장 무능한 리더십패턴의 소유자로서 교육훈련을 통해 많은 발전과 향상을 필요로 하고 있으며, (9.9)형은 모든 리더가 추구하는 가장 바람직한 리더십패턴으로 보고있으나, 입증할 만한 근거는 발견하지 못하고 있다.

그림 6-6 **블레이크와 무튼의 기본 리더십유형**

1.9 형	인간중심형 : 성원 개인사정에 대한 관심, 우호적 분위기 조성
1.1 형	방임형 : 조직활동에 무관심, 무기력
9.1 형	과업 관리형 : 인간성을 희생하여 생산에 몰두. 권한복종유지
5.5 형	모범적 관리형 : 타협과 균형을 유지, 성원의 만족도 유지
9.9 형	이상형 : 생산과 인간적인 면 중시, 동기부여, 상호존중

03 리더십의 상황적합 이론

리더십 특성이론이나 행동이론에서 추구했던 수많은 연구들은 조직활동을 open system이 아닌 close system으로 가정하여 환경의 영향을 중요시 하지 않았다. 따라서 언제, 어디서, 어떤 조직활동에서나 가장 효과적인 리더가 존재한다고 믿고, 그런 리더십 스타일을 찾으려고만 노력하였다.

결과적으로 리더의 특성이 상황에 따라서 다르게 작용하고 리더의 행동이 상황에 따라 변할 수 있다는 것을 알게 되었다. 즉 조직활동이 외부환경과 밀접한 관계를 유지하고 있는 open system이라는 것을 인식하고 그 환경의 요구에 적절한 리더십 스타일을 구면하려고 하였다. 이러한 paradigm을 상황적합적 접근이라고 하며, 대표적인 리더십연구로는 피들러의 상황적합이론(1967), 허쉬(Hersey)와 블렌차드(Blanchard)의 상황이론(1974), 그리고 하우스(House)의 경로-목표이론 등이 있다.

1. 피들러의 상황적합 이론

피들러(fiedler)에 의하면 리더십의 효과성은 리더십 스타일과 리더십상황 간의 적절한 조합에 의하여 달성된다고 보았다. 따라서 리더는 자신의 리더십 스타일을 알아야 하고, 여러 상황에서 발휘되는 리더십 스타일의 효과성정도를 알아야 하며, 결국 성공적인 조직활동을 위해서는 자기의 리더십 스타일에 알맞은 조직환경을 조성해야 한다고 주장하였다.

(1) 리더십 스타일

리더십 스타일을 측정하기 위해 LPC(least preferred Co-worker)라는 새로운 개념을 개발하였다. LPC는 작업환경에서 경험한 성원중에서 가장 같이 일하기 어려운 동료를 선택해서, 그 선택한 성원에 대하여 인간적 평가를 하도록 고안된 설문양식이다. 이 설문을 통해서 LPC점수를 산정하여 리더십 스타일을 알 수 있다고 주장한다. 리더십행동이론에서 영향을 받은 피들러는 LPC점수가 상대적으로 낮은 리더를 과업지향적 리더십 스타일이라

하고, LPC 점수가 상대적으로 높은 리더를 관계지향적 리더십 스타일이라 하여 리더십 스타일을 두 가지로 한정하였다.

(2) 리더십 상황

피들러는 수많은 기초연구에서 리더가 처할 수 있는 환경을 리더-매니저관계, 과업구조, 지위권력의 세 가지 특성으로 한정하여 리더십 상황적합모형을 완성하였다.

① **리더-멤버관계** : 성원이 리더를 신뢰하고 존경하여 서로 좋은 팀웍을 이룰 때 리더-멤버관계가 좋다고 했고, 반대로 상호불신으로 인하여 팀웍에 문제가 있을 때 리더-멤버관계가 나쁜것으로 규정하였다. 리더-멤버관계가 좋으면 유리한 상황이고 관계가 나쁜때는 불리한 상황이다.

② **과업구조**(task structure) : 조직활동이 일상적이고 구체화된 작업은 구조화정도가 높고, 개발업무나 새로운 일을 할 때처럼 창의적인 노력을 필요로 하는 과업은 구조화정도가 낮다. 작업환경에서 구조화정도가 높으면 유리한 상황이 되고 구조화정도가 낮으면 불리한 상황으로 간주하다.

③ **지위권력**(position power) : 지위권력은 리더가 성원에 대해 행사할 수 있는 공식적

그림 6-7 **피들러의 리더십 성과모형**

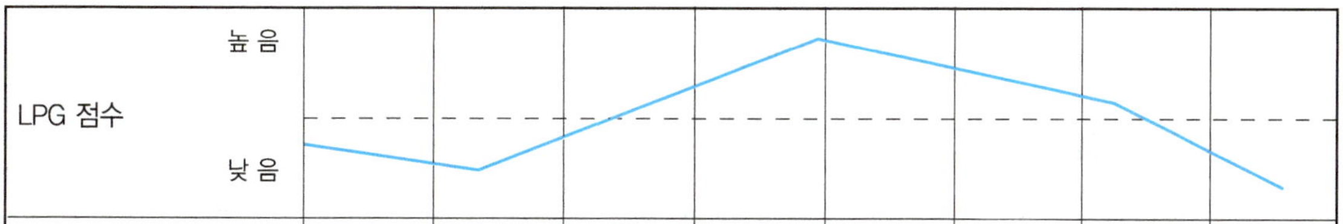

LPG 점수 (높음 / 낮음)								
효과적인 리더십 스타일	과업 지향적	과업 지향적	과업 지향적	관계 지향적	관계 지향적	관계 지향적	과업 지향적	과업 지향적

LPG 점수	1	2	3	4	5	6	7	8
리더와 구성원 관계	좋음	좋음	좋음	좋음	나쁨	나쁨	나쁨	나쁨
	+	+	+	+	+	+	+	+
과업구조	높음	높음	낮음	낮음	높음	높음	낮음	낮음
	+	+	+	+	+	+	+	+
지위권력	강함	약함	강함	약함	강함	약함	강함	약함

인 권한의 정도를 말한다. 리더가 팀멤버의 작업을 계획하고 지휘, 평가하여 보상하고 처벌할 수 있을 때 리더의 지위권력이 높다고 하고, 리더의 성원에 대한 권한 행사가 미미하여 성원을 평가하거나 보상할 권한이 약하면 리더의 지위권력이 낮다고 할 수 있다. 따라서 리더의 지위권력이 높으면 리더십상황이 유리하고, 지위권력이 낮으면 리더십상황이 불리한 것으로 본다.

이상의 세 가지 상황특성을 조합하면 [그림 6-7]에서 보는 바와 같이 여덟 가지 리더십 상황을 유도할 수 있다. 상황I은 리더-멤버의 관계가 좋고, 과업이 구조화되어 있으며, 리더의 지위권력이 강하기 때문에 리더에게는 가장 유리한 상황이 된다. 반면에 Ⅷ상황은 리더-멤버관계가 나쁘고 과업이 비구조화되어 있으며, 리더의 지위권력이 낮기 때문에 리더에게는 가장 불리한 상황이다. 이와 같이 세 가지 상황특성은 리더에게 여덟 가지 다른 상황을 경험하게 해준다.

2. 허쉬와 블렌차드의 리더십 상황적합 이론

허쉬와 브렌차드(Hersey & Blanchard)는 리더십행동이론과 Managerial Grid의 개념을 합성하여, 성원의 성숙도를 상황요인으로 추가한 상황적합 이론을 개발하였다.[그림 6-8]에서와 같이 리더의 행동을 과업행동과 관계행동의 2차원을 축으로 4분면으로 분류하고 여기에 상황요인으로 성원의 성숙도를 추가해 네 가지 리더십 스타일이 적합할 때 조직활동의 유효성이 향상된다고 주장하였다.

(1) 리더십 스타일

① **지시적**(telling) : 높은 과업행동과 낮은 관계행동의 리더로서 리더중심의 의사결정과 일방적인 의사소통으로 구체적인 작업지시를 하고, 성원의 과업진행을 엄밀히 감독하는 리더를 말한다.

② **지원적**(selling) : 높은 과업행동과 높은 관계행동의 리더로서, 쌍방적인 의사소통으로 결정내용을 설명해 주고, 이해를 충분히 할 수 있도록 기회를 부여하고, 성원의 행동을 지원한다.

③ **참가적**(participating) : 낮은 과업행동과 높은 관계행동의 리더로서, 쌍방적인 의사소통과 의사결정과정에 성원을 참여시켜 의사결정권한을 공유한다.

④ **위임적**(delegating) : 낮은 과업행동과 낮은 관계행동의 리더로서, 성원의 자율적 행

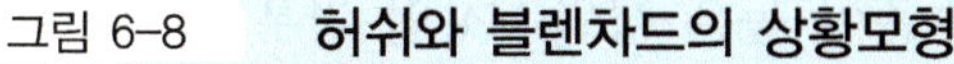
그림 6-8 허쉬와 블렌차드의 상황모형

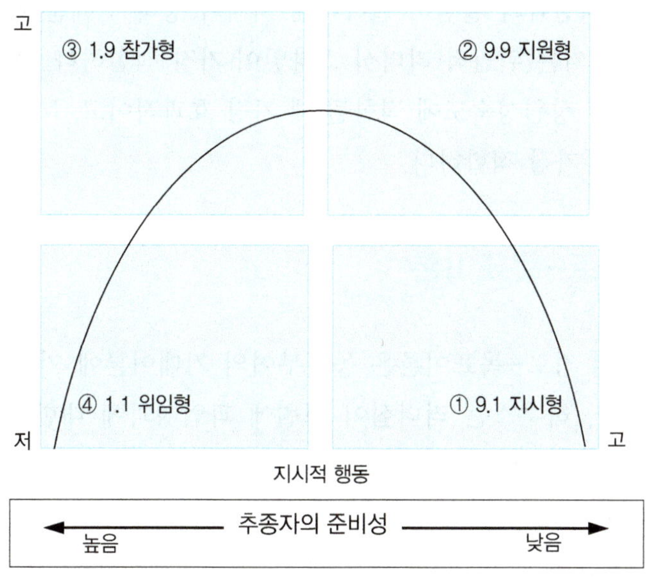

동과 자율적 통제에 의존하고 그 실행책임도 성원에 귀속시킨다.

(2) 상황요인

허쉬와 브렌차드는 성원의 성숙도가 서로 다르기 때문에 리더십의 유효성에 차이가 있으며, 유효성을 향상시키기 위해서는 상황요인으로 성숙도에 알맞은 리더십 스타일을 적합시켜야 한다고 주장하였다. 성숙도는 Argyris의 성숙이론과 맥클랜드(McClelland)의 성취동기이론을 토대로 하여, 성원이 과업을 수행하는 데 필요한 능력과, 지식, 기술, 교육, 경험 및 일에 대한 의지 등을 참고로 4등급으로 구분하였다.

- M1은 성숙도가 가장 낮고 무능할 뿐 아니라 의지도 빈약한 성원이다.
- M2는 무능하지만 일을 하려는 의지가 있는 중간정도의 성숙도를 나타내는 성원을 말한다.
- M3는 유능하지만 의지가 없는 성원이다.
- M4는 성숙도가 가장 높은 성원으로서 유능하고 일에 대한 의지가 높다.

[그림 6-8]에서, 성숙수준이 낮은(M1) 성원은 업무수행능력 수준이 낮고, 경험훈련이 부족하며 자신감이 없고, 잘하고 싶은 의지도 없기 때문에 이러한 성원에게 적합한 리더는

지시적 리더십 스타일이 유효하다. 그러나 성숙수준이 높은 성원(M4)인 경우에는 능력과 기술수준이 높고, 지신감과 열심히 일하려는 의지가 강하기 때문에, 지시나 간섭보다는 성원에게 전적으로 맡기는 위임적 리더십 스타일이 가장 적합하다. 이와 같이 참가적 리더십 스타일은 M3수준의 성원성숙도에 적합될 때 가장 효과적이고, M2수중의 성원에게는 코치형 스타일의 리더가 가장 적합하다.

3. 하우스의 경로-목표이론

하우스(House)의 경로-목표이론은 동기부여의 기대이론에 기초를 두고 개발된 리더십 상황적합 이론이다. 하우스는 리더십이 성원에 과업성과에 대한 유의성(valence)과 기대(expectancy)에 영향을 미치는 것으로 보고 있다. 즉 리더가 성원이 희망하는 유의성과 기대가능성을 높여주고 명백히 하며, 업무달성에 필요한 상황적 조건을 충족시켜 줌에 따라서 성원의 노력과 만족, 결국에는 성취도를 높일 수 있다고 주장한다. 하우스는 이론의 전개를 위해 리더십 스타일을 다음 네 가지로 설정하고 상황요인을 추가하였다.

(1) 리더십 스타일

하우스의 리더십 스타일은 지원적 · 지시적 · 성취지향적, 그리고 참여적 리더십 등 네 가지 유형으로서 구체적 특성은 다음과 같다.

① **지원적** : 성원의 지위와 복지욕구에 대하여 관심을 갖는다. 리더의 행동은 개방적이고 우호적이며 접근하기 쉽게 한다. 팀 분위기를 조성하고 모드에게 공정하다.

② **지시적** : 계획과 조직, 통제와 같은 공식적 활동을 강조하는 형태로서, 리더가 성원에게 바라는 것이 무엇이며, 무엇을 어떻게 해야 하고 집단내에서 성원의 역할과 작업의 구체적 일정, 명확한 성과기준 등을 알려준다.

③ **성취지향적** : 성원으로 하여금 도전적인 업무목표의 설정, 성과개선을 강조, 성원의 능력발휘에 높은 기대를 설정한다. 리더는 성원을 신뢰하고 고도의 목표달성방법을 터득하도록 지원한다.

④ **참여적** : 성원을 의사결정에 참가시켜 의견을 고찰하고, 능동적으로 참여할 수 있도록 고무시켜 창의적인 분위기를 조성한다.

이와 같이, 리더십 스타일은 피들러의 주장처럼 선천적으로 타고난 속성이 아니라, 후천적으로 교육하여 습득할 수 있으며, 상황에 따라 변경하여 대처할 수 있는 리더의 지혜라고 가정한다.

(2) 상황요인

하우스는 경로-목표이론에서 두 가지 상황요인을 설정하였다.

① **성원의 개인적 특성** : 성원의 능력과 기술, 욕구, 동기부여 등을 포함한 개념이다. 즉 성원이 낮은 수준의 능력과 기술을 소유했다면, 리더는 성원으로 하여금 추가적인 교육과 훈련으로 업무성과를 개선하도록 해야 한다. 반대로 숙련된 성원이나 전문적 기술을 활용하는 성원에게는 더 많은 자율성이 확보되어야 하기 때문에, 리더십 스타일이 더 효과적일 것이다.

② **작업환경요인은 과업구조와 권한시스템, 작업집단** : 과업구조는 피들러가 사용한 개념과 유사한 개념으로서 과업이 구체화되어 있는 정도, 직무기술서, 작업절차 등을 말

그림 6-9 **리더십의 경로-목표이론**

리더십 행동	리더십 상황	성원에 미치는 영향	리더십 성과
지원적 리더십	· 과업이 고도로 구조화 · 작업이 지루하고 비자원적 · 집단이 사회적으로 비자원적 · 성원에게 자신감 결여	· 목표 지향적 행동을 · 참고이겨낸다 · 목표달성을위한 · 자신감이 증대된다	· 노력의 증대 · 업적향상 · 만족확대
지시적 리더십	· 역할이나 과업이 모호하다 · 작업의 결과를 외부 탓으로 돌린다	· 노력과 성과라는 확신을 갖는다 · 목표달성 = 보상기대를 갖는다	· 노력의 증대 · 업적향상 · 만족확대
성취 지향적 리더십	· 작업이 도전적이다 · 작업이 지루하고 반복적이다	· 높은 도선석 목표를 상정한다	· 노력의 증대 · 업적향상 · 만족확대
참여적 리더십	· 자율성이 높은 성원이다 · 성원의 욕구와 보상이 불일치한 상태이다 · 자기노력의 결과를 믿는다	· 노력 = 목표달성 기대가 강화된다 · 알맞은 보상이 확보된다	· 노력의 증대 · 업적향상 · 만족확대

한다. 권한시스템은 리더가 의사결정, 정책수립, 규칙제정 등으로 성원의 활동을 제약하는 정도를 의미하고, 작업집단의 특성은 성원의 교육수준과 집단규모, 성원간의 관계 등을 포함하고 있다.

결론적으로 하우스의 경로-목표이론은 동기부여연구의 기대이론에 많은 영향을 받아 리더의 중요한 활동을 다음 두 가지로 설명하고 있다.

- 성원의 과업수행과 그에 따른 보상을 받게 되는 과정이나 경로를 명백히 해주는 것
- 성원의 업무성과와 만족도를 향상시키기 위해 보상을 하는 것

이 두 가지 중요한 활동을 위해 리더는 성원을 도와 과업수행에 필요한 기술을 습득케 하고 일에 대한 자신감을 갖게 하여 조직생활의 효과성을 높이려고 한다.

04 현대적 리더십

현대적 리더십은 정보사회, 지식사회에서 리더십은 리더들이 영향력을 발취해서 조직원들의 잠재력을 최대한으로 이끌어 개인의 발전과 조직의 발전을 성취하는 과정이라고 정의되고 있다.

따라서, 급변하는 환경속에서의 리더십을 바르게 이해하고 발휘하고자 하는 지도자들은 권력이나 지위로 '나를 따르라'식의 일방적인 명령이나 지시를 내리는 것이 아니라 상대방이 스스로 행동할 수 있도록 영향을 주고자 의도적으로 노력을 해야 한다.

4.1 현대적 리더의 역할

현대조직에 있어 리더의 역할을 지원자, 평가자, 예측자, 조언자, 격려자의 5가지로 분류할 수 있다. 이는 전통적인 리더의 역할과 비교해서 상당히 변화된 견해이다.

1. 지원자(facilitator)

- 부하직원들이 직업의 가치와 아울러 일에 대한 관심 그리고 경쟁력 있는 기술을 개발할 수 있도록 도와준다.
- 직원들이 자신의 경력개발과 관련된 문제를 상의하러 올 수 있는 개방적이고 수용적인 분위기를 만든다.
- 직원들이 각자의 직무에서 원하는 것이 무엇인지 이해하고 이를 명확히 표현할 수 있도록 도와준다.

2. 평가자(evaluator)

- 팀원들에게 그들의 작업수행과 평판에 관한 솔직한 피드백을 제공한다.
- 부하직원들이 장기적인 경력개발계획의 중요성을 깨닫을 수 있도록 도와준다.
- 직원들이 자신의 경력개발과 관련된 문제를 상의하러 올 수 있는 개방적이고 수용적인 분위기를 만든다.
- 직원들이 각자의 직무에서 원하는 것이 무엇인지 이해하고 이를 명확히 표현할 수 있도록 도와준다.

3. 예측자(predictor)

- 기업, 직업 그리고 해당산업에 대한 정보를 제공한다.
- 직원들이 부가적인 정보의 원천을 찾아서 이용할 수 있도록 도와준다.
- 직원들의 경력개발·전망을 위한 새로운 추세와 발전내용을 지적해 준다.
- 직원들이 기업의 문화적·정치적 현실을 이해할 수 있도록 도와준다.
- 기업의 전략적 방향을 충분히 설명해 준다.

4. 조언자(advisor)

- 직원들이 잠재의식 속에 가지고 있는 커리어목표를 찾도록 도와준다.
- 그 중에서 현실적인 커리어목표를 택할 수 있도록 도움을 준다.

- 잠재되어 있는 커리어목표를 비즈니스의 요구와 기업의 전략적 요구에 연결시켜 준다.
- 커리어목표를 성취하는데 도움이 될만한 것들과 아울러 장애가 될만한 것들도 지적해 준다.

5. 격려자(encourager)

- 직원들이 경력개발을 위한 행동계획을 이행하는 데 필요한 자원을 연계시켜 준다.
- 직원들을 키워줄 수 있는 지위와 능력이 있는 사람들에게 직원들의 재능과 '경력개발(career)' 목표를 알려준다.

4.2 현대적 리더십의 유형

1. 임파워링 리더십

임파워먼트는 조직구성원들에게 업무재량권을 위임하고 자주적이고 주체적으로 업무를 수행해 나감으로써 조직의 의욕과 성과를 이끌어 내기 위한 권한이양의 의미로 해석될 수 있다. 이 임파워먼트가 효과적으로 이루어지기 위해서는 조직내 조직원들과 밀접한 관계가 있는 리더의 역할이 아주 중요하다. 따라서 임파워링 리더십은 임파워먼트가 효과적으로 잘 이루어지기 위해 조직내에서 리더가 조직구성원들을 지원하는 행동내용을 말하는 것이라 할 수 있겠다.

임파워링 리더십에 관한 개념을 연구자별로 정리하면 〈표 6-1〉과 같다.

2. 셀프리더십

셀프리더십을 개인이 목표한 바를 성공적으로 이루기 위하여 주도적으로 자신이 생각과 행동을 통제하여, 스스로 동기를 부여하기 위해 영향력을 행하는 과정이라고 정의한다. 셀프리더십은 관점에 따라 행동중심적 전략, 자연적 보상전략, 건설적 사고패턴전략 세 가지로 구분할 수 있다.

표 6-1 **임파워링 리더십의 개념**

연구자	개　념
Yurl(1998)	조직구성원들에게 권한을 위임하고 지원하며 육성하여 멘토링을 통하여 갈등 및 팀 빌딩하는 것
Srivastava et al(2006)	상사가 조직구성원과 권한을 나눔으로서 구성원들에게 내재적으로 동기부여하는 것
Bartol(2010)	조직구성원들에게 직무의 의미성을 알려주고, 의사결정에 대해 높은 자율성을 부여하며, 그들의 역량에 대한 신뢰를 표하고, 성과에 방해되는 요소들을 제거함으로써 직원들과 파워를 공유하도록 하는 조건들을 실행하는 프로세스

① **행동중심적 전략** : 행동중심적 전략은 즐겁지 않은 과제라고 할지라도 필요한 행동을 수행할 수 있도록 행동적 관리를 조장하기 위한 개개인의 자기인식을 높이는 것을 추구하는 전략으로 정의한다. 행동중심적 전략은 사회학습이론에 근거하고 있다. 사회학습이론은 사람들은 행동을 할 때 어떤 기준을 가지고 행동을 하는데 그 행동의 결과가 자신의 기준과 불일치할 경우, 불일치점을 없애기 위해 노력하고 더 높은 기준과 목표를 설정하여 행동하면서 스스로 통제한다는 것이다. 이와 같은 행동중심적 전략의 하위요인요소로 자기관찰, 자기목표설정, 자기반성, 자기보상, 단서에 의한 관리가 제시되고 있다.

② **자연적 보상전략** : 자연적 보상전략은 자신이 하는 일과 활동의 즐거운 측면으로 동기화되고, 그러한 일과 행동 그 자체가 주는 보상으로 강화하는 것을 의미한다. 자연적 보상은 자신의 업무자체로 인하여 동기가 유발되는 것으로 업무에 대한 만족감과 행복감 등의 내재적 보상을 그 예로 들 수 있다. 다시 말하면, 업무를 수행하면서 자연적인 즐거움을 느낌으로써 업무자체가 자연보상이 되도록 의도적으로 노력하는 것을 말한다.

③ **건설적 사고패턴전략** : 건설적 사고패턴전략은 일과 활동에 긍정적으로 영향을 줄 수 있도록 습관적인 사고방식과 사고의 패턴을 형성 또는 수정하는 전략을 의미한다. 즉, 업무상 발생하는 어려운 상황을 장애물로 여기기보다는 기회요인으로 파악하고 자신의 관점과 사고를 긍정적인 방향으로 전환시키는 것을 의미한다. 건설적 사고패턴전략은 세 가지 하위요인요소로 성공적 직무수행의 상상, 자기대화, 신념과 가정에 대한 평가로 세분화될 수 있다.

3. 코칭리더십

코칭리더십은 리더(코치)와 조직구성원(피코치)과의 수평적인 관계속에서 조직구성원이 스스로 문제를 해결하고 역량을 개발하기위해 그들의 강점을 자각시켜주고 성장할 수 있도록 지원하고 인도하는 기술과 역할을 수행하는 리더의 특성이다.

코칭리더십은 지도, 촉진, 감화의 세 가지 요소로 구분할 수 있다. 지도는 업무수행능력을 향상시킬 수 있는 방법뿐만 아니라 성과에 대한 기대치를 표현하며 수행결과와 관련된 진솔하고 건설적인 피드백을 제시하는 것을 의미한다. 촉진은 조직구성원들이 스스로 문제를 해결하고 성과를 향상시킬 수 있는 방법을 찾을 수 있도록 도와주는 행동을 의미하며, 감화는 구성원들이 자신의 잠재능력을 깨닫고 개발할 수 있도록 돕는 것을 의미한다.

4. 진정성 리더십

진정성 리더십은 자신감 있고 희망적 · 낙관적 · 탄력적 · 도덕적 · 미래지향적이며 종사원들을 개발하는데 우선순위를 두는 리더십으로 정의된다. 즉 내면의 진실된 생각들이 행동으로 일치하는 과정에서 자신의 능력이 적재적소에 사용될 수 있고, 도덕적 가치를 기반으로 조직구성원들과의 의사소통을 투명하게 하는 것이다. 진정성 리더십은 조직구성원들에게 기꺼이 봉사하고 협조하고자 하는 진실적인 내면적 욕구를 갖고 있다. 다시 말해 가식없는 진실된 생각과 행동, 현실적 수용성을 바탕으로 타인의 생각이나 기대를 만족시키려는 행동에서 벗어나 자신의 내면의 진실된 자아에 따라 움직이는 것이다. 진정성 리더십의 구성요소를 네 가지로 정리하여 제시하면 다음과 같다.

① **자아인식**(self-awareness) : 자아인식은 진정성 리더십에서 가장 기초가 되는 요인이라 할 수 있다. 이는 자신을 객관적으로 이해하려 노력한 결과 자기의 객관적인 모습의 한계점, 강점 및 약점 등을 이해함으로써 진정한 자아에 따라 진실하고 꾸밈없는 언행을 하는 것을 말한다

② **관계적 투명성**(relational transparency) : 관계적 투명성은 자신의 참된모습을 다른 사람에게 공개적으로 솔직하게 보여주는 것을 말한다. 타인에게 자신의 진정한 자아를 나타내는 것은 다른 사람과 자신의 핵심적인 느낌, 동기, 성향을 적절한 방식으로 공유하는 것이다.

③ **내면화된 도덕적 관점**(internalized moral perspective) : 내면화된 도덕적 관점은 외부

압력에 의한 통제 대신 자신의 내적도덕기준 및 가치관에 따라 행동하는 자기규제과정(self-regulatory process)을 말한다. 긍정적인 도덕적 관점으로 리더가 영향력을 행사할 경우 다른 사람들이 자신에게 얼마나 영향을 미칠 수 있도록 허용할지에 대해 통제력을 갖게 된다.

④ **균형적인 정보처리(balanced processing of information)** : 균형적 정보처리는 자신의 내적경험이나 자신에 대한 외부평가를 부정하거나 왜곡하지 않는 것으로, 편향되지 않는 정보처리라는 용어를 대체하기 위해 사용되었다. 즉 의사결정 시 모든 관련자료를 객관적으로 분석하고, 자신의 위치와 상관없이 다양한 관점과 의견들을 수렴하는 것을 의미한다.

5. 비전리더십

최근에 이르러 리더십연구에서 비전이라는 용어를 자주 사용하고 있다. 비전이라는 말은 현실적이고, 신뢰할 수 있으며, 매력적인 조직의 미래상을 말한다. 다시 말해, 조직활동에서 리더와 성원이 다함께 추구하는 미래상이나 실현코자하는 꿈이다. 이와 같이 비전 리더십은 리더와 성원이 함께 조직활동의 명확한 비전을 설정하여 성원모두가 이를 인지케 하고 일상 조직업무를 달성함에 있어서 설정된 비전을 지향하고 성취할 수 있도록 동기부여함을 의미한다.

비전리더는 설정된 비전에 따라 조직활동의 내부변화를 촉진하는 주도적 역할을 하여, change agent로서 성원의 자발적 참여를 유도한다. 이렇게 하여 비전리더는 조직의 미래를 설계하는 건축가이다.

나누스(Nanus)는 비전리더십이 조직활동에서 효과적이기 위해 다음의 다섯 가지 원칙을 제시하고 있다.

- 창의성을 적극권장하며, 조직성원이 혁신적 소양을 길러 개척적인 능력을 배양한다.
- 조직의 모든 성원이 비전을 고유하도록 독려한다.
- 협동심을 강조하고 팀활동을 활성화시킨다.
- 모범적인 조직활동의 모형을 구축한다.
- 성원 스스로 업무수행에 재미를 느끼고 애정을 쏟을 수 있는 분위기를 조성한다.

제7장

커뮤니케이션 의사소통

커뮤니케이션은 조직활동의 필수적 요소이다.
management(조직관리)에서 무엇이 가장 중요하냐고 물으면, 대부분의 경영관리자들은 커뮤니케이션이라고 대답할 만큼 중요한 영역이라고 할 수 있다.
커뮤니케이션은 모든 관리기능을 연결하는 역할뿐만 아니라 조직이 외부환경과 기능을 연결, 조직의 외부환경과 내부활동, 집단과 집단 그리고 개인과 개인을 연결시켜 주는 신경조직과도 같은 작용을 하기 때문이다.

조직의 커뮤니케이션

조직의 의사소통은 조직활동에 필요한 메시지를 상호교환하는 것이라고 간단히 정의할 수 있다. 의사소통과 관련된 조직활동은 개인과 개인, 개인과 집단, 또는 조직활동과 조직의 외부환경 등 서로 다른 개체간에 필요한 정보의 교류에 의해 활성화된다.

조직의 목표는 의사소통의 작용에 의해서 성원 개개인의 노력이 집단의 효과로 나타나고, 집단의 활동에 의해 달성된다. 이와 같이, 의사소통은 목표달성을 위한 조직활동의 수단이 되는 것이다. 즉 의사소통을 통해 모든 조직활동에 필요한 정보가 제공되고, 모든 활동을 조정해 주는 기능을 함으로써 조직활동이 생명력을 발휘할 수 있는 원천으로 작용한다.

1.1 조직 커뮤니케이션의 목적

조직활동에서 의사소통이 얼마나 중요한가 하는 것은 아무리 강조해도 지나치지 않을 것이다. 의사소통을 잘하기 위해서는 실로 특별한 기술이 필요하다. 즉 인간에 대한 지혜가 풍부해야만 의사소통을 잘 할 수 있다. 의사소통을 잘하기 위하여 가장 중요한 것은 커뮤니케이션의 목적을 분명히 하는 것이다.

조직활동에서 의사소통의 목적은 의사소통의 내용을 이해하는 데 있다. 즉, 메시지가 무엇이든 간에 메시지를 보내는 사람의 의도대로 메시지를 받는 사람이 이해하는 것이다. 다른 학문영역에서도 의사소통을 연구하고 중요시하겠으나, 그 연구목적이 경영학에서와는 다를 수 있다. 경영학에서는 의사소통의 목적을 이해하는 것에 두고있음을 강조하고, 효과적인 의사소통을 위해 각 단계별로 검도한다.

1.2 커뮤니케이션과 경영관리자

일찍이 리커트(likert)는 경영관리자의 역할을 연결 pin(linking-pin)이라는 모형으로 설명하였다. 즉 상위계층과 하위계층을 연결하는 관리자로서의 역할을 강조하였다. 그 역할이란 무엇인가? 의사소통의 중요성을 의미하는 것이다. 리더가 성원을 통솔하는 그 자체를 정보교환을 통한 영향력으로 간파하였다.

민쯔버그(mintzberg)는 경영관리자가 하는 일을, 특히 최고 경영층의 매일매일 되풀이되는 활동을 관찰연구한 결론으로, 경영관리자의 역할은 개인상호 간의 역할, 정보의 역할, 의사결정 등 세 가지라고 하였다. 이와 같이, 모든 역할이 의사소통을 가장 중요하게 여기고 있음은 누구나 쉽게 알 수 있다. 특히, 정보의 역할은 정보감시자와 정보보급자, 대변인 등으로 의사소통을 통해서만 달성될 수 있는 일들을 나열하고 있다. 최고 경영층의 의사소통활동에 소요된 시간을 집계하면 회의참석에 69%, 전화사용에 6%를 할애하여, 하루일과의 75%에 해당하는 시간이 의사소통에 의한 활동이라고 보고하였다. 이와 같이, 조직의 경영관리자에게 가장 중요한 활동 중 하나가 바로 의사소통이다.

02 커뮤니케이션의 과정

어떤 조직의 형태를 갖고있든, 또는 어떤 가치를 생산하기 위한 조직이든 간에 효과적인 의사소통은 매우 중요하다. 인체에 비유한다면 마치 신경조직이나 혈액순환과 같다고 할 수 있다.

의사소통은 조직의 성원을 서로 연결시켜 주는 역할을 한다. 효과적으로 의사소통을 활용하지 않고서는 경영관리자가 높은 업무성과를 기대하기 어려운 것이다. 의사소통을 잘 하기 위해서 조직의 성원은 우선 커뮤니케이션 네트웍을 구축하여 정보를 획득할 수 있는 경로를 갖추어야 한다. 네트웍을 통한 접촉으로 의사소통의 기본적인 틀을 갖추게 된다. 의사소통은 정보를 교환하고 전송함으로써 성원간에 이해를 촉진하여 조직활동에 기여하는 것이다. 즉, 아이디어(idea)나 가치관, 의견, 감정 및 현실적인 시사성 등을 교환하거나 공유하는 것을 말한다. 이렇게 송신자(sender)가 보낸 내용(메시지)을 수신자(receiver)가

송신자의 의도대로 이해하였을 때 의사소통은 완성된다.

조직활동에서 경영관리자는 의사소통을 수단으로 관리기능(계획, 조직화, 통솔, 통제)을 수행하고, 경영관리자의 역할을 완수하게 된다. 그러기 위해서 충분한 정보를 입수해야만 적합한 의사결정을 할 수 있다. 또한 결정된 조직활동을 효과적으로 의사소통을 해야만 조직목표가 달성된다.

대부분의 성원의 조직활동은 의사소통을 통해 이루어진다. 상급자는 물론 동료나 고객, 팀원 등 직무와 직접적, 간접적으로 관련된 많은 사람들과 접촉하여 구두(口頭)나 메모, 편지, 보고서 또는 전화나 컴퓨터를 통해 정보를 교환한다. 이와 같이 성원의 조직활동은 의사소통과정으로 이루어진다.

의사소통 과정은 다음의 여섯 가지 핵심요소를 통해 설명된다.

의사소통의 중요성을 이해하고, 의사소통의 효과를 높이려는 성원은 다음과 같은 의사소통과정의 핵심요소를 잘 알아야 한다. 그리고 이 핵심요소를 이해하여 잘 활용하기 위해서는 각 요소를 숙지할 필요가 있다.

2.1 송신자

송신자(sender)는 정보의 근원이며, 의사소통과정의 발단이다. 송신자는 가장 효과적으로 의사소통 하기 위하여 메시지를 부호화하고 커뮤니케이션 경로를 선택한다.

부호화는 송신자의 생각이나 의도된 내용을 가장 잘 전달할 수 있는 수단을 강구하는 것이다. 즉, 서면으로 의사소통할 것이냐, 구두로 할 것이냐, 또는 시각적인 수단을 강구할 것이냐 등, 기호와 행동으로 메시지의 내용을 수신자에게 쉽게 전달할 수 있는 방책을 마련한다. 의도된 메시지를 가장 정확히 전달하기 위해 부호화경우에는 다음과 같은 사항에 유의해야 한다.

① **적절성** : 사용할 용어나 기호, 동작을 잘 선택하여 메시지를 의미있게 부각시킨다.
② **간명성** : 최대한으로 간명하게 부호화한다.
③ **조직적** : 이해를 도울 수 있도록 단계별로 잘 편집하고 구성한다.
④ **반복성** : 중요한 맥락은 중복하여 주의를 환기시킨다.
⑤ **강조** : 불필요한 세부항목을 없애고 중요한 내용을 강조한다.

2.2 수신자

수신자(receiver)는 송신자가 보낸 부호화된 메시지를 받아서 해석(decoding)하는 사람이다. 수신자가 구비하여야 할 가장 중요한 점은 경청(listening)하는 능력이다. 경청한다는 의미는 단순히 듣는다(hearing)는 말과 다르다.

연구조사에 의하면 경영관리자는 75% 이상의 시간을 의사소통에 의해 조직활동하는데 이 중에서 50% 정도를 경청하는데 사용한다고 한다. 따라서 효과적으로 의사소통하기 위해서는 뉴스레터나 이메일, 전화 등의 수단을 사용하여 경청효과를 높여야 한다.

2.3 메시지(커뮤니케이션의 내용)

메시지는 송신자가 수신자에게 보내는 의사소통내용이다. 동전의 양면처럼 같은 메시지이면서 송신자의 뜻과 수신자의 해석이 다를 수 있는 것이다. 송신자와 수신자는 여러 가지 면에서 서로 차이가 있기 때문에 부호화하고 해석하는 과정에서 의사소통의 장애(noise)가 발생할 수 있으므로 조심해야 한다.

메시지에는 비언어적 메시지, 언어적 메시지, 서면메시지 등 세 종류가 있다.

1. 비언어적 메시지

언어를 사용하지 않고 얼굴표정이나 몸짓, 손놀림, 신체적 접촉 등으로 의사소통하는 방법이다. 약 60%의 의사소통이 비언어적 방법으로 메시지가 교환된다고 한다. 언어적 의사소통할 때도 비언어적으로 보완된다. 비언어적 의사소통은 공간의 사용, 용모, 몸동작으로 구분하여 검토할 필요가 있다.

(1) 공간사용

공간사용은 송신자가 거리를 얼마나 두고 수신자에게 의사소통하느냐의 문제이다. 서 있거나, 앉아있거나, 좌석의 배열에서 얼마나 떨어져 있는가 하는 자체에도 메시지가 담겨 있는 것이다. 송수신자가 상식적으로 이해될 수 없는 거리를 유지했을 때 거부감이나 불쾌감이 유발되어 의사소통을 망쳐 버릴 수도 있다. 지위나 권력은 예를 들면, 사무실크기나 집기 등 할당된 공간자체로도 의사소통되고 있음을 알 수 있다.

(2) 용 모

옷이 날개라는 말이 있듯이 근무장소에서의 복장은 대하는 사람들에게 메시지를 보내는 작용을 한다. 또한 첫 인상이 중요하듯, 사람들에게 어떻게 비쳐지느냐 하는 것은 큰 의미를 담고 있다. 특히 고객을 대하는 판매원의 태도는 먼저 그 용모에서 업무성과가 결정될 수도 있다.

(3) 몸동작

몸짓과 표정은 중요한 의사소통수단이 된다. 의사소통의 절반이 표정과 몸짓에 의해서 달성된다고 할 정도이다. 실제로 언어에 의한 의사소통인 눈빛과 웃음, 몸자세 등 우리가 보통 '태도'라고 하는 동작은 메시지전달에 중요한 역할을 하고 있다.

2. 언어적(verbal) 메시지

말로써 의사전달하는 방법은 대면하여 의사소통하거나, 전화나 컴퓨터의 음성메일을 이용하는 의사소통을 말한다. 구두에 의한 의사소통은 다른 방법에 비하여 몇 가지 유리한 경우가 있다. 즉, 즉각적으로 피드백을 얻을 수 있으며, 자발적이고 자연스러운 의사전달을 촉진하여 개인적 감정을 전달하기가 쉬워진다.

언어에 의한 소통이 경영관리자에게 특히 효과적인 경우는 다음과 같다.

- 성원의 분쟁을 중재할 경우
- 지시 및 명령을 할 경우
- 중요한 정책의 변경을 알릴 경우
- 잘못된 작업을 시정할 경우
- 훌륭한 업적에 대하여 칭찬할 경우
- 성원에게 즉각적인 행동에 대하여 조언이 필요할 경우

3. 서면(written) 메시지

사람들은 통상 문서를 작성하여 서면으로 의사소통하는 것보다, 말을 통해서 의사전달하는 것을 더 선호하는 경향이 있다. 그러나 조직활동에서는 여러 종류의 문서에 의한 의사소통을 하게 된다. 특히 문서에 의한 의사소통은 문서작성의 기술을 필요로 한다. 특히 문서에 의한 의사소통은 문서작성의 기술을 필요로 한다. 간결하면서도 내용이 충실한 서신 및 문서를 작성하거나 공식적인 보고서를 요약, 정리하는 등 문서에 의한 의사소통은 다른 의사소통에 비해 기술적인 어려움이 더 크다. 그러나 잘 작성된 메시지는 역사적 기록이 되며, 많은 사람들에게 동시에 전달가능하고, 공식적인 권위를 갖춘 당당한 의사전달 매체가 된다. 따라서 문서에 의한 의사소통이 특히 효과적인 경우는 다음과 같다.

- 미래의 조치에 필요한 정보전달
- 단지 정보전달만을 목적으로 할 때
- 역사적으로 남길 필요가 있는 서류
- 계약 등 문서에 의한 조직활동

그러나 문서에 의한 의사소통에는 다음과 같은 각별한 주의가 필요하다.

- 초안을 분명하게 먼저 작성하라
- 시간적 여유를 갖고 메시지내용을 점검하라
- 간명한 메시지가 되게하라
- 가장 중요한 것을 맨 처음에 작성하라

2.4 커뮤니케이션 경로

의사소통경로는 메시지가 송신자로부터 수신자에 이르는 과정을 말한다. 조직의 의사소통경로에는 하향적 의사소통과 상향적 의사소통, 수평적 의사소통이 있다.

1. 하향적 커뮤니케이션

경영관리자에게서 팀 성원에게 전달되는 것같이 조직계층의 상부로부터 하위계층으로 메시지가 전달되는 형태를 말한다. 카츠와 칸(Katz & Kahn)은 하향적 의사소통으로 다음의 다섯 항목을 제시하였다.

- 구체적인 작업지시
- 작업의 합리성 설명(왜 작업을 해야 하는가?)
- 업무와 관계된 규정과 절차
- 평가결과의 설명
- 목표의 타당성

하향적 의사소통은 조직활동의 관행상 필요한 의사소통방법이라고 할 수 있으나 성원의 의견을 소홀히 하기 쉽기 때문에 효과적인 의사교환을 하기에는 불충분하다. Goldhaber (1983)는 하향적 의사소통의 비효과성을 다음 네 가지로 요약하여 주의를 환기시키고 있다.

- 문서 및 하드웨어방식에 지나치게 의존한다.
- 메시지의 분량이 과도하다.
- 적시성을 놓치기 쉽다.
- 메시지가 단계를 거칠때마다 왜곡되거나 과장될 수 있다.

이와 같이 하향적 의사소통은 여러 가지 문제가 발생하기 쉽기 때문에 다음과 같은 사항에 대하여 각별한 주의를 기울여야 한다.

- 의사소통의 목적이 구체화되어야 한다.
- 의사소통 메시지의 정확성과 구체성이 있어야 하고, 숨겨진 의미가 없도록 한다.
- 효과적인 의사소통기법을 활용한다.
- 하향적 의사소통에 지나치게 의존하지 말고 상향적 의사소통으로 보완할 수 있게 노력한다.

2. 상향적 커뮤니케이션

상향적 의사소통은 성원이나 하위계층에서 상위계층으로 메시지를 보내는 것이다. 조직의 의사소통경로의 대부분은 하향적 의사소통임에 틀림없다. 그러나 하향적 의사소통보다는 그 빈도가 적더라도 중요성은 그에 못지않은 것이 상향적 의사소통이다.

상향적 의사소통이 단절되면 성원의 조직활동을 이해하기가 어려워지고 심지어 조직목표의 달성정도도 가늠하기가 쉽지 않다. 더구나 상향적 의사소통으로 성원의 아이디어나 의견을 주요 의사결정에 반영할 수 있고, 성원의 불만을 순화시킬 수 있는 기회도 되어 조직생활에 활력소가 될 수 있는 도구로 사용한다. 그럼에도 불구하고 간혹 잘못 이해하는 경영관리자들은 상향적 의사소통을 성가신자극으로 받아들이는 경우도 종종 있다.

조직의 의사소통에서 상향적 경로가 막혀있다면 성원의 조직활동참여 정도를 알기가 어렵고, 성원이 당면해 있는 문제점과 그들의 활동이 경영관리자들로부터 분리된 상태가 되므로, 조직활동의 높은 성과를 기대하기가 어려워진다. 조직의 성원이 스스로의 목소리를 내게함으로써 조직활동에서 생길 수 있는 성원의 갈등을 조기에 처리하는 등 성원의 감정을 승화시킬 수 있는 통로가 바로 상향적 의사소통임을 명심해야 한다.

3. 상향적 커뮤니케이션의 활용

(1) 상향적 의사소통을 권장하여 긴요한 정보획득

- 성원의 주요 관심사
- 작업상의 문제점
- 성원의 소망(개인적, 집단적, 조직의 차원)
- 조직문화의 수용도

(2) 조직의 개방적인 분위기 조성

상향적 의사소통으로 누구라도 자기주장을 표현할 수 있는 통로를 만들어 밝고 명랑한 조직생활을 북돋운다.

(3) 제안제도나 불편함을 활용

제안제도를 통해 상향적 의사소통의 문을 개방함으로써 새로운 아이디어를 장려하고 작업방법이나 작업절차의 개선을 유도한다.

(4) 의사결정과정에 집단참여기회부여

문제해결을 위한 의사결정 과정에 집단을 참여시킴으로써 성원의 의견을 수렴한다.

(5) 작업현장순회에 의한 현장관리

관리자가 작업현장을 순회하면서 애로사항이나 다양한 문제에 접할 수 있는 기회를 통해 상향적 의사소통의 문을 개방한다.

4. 수평적(horizontal) 커뮤니케이션

수평적 의사소통은 조직내의 동료간이나 부서들 사이에서 일어난다.

수평적 의사소통을 통해 업무의 중복이나 불필요한 갈등을 줄이고, 서로 협조하기 위해 필요한 정보를 교환하는 것이다.

수평적 커뮤니케이션은 다음과 같은 사항을 위해 필요하다.

- 과업활동의 조정(task coordination)
- 문제해결(problem solving)
- 정보공유(information sharing)
- 갈등해결(conflict resolution)

그러나 이와 같은 필요성에도 불구하고 다음과 같은 문제점이 발생할 수 있음에 유의해야 한다.

- 과다한 수평적 의사소통은 조직의 권한구조를 손상시킬 수 있고, 통제활동에도 장애를 초래할 수 있음에 주의해야 한다.
- 심한 경쟁상태나 반목하는 부서 간에는 수평적 의사소통이 차단되는 경향이 농후하다.
- 지나친 전문화로 인한 언어와 지시기반의 차이는 수평적 의사소통을 저해하는 요인이 되므로, 이를 활성화시킬 수 있는 방책을 강구해야 한다.

- 수평적 의사소통은 조직의 외부환경과도 관계된다는 것을 알고, 조직활동에 유익한 수평적 경로가 되게 유도해야 한다.

지금까지 의사소통의 공식적인 경로에 대해 검토하였다.

이와 같은 세 가지 공식적인 의사소통경로 외에도 조직의 정보유통과정에는 비공식경로가 있다.

비공식경로(informal channels)는 포도덩굴처럼 복잡하게 얽혀있다고 하여 비밀정보망이라고도 한다. 이렇게 복잡하게 비공식적으로 얽혀있는 정보유통과정은 경영관리자에 의해서 만들어진 것도 아니고 경영관리자가 통제할 수 있는 영역도 아니다. 그러나 모든 조직사회에 존재하여, 그 누구도 통제할 수 없는 자연발생적인 의사소통경로이다.

그러면 조직활동에 심대한 영향을 미치는 비공식경로를 어떻게 활용해야 할 것인가?

우선 비밀정보망의 활동에 누가 적극적으로 활동하고 있으며, 어떻게 영향력을 미치고 있는가 하는 것을 파악해야 한다. 이렇게 파악된 주동자를 통해 비밀정보망을 효과적으로 활용할 수 있는 방법을 모색하는 것이다.

현실적으로 비밀정보망을 잘 활용하면 불필요한 잘못된 정보를 바로잡을 수 있기 때문에 비밀정보망의 정보를 공식경로에 접목시켜 자유롭게 유통할 수 있도록 하여야 한다. 그 뿐만 아니라 필요한 정보를 공식경로보다 훨씬 신속히 유포할 수도 있다.

드물기는 하지만 조직내에서 발생하는 어려운 문제가 비공식경로를 통해 신속히 해결되는 경우도 있다. 해결되어야 할 어려운 문제가 비공식경로를 통해 의견이 분분한 가운데 해결책을 찾아가는 경우도 볼 수 있다. 즉 적극적인 참여자에 의한 여론수렴을 통하여 오히려 쉽게 해결되는 경우를 경험할 수 있다. 경우에 따라서는 비공식경로가 공식적인 경로보다 훨씬 빠르고 정확하며 유익한 수단이 될 수도 있다.

비공식경로의 장, 단점을 요약하면 다음과 같다.

5. 비공식경로의 장점

첫째, 공식경로보다 신속하고 능률적일 수 있다.

둘째, 기본적인 욕구충족을 위해 도움이 된다.

셋째, 정보의 교류과정에서 사회적 욕구가 충족된다.

6. 비공식경로의 단점

첫째, 부정확한 정보유통을 조심해야 한다.

둘째, 시간에 적절치 못한 정보유통에 주의해야 한다.

셋째, 공식경로의 정보를 혼란시킬 우려가 있다.

2.5 피드백

피드백(Feedback)은 송신자가 전달한 메시지에 대하여 수신자가 되돌려 보내는 메시지이다. 피드백은 수신된 메시지의 이해정도를 알리는 가장 확실한 방법이다. 송신자가 보내는 메시지내용을 송신자의 의도대로 수신자가 이해할 것이라고 판단하는 것은 잘못이다. 수신자는 수신자 마음대로 해석하는 경향이 있기 때문이다. 피드백을 통해 수신자의 이해정도를 확인했을 때 비로소 의사소통이 완료되는 것이다. 따라서 의사소통 효과를 향상시키기 위해서 피드백은 필수적이라고 할 수 있다.

피드백은 수신자로 하여금 의사결정에 참여하게 하는 작용을 하기 때문에 중요한 동기부여가 되기도 한다. 참여의식은 의사소통의 내용을 수용할 수 있는 여지도 마련해 준다. 이와 같은 피드백을 장려하기 위해 다음과 같은 지침이 필요하다.

첫째, 피드백의 송신자에게 도움이 되어야 한다. 수신자의 피드백이 송신자에게 추가적인 정보가 된다면 의사소통에 도움이 될 것이다.

둘째, 메시지를 평가하여 피드백을 하는 것보다는 수신된 메시지 그대로를 피드백시켜야 한다. 수신된 메시지내용을 평가하는 피드백은 오히려 의사소통 효과를 파괴할 수도 있다.

셋째, 피드백은 수신된 메시지내용을 구체적으로 표현해야 한다.

넷째, 피드백은 시간적으로 적절하게 이루어져야 한다.

다섯째, 말로 전하는 메시지는 사람의 기억력을 초과하지 않도록 적절해야 하며, 정보량이 너무 많을 경우에는 문서에 의한 피드백이 효과적이다.

2.6 지각과 커뮤니케이션

지각(perception)은 송수신자가 메시지의 의미를 포착하여 해석하는 과정이다. 예컨대 일상생활 속에서 다른 사람에 대한 인상의 형성은 지각에 의해 만들어진다. 이와 같이 의사소통과정에서 처리되는 정보가 개인의 의사결정이나 행동에 영향을 미치기 전에 여과되는 과정이 지각이다.

의사소통에서 사용되는 메시지는 지각과정을 거치면서 개인의 가치관과 욕구, 문화적 배경, 경험 또는 상황적 여건에 따라 서로 다른 해석으로 의미를 달리할 수 있게 된다. 따라서 지각현상은 의사소통의 noise가 될 수 있다.

인간의 지각현상은 상황의 이해, 사물의 판단, 정보의 설명 등 모든 환경에서 찾아볼 수 있다. 급료인상을 예로 들면, 의사결정자인 경영자는 앞으로 더 열심히 하도록 독려하기 위한 방책이라고 생각한다면, 수혜자는 지금까지의 노력에 대한 당연한 현실이라고 생각한다. 성원의 빛나는 성과에 대해 성원은 자신의 능력과 노력 및 행운이라고 생각한다면 경영자는 조직의 배경을 강조하고 조직 통솔력의 결과라고 생각한다.

이와 같이 사람들은 자신의 입장에서 보는 다양한 지각으로 인해 판단하고 설명하기 때문에 이해하는 정도가 다를 수 있음을 알아야 한다. 따라서 다른 사람들의 행동과 메시지에 대하여 스스로 정확하게 지각하는 태도와 다른 사람들이 나의 메시지에 대한 지각도 예상하고 인정할 수 있어야 하며, 대응할 줄도 알아야 한다.

지각현상은 의사소통과정뿐 아니라 모든 조직활동에서 중요하다 왜곡된 지각으로 환경변화나 현실을 정확히 이해하지 못하면 그대로 잘못된 의사결정이나 대응책으로 조직활동의 유효성에 치명적인 작용을 하게 마련이다. 이렇게 지각상의 왜곡이 발생되는 현상은 대체로 고정관념과 후광효과, 선택적 지각 및 투사로 설명할 수 있다.

1. 고정관념

고정관념(sterotyping)은 사실이 아닌 가상적인 틀에 현실을 접착시켜 정보를 왜곡시키는 과정이다. 사람은 자신이 속한 집단의 특성, 즉 성별과 종족, 지역, 연령, 종교 등에 자기의 기준으로 적절한 패러다임을 갖고 국한시키는 태도를 갖고 있다.

연령에 대한 고정관념으로 젊은 사람과 늙은 사람, X세대, 신세대 등으로 나누는 심한 고정관념이 있음을 알 수 있다. 늙은 사람들이라 하여 고집불통이고 컴맹이며 옛날 어려웠을 때만 생각하고, 요즘의 X세대와 커뮤니케이션이 되지않는다는 고정관념으로 누구나 나이들어 보이면 따돌리는 경향을 예로 들 수 있다.

2. 후광효과

후광효과(halo effect)는 성원의 한 특성이 그 성원의 모든 활동의 평가에 적용될 때 발생하는 현상이다. 첫 인상으로 용모가 단정하고 약속시간을 지켰다고 신뢰할 수 있는 사람이라고 단정했다면 그 첫인상이 후광효과가 된다.

후광효과는 고정관념과 같이 의사소통과정에서 noise현상이 될 수 있다. 용모가 단정하다고 해서 그 사람의 정보를 무조건 신뢰해 버린다면 심각한 문제에 직면할 수도 있다.

3. 선택적 지각

선택적 지각(selective perception)은 수신자가 희망하는 대로 메시지를 취사선택하는 과정이다. 성원은 자신의 가치관과 신념, 욕구와 일치하는 사람들이나 상황의 측면만을 골라 선택적으로 지각하려는 경향을 갖는다. 수신자는 송신자가 보내는 메시지를 자기취향에 맞춰 해석하는 경향이 높다는 것이다. 즉 생산부서의 성원은 생산문제에 초점을 맞추고 회계부서의 성원은 부채와 자산에만 신경을 쓰기 때문에, 똑같은 메시지도 서로 다르게 접수될 수 있다. 따라서 조직성원은 자기고유의 조직활동에 조명하여 정보를 대응시키려는 태도를 갖는다.

4. 투 사

투사(projection)는 성원이 자기가 인식하는 자신의 속성이 다른 성원에게도 존재할 것이라고 생각하는 현상이다. 쉽게 말해서 모든 사람들을 자신과 똑같다고 생각하는 경향을 밀한다. 특히 우리 나라 사람들은 단일민족으로서 유사한 생활패턴과 정보를 공유하기 때문에 투사현상이 더욱 심하게 나타나고 있다. 메시지를 송수신할 때도 자신이 이해하고 있는 수준대로 상대방이 이해하리라고 생각해서는 실수할 수도 있음을 알아야 했다.

이와 같이 투사로 인한 왜곡된 지각현상은 관리자가 명심해야 할 중요한 문제가 될 수 있다. 개인차에 따른 팀원의 관리에도 실패할 수 있기 때문이다. 이러한 투사현상은 자기인식훈련(self-awareness)이나 다른 사람의 입장에서 판단하는 훈련을 통해 극복할 수 있다.

03 커뮤니케이션의 장애

효과적인 의사소통을 위해서는 먼저 의사소통과정에서 발생할 수도 있는 장애요인을 찾아야 한다. 의사소통의 효과성을 방해하는 것은 모두 noise이다. noise는 송수신의 메시지를 왜곡시키거나 차단하여 의도한 내용을 성공적으로 전달할 수 없게 한다. 의사소통의 전 과정에서 발생하는 noise는 명확한 의사전달을 방해하며, 암호나 기호사용은 부호화과정에서 오류를 초래한다. 부주의, 잘못된 이해 또는 편견 등에 의해 해석의 오류가 있을 수 있다. 이러한 장애요소는 개인적인 문제로 인해 발생할 수도 있으나, 조직의 성격에 의해서도 발생할 수 있으므로 양 측면에 대해 검토한다.

3.1 조직에 의한 장애

공식적인 의사소통이던 비공식적인 의사소통이던 간에 커뮤니케이션의 경로는 주로 조직의 설계에 의해 영향을 받는다. 조직의 성격에 의한 noise는 권한구조, 조직활동의 전문화, 목표의 차이, 지위, 그리고 역할기대에 의해 영향을 받는다.

1. 권한구조

권한구조로 인하여 noise가 발생할 수 있는 문제점은 송신자와 수신자 간에 메시지가 통하는 단계가 많으면 많을수록 메시지는 내용이 왜곡될 가능성이 커진다는 것이다. 매 단계마다 메시지가 변질될 수 있기 때문이다. 정보의 변질은 중계자마다 메시지내용을 다르게 해석하거나 고의적으로 왜곡시킬 때 나타난다. 권한구조로 인한 또 다른 noise 현상은 조직의 하부계층보다는 상부계층에서 더 많이 나타나고 있다. 그것은 권한관계가 관리자들 간에 서로 첨예하게 작용하고 있기 때문이다.

2. 조직활동의 전문화

전문화가 세분화될수록 전문화에 의한 지식이 다양화되고 다양한 용어와 전문영역에서만 통할 수 있는 의사소통이 발달하게 된다. 따라서 부서간에 팀워크를 위한 의사소통은 심한 갈등을 초래할 수 있다.

3. 목표의 차이

부서에 따라 추구하는 목표가 달라서 생기는 가치관이나 부서 간의 문화의 차이, 추구하는 관점 등이 서로 다르기 때문에, 활동의 우선순위와 평가기준의 차이로 인한 심각한 의사소통장애가 유발될 수 있다.

4. 지위(조직의 지위, 신분)

집단활동에서 파생되는 지위(status)는 의사소통의 또 다른 noise가 될 수 있다. 지위에 따라서 정보의 양이 달라지고 필요한 정보가 차단되거나 공유되지 못함으로써 의사소통장애가 된다. 이러한 현상은 정보의 여과(information filtering)과정으로서, 지위의 차이 때문에 발생한다. 즉 상위계층일수록 지시하는 것을 선호하고 경청하기를 기피하는 경향이 있는 반면에, 하급자들은 상급자가 듣기좋아하는 정보만을 제공하려는 태도가 농후하다. 이런현상은 자기약점을 기피하거나 상급자에게 호감을 사려는 의도에서 비롯되어 조직의 의사소통에 심한 장애가 되고, 이로 인한 경영관리자의 의사결정을 저해하는 결과를 초래한다.

5. 역할기대(role expectation)

조직활동의 상호작용에서 역할에 대한 기대가 상반될 때 의사소통장애가 발생하는 것을 종종 경험한다. 그러한 오류는 주로 역할의 모호성과 역할갈등, 또는 역할이 과중할 때 발생함을 알 수 있다.

역할의 모호성(role conflict)은 한 성원이 하나 이상의 다른 성원이 기대하는 바에 대응할 수 없을 때 일어나는 현상이다. 즉 한 사람이 수행해야 할 여러 역할을 시간적, 공간적

제한사항으로 인하여 충족할 수 없을 때이다. 또 다른 역할갈등은 상호모순되는 두 가지 이상의 역할이 기대될 때 일어난다.

역할과중(role overload)은 동시에 너무 많은 역할이 기대될 때 발생한다. 즉 해야 할 일은 많은데 시간과 자원이 제한되어 있을 때 성원은 역할과중을 느끼게 된다.

3.2 개인적인 장애

조직활동에서 의사소통을 원활하게 잘 수행하는 것은 실로 어려운 과제임에 틀림없다. 경영관리자의 절반이상과 최고경영층의 30% 정도가 의사소통의 어려움을 호소하고 있다. 셀리스와 스트라우스(Sayles & Strauss)는 개인적 의사소통의 어려움을 강조하면서 쉽게 범할 수 있는 실수를 다음과 같이 서술하고 있다.

첫째, 조직활동의 대부분의 일상화되어 있기 때문에 유사한 정보나 지시를 반복해 듣는 경우가 많게 마련인데, 수신자의 메시지 수신태도가 습관적으로 접수함으로써 의사소통에 장애가 일어난다.

둘째, 수신자의 태도가 이미 알고있는 정보(먼저 접수된 정보에 비중을 두기 때문에)나 자신의 생각에 집착함으로써 새로운 정보를 거부 및 무시하려는 경향이 높다.

마지막으로 메시지를 이해하려는 태도보다는 송신자나 송신자의 메시지에 대한 평가를 한 다음에 송신내용을 평가한다. 따라서 의사소통 왜곡현상이 당연하다는 것이다.

이와 같이 의사소통과정에서 개인적인 태도는 매우 중요한 작용을 한다. 이러한 개인적인 태도를 형성하는데 영향을 미치는 요인을 보면 개인적인 전제조건과 어의상의 문제, 감정적 요인, 그리고 의사소통기술(skills) 등이 있다.

1. 전제조건(assumptions)

송신자는 자신이 의도한 대로 수신자가 이해할 것이라고 가정하고 메시지를 보낸다. 그러나 수신자는 자신의 패러다임에 따라 메시지를 이해하게 마련이다.

이와 같이 메시지의 키워드나 내용을 서로 다르게 이해하는 것은 생각의 틀에 차이가 있기 때문이다. 예컨대 "될 수 있는대로 빨리"라는 문구를 송신자는 몇 시간이라고 생각하면서 메시지를 보내지만 수신자편에서는 며칠이라고 생각할 수도 있다.

2. 어의상의 문제

어의상의 문제(semantics)는 전달하려는 내용을 부호화하거나, 전달된 메시지를 해석하는 과정에서 오류가 발생하거나 혼동을 일으키면서 야기된다. 이와 같이 언어를 부적절하게 사용함으로써 해석의 오류를 초래하여 의사소통을 왜곡시키는 어의상의 문제는 개인적인 표현방법과 교육수준, 습관적인 태도, 지각과정에서 서로 차이가 있기 때문에 발생한다.

"아" 다르고 "어" 다르다는 말도 있듯이 어의상의 문제는 생활의 다반사이기 때문에 의사소통과정에서도 세심한 주의가 필요하다.

3. 감정적 요인

감정적 요인(emotions)은 개인적인 감정상태나 느낌에 따라 의사소통과정에 장애를 일으킬 수 있음을 말한다. 송신자가 감정이 좋지 못한 상태에서 메시지를 발송하거나 수신자가 불안정한 상태에서 메시지를 접수할 때에는 어떤 경우라도 정상적으로 메시지가 이해될 것이라고 기대하기 어렵다. 인간의 감정은 쉽게 태도에 영향을 미쳐 행동으로 전환되기 때문에 감정이 불안정한 상태나 흥분된 분위기에서 행하는 의사소통은 사실과 다른 내용이 되기 쉽다.

4. 커뮤니케이션 기술

의사소통기술은 사람마다 모두 다르다. 분명한 의사결정은 의사소통과정에 중요한 요소가 되지만 불분명한 태도는 장애가 될 수 있다. 따라서 설득력과 신뢰감을 주는 태도, 특히 성숙한 태도 등 개인적인 의사소통기술을 익히기 위해서는 꾸준히 훈련할 필요가 있다.

특히 시간적인 관점은 또 다른 기술로서 충분한 시간여유를 갖는다거나 의사소통에 적당한 타이밍을 놓칠 수도 있고 부적당한 시간에 의사소통을 강요할 수도 있다. "침묵은 금이다"라고 하듯이 말하기보다는 듣기를 선호하는 문화는 의사소통향상에 좋은 영향을 미칠 수도 있지만 장애가 될 수도 있다.

3.3 커뮤니케이션 장애의 극복

지금까지 의사결정과정에서 발생할 수 있는 의사소통 장애에 대하여 검토하였다. 다행스러운 것은 이러한 장애를 극복함으로써 더 효과적인 의사소통을 할 수 있다는 것이다. 이를 극복하기 위해서는 조직활동에서 생길 수 있는 현존하는 의사소통장애를 충분히 알고 극복하기 위한 의지와 노력이 뒤따라야 할 것이다. 의사소통과정에서 발생하는 모든 장애를 제거하는 것은 불가능할지라도 최소화함으로써 의사소통효과를 향상시킬 수 있을 것이다.

1. 장애요소를 최소화하기 위한 개선방법

(1) 커뮤니케이션 흐름을 잘 통제해야 한다

의사소통기법의 발달로 정보의 홍수를 경험한다. 정보량이 지나치게 많아 모든 정보를 처리할 수 없다면 이 또한 문제가 심각한데, 이는 현실적으로 많은 경영관리자들이 경험하는 어려움이다. 그러므로 정보를 주의깊게 정리하고 분류하여 지나친 정보의 양을 줄여야 한다. 이를 위해서는 우선순위와 예외조항 등으로 정보처리시스템을 만들어 효율적으로 대처하고, 나아가 신속히 메시지내용을 파악할 수 있는 훈련이 필요하다. 그리고 수신자의 입장을 고려하여 키워드를 사용함으로써 수신자가 쉽게 정보를 분류 및 파악하고 이해할 수 있도록 부호화해야 한다.

(2) 비언어적 수단의 보강

커뮤니케이션 매체에는 여러 가지가 있으며 조직활동에서는 전적으로 문서나 언어에 비중을 두는 경향이 높다. 물론 이것은 가장 중요한 의사소통수단이자 유용한 매체임에 틀림없다. 그러나 이러한 매체를 사용하는 데에도 의사소통 장애요소가 어쩔 수 없이 발생한다. 이 경우 보완책으로 비언어적 수단을 강구하는 것이다. 따라서 일방적인 의사전달자가 되지말고 수신자의 교육정도나 경험, 연령, 성별 등을 고려하여 그에 알맞은 기법, 즉 이메일이나 대면, 현장실험기회 등 최적의 용어와 방법을 선택한다. 수신자가 제대로 이해하는지 피드백을 통하여 확인하는 것도 잊어서는 안 된다.

(3) 비공식 의사소통의 활용

비공식 의사소통은 주로 수평적인 정보를 교류하는 경향이 있으나 때로는 계층의 위계를 넘어 메시지가 상호 교환된다. 메시지형태나 성격상 공식적인 의사소통보다 효과적일 때도 많다. 여론의 향배를 잘 모를 때 정책을 결정하기 전에 슬그머니 정보를 유포하여 반응을 살피는 것이 좋은 예이다. 흔히 경험하는 대중 의사소통이다. 또한 충격의 영향이 큰 정보를 미리 유포하여 충격의 정도를 완화시키는 경우도 비공식 의사소통을 활용하는 좋은 방법이다.

(4) 수신자의 요구에 대응

수신자의 메시지 수용태도는 수신자의 욕구상태에 따라 달라져 메시지내용을 그대로 이해하려 하기 보다는 자신의 욕구를 충족시키는 방향으로 해석하려는 경향이 있다. 이러한 태도를 잘 활용해야 한다. 즉 메시지를 부호화하는 과정에서 예상되는 수신자의 욕구상태에 대응시킬 수 있도록 모든 매체를 이용해야 한다.

(5) 반복적인 의사소통

1회적인 의사소통으로 100%의 효과를 달성하기는 사실 어렵다. 메시지내용에 의해서도 발생할 수 있고, 수단이나 수신자의 태도, 능력 등 여러 가지 요인에 의해 장애요소가 생길 수도 있으므로 의사소통경로나 매체를 달리하여 반복함으로써 의사소통효과를 달성할 수 있다.

(6) 편견배제

먼저 접수된 정보에 의해 판단기준이 정해졌을 때에는 아무리 이전정보가 잘못된 보도이고 이를 수정하기 위한 추가적인 메시지가 합리적일지라도 수긍하지 않으려는 경향이 있다. 이처럼 사실과 다른 내용으로 검증과정을 거치지 않은 선입견은 누구에게나 있을 수 있다. 이러한 편견을 갖고 의사소통을 할 경우 역효과가 발생할 것이 분명한 만큼 자연스럽게 생길 수 있는 편견에 대비하는 노력이 필요하다.

04 효과적인 커뮤니케이션

의사소통을 효과적으로 한다는 것은 경영관리자가 추구해야 할 중요한 기술이다. 의사소통을 제대로 못해 정보획득과정에서 경쟁력을 상실한다면 관리기능을 수행하는데 좋은 성과를 낼 수 없기 때문이다. 효과적인 의사소통을 위해 송신자와 수신자를 양측면으로 나누어 검토해 보자.

4.1 송신기술 향상

송신자가 메시지를 전달하는 세 가지 형태, 즉 언어적, 비언어적, 문서에 의한 의사소통을 효과적으로 달성하기 위한 기법을 알아보자

1. 언어적 커뮤니케이션

(1) 상황파악을 철저히 하라

수신자의 태도와 분위기가 메시지를 접수할 태세가 되어 있어야만 의사소통 효과가 달성된다.

(2) 주도적이 되라

핵심적인 키워드를 사용하여 메시지내용을 파악하기 쉽게 설명하고 문제점에 대한 해결책을 모색하여 수신자의 호응과 타당성을 인정받도록 한다. 시간을 독점하지 않으면서 의사소통의 주도권을 잡도록 한다.

(3) 정직하고 겸손하라

문제가 생겼을 때 우회하거나 잘못을 숨기려 하지 말고, 사실 그대로를 정직하게 표현해야 한다. 특히 감정을 자제하여 겸손하게 표현하면서도 문제의 핵심을 놓쳐서는 안 된다.

(4) 열심히 연습하라

쟁점이 되는 화제나 문제에 대하여 실제로 수신자와 의사소통을 하기전에 동료나 팀원에게 리허설함으로써 메시지의 내용이나 표현력을 수정 및 보완하는 것은 연습의 효과와 더불어 의사소통의 좋은 결과를 위한 방법이다.

2. 비언어적 커뮤니케이션

(1) 자기 표현력을 길러라

좋은 문장이나 다른 사람의 의견을 자기것처럼 사용하지 말고 자기스타일의 표현법을 익힌다. 미사여구나 남의 얘기를 해서는 수신자가 관심을 갖지 않으며 자기 이야기를 할 때에만 호소력이 있고 수신자의 태도를 장악함으로써 확신을 가지고 의사소통을 할 수 있다.

(2) 무분별한 몸짓을 피하라

긍정적인 표시로 고개를 끄덕이는 것은 흔히 볼 수 있는 몸동작이다. 이 동작은 긍정적인 표현이므로 찬성할 경우에만 사용해야지, 부정적인 경우에도 무차별하게 사용하면 혼돈을 초래한다. 또 문화에 따라 고유하게 사용하는 몸동작을 그 문화에 알맞게 사용해야지, 다른 문화에도 적용해 혼란을 일으켜서는 의사소통장애를 가져온다. 예컨대 서양에서 손가락으로 의사소통하는 방법은 우리 나라 사람들이 손가락으로 표현하는 기법과 비교하면 정반대인 경우가 많으니 각별히 조심해야 한다.

(3) 편안한 마음으로 의사소통하라

송신자가 편안한 마음으로 메시지를 보내야만 수신자도 마찬가지로 평온한 상태에서 정보를 수신하게 된다. 초조하거나 불안한 마음은 그대로 의사소통에 반영되어서 키워드를 찾는데 실패하거나 메시지를 왜곡시킬 확률이 높아지기 때문이다. 따라서 안정된 마음자세를 갖도록 노력해야 한다.

3. 문서에 의한 커뮤니케이션

(1) 완벽한 문서를 작성하라

문서에 의한 의사소통은 시간적으로 여유를 갖고 메시지를 작성한다. 문서의 효과를 높이기 위해서 문서내용을 간결하고 명확하게 작성하여 해석하는데 혼선이 생기지 않도록 해야 한다. 애매한 표현은 의사소통효과를 훼손하는 중요한 요인이 된다.

(2) 문서작성을 연습하라

'성공하려면 글을 잘 쓰라'는 말도 있다. 송신자의 생각을 제대로 표현할 수 있는 문서작성능력이 갖추어져야만 성공적인 의사소통을 할 수 있기 때문이다. 글을 잘 쓰기위해 훌륭한 문장을 매일 숙독하는 것도 좋은 방법이다.

(3) 컴퓨터를 활용하라

바야흐로 컴퓨터시대이다. 컴퓨터가 수행하는 많은 기능중에서 의사소통에 활용할 만한 기능을 숙지하기 위해서 먼저 키보드를 자유자재로 다룰 수 있어야 한다. 그런 다음 문서작성을 위한 소프트웨어를 숙달하고 인터넷을 통한 이메일이나 홈페이지를 통해 의사소통영역을 넓혀 나가야 한다.

4.2 수신기술 향상

효과적인 커뮤니케이션을 위해 수신자가 할 수 있는 일은 무엇일까? 물론 지금까지 논의해온 장애요소를 찾아내어 극복함으로써 소기의 목적을 달성할 수 있을 것이다. 그러나 그보다 더 적극적으로 메시지를 정확히 포착하기 위해서는 적극적 경청과 피드백을 강조한다.

1. 적극적 경청

적극적 경청 (activity listening)은 용어자체로도 쉽게 알 수 있겠으나 Rogers에 의하면 송신자가 메시지를 전달할 때 자신의 생각을 정확히 표현하지 못할 수도 있기 때문에 수신자는 송신자의 진실한 의도를 파악할 수 있도록 적극적 경청을 통해 의사소통 효과를 높여야 한다고 한다.

적극적 경청을 위해서는 다음과 같은 노력이 필요하다.

(1) 집중하는 방법을 습득하라

수신자는 메시지를 한 번 듣기만해서는 그 내용을 정확히 포착하기가 어렵다. 그러므로 핵심용어에 초점을 맞추어 메시지를 이해하도록 집중력을 키워야 한다.

(2) 감정적 안정을 유지하라

수신자는 메시지내용을 정확하게 이해할 때까지 자신의 반응을 보여서는 안 된다. 메시지내용을 이해하는 것이 첫 단계로 중요하기 때문이다. 즉 이해하기도 전에 속단하여 평가하거나 흥분함으로써 의사소통을 망쳐서는 안 된다.

(3) 전체의 의미를 파악하라

수신자는 메시지의 발생동기와 작성과정, 전파에 의한 영향, 그리고 최종적으로 어떻게 처리될 것이라는 가상도를 가지고 조직활동에 미치는 영향까지 연상하면서 메시지를 이해하려고 노력해야 한다.

2. 피드백

수신자가 접수한 메시지에 대해 수신자가 이해하는 대로 송신자에게 되돌려보내는 메시지인 피드백은 효과적인 의사소통을 위해 필수적인 단계이다. 이것은 수신자 몫으로서 피드백을 통해 잘못된 이해정도를 확인 또는 바로 잡을 수 있다.

피드백을 잘하기 위해서는 다음과 같은 지침이 잘 수행되어야 한다.

- 피드백은 송신자와 수신자 사이에 신뢰를 형성하고 메시지내용과 감정까지도 전달되어야 한다.
- 구체적이고 명확한 메시지의 교류를 통해 이해가능해야 한다.
- 송신자가 피드백을 접수할 수 있는 준비가 되어있어야 하고 수용가능해야 한다.
- 송신자에게 도움이 될 수 있는 건설적인 변화를 위한 자극이 될 수 있어야 한다.

4.3 효과적인 커뮤니케이션을 위한 10가지 수칙

미국 경영자 협회(American Management Association)에서는 효과적인 커뮤니케이션을 위한 10계명(ten commandments of good communication)을 발표하였다. 경영관리자가 의사소통 과정에 이 10가지 수칙을 적용한다면, 효과적인 의사소통을 위한 기초가 될 수 있을 것으로 확신한다.

첫 번째, 의사소통을 시작하기 전에 전달할 생각을 분명히 정리해야 한다. 좋은 의사소통을 위해서는 좋은 계획을 세워야 한다. 메시지를 전달하고자 하는 생각을 정확히 표현하고 있는가, 수신자는 누구이며 그 메시지에 의해 누가 영향을 받게되는가 등을 미리 점검해야 한다.

두 번째, 의사소통의 참된목적이 무엇인가를 검토한다. 의사소통으로 달성하고자 하는 최종목표를 자문해본다. 정보획득을 목표로 하는지, 어떤 조치를 위한 것인지, 다른 사람의 행동에 영향을 미치려는 것인지 등 목적을 분명히 하고 그 목적에 따라 메시지가 작성되어야 한다.

세 번째, 전체적인 물적, 인적여건을 감안한다. 내용만 고려하지말고 시간적, 물질적 분위기 등을 고려해야 한다.

네 번째, 의사소통계획단계에서 다른 사람들과 상의한다. 다른 사람들의 도움으로 유용한 아이디어도 얻고 지원도 받게된다.

다섯 번째, 메시지의 기본목적을 명기하되 지나친 표현은 억제한다.

여섯 번째, 수신자에게 도움이 되고, 유익하고 가치 있는 메시지가 되도록 노력한다. 수신자의 입장에서 생각하는 습관을 길러야 한다.

일곱 번째, 의사소통결과를 점검한다. 메시지가 잘 전달되었는지, 피드백을 얻으려고 노력해야 한다.

여덟 번째, 오늘을 위해서 뿐만 아니라 내일을 위해 의사소통한다.

아홉 번째, 자신의 말이 행동으로 뒷받침되게 노력한다.

열 번째, 적극적인 경청자가 된다.

제8장

조직에서의 인간관계

현대조직이 성장을 거듭할수록 인적자원의 중요성을 인식하고, 유능한 인력확보와 확보된 조직성원의 교육훈련에 많은 노력을 기울이고 있다.

이러한 노력은 조직성원이 자신의 능력을 충분히 발휘할 수 있는 기본을 마련하기 위한 것이다.

01 팀원으로서의 인간관계

1.1 협동정신

'cooperation'의 어원을 살펴보면 라틴어의 'co'와 'opus' 두 단어가 합성된 것이라고 한다. 'co'는 'with'를 뜻하며 'opus'는 'work'라는 뜻으로 문자그대로 함께 일한다는 것을 의미한다. 우리는 직장이나 사회에서 무슨 일을 하든지 간에 혼자 일할 수는 없다. 일을 즐겁게 하기 위해서는 다른 사람들과 함께 일하는 데서 즐거움과 보람을 느낄 수 있어야 한다.

성공적인 협동은 일방적인 것이 아니라 쌍방적이며 내가 조금도 양보하지 않으면서 다른 사람들의 협동을 기대할 수는 없다. 물론 다른 사람은 조금도 양보하지 않는데 나만 항상 양보하라는 뜻은 아니다. 개인의 능력, 지능, 성실성 등도 중요하지만 자신의 직업에서 성공하고 또 즐겁게 일하기 위해서는 다른 사람들과 협동적인 관계형성없이는 불가능하다.

항상 자신이 최고여야만 한다는 태도를 가진 사람에게는 일에 있어서의 만족감을 느끼기도 어렵고 직장이 항상 전쟁터와 같은 긴장의 연속일 수밖에 없다. 항상 다른 사람을 이용하고 비난하며 다른 사람의 공을 자신의 것으로 돌리려는 사람은 단기적으로는 앞설 수 있

그림 8-1 성공요인

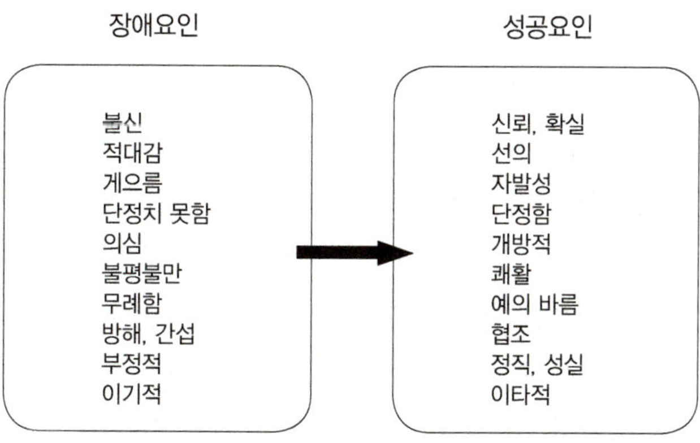

을지 모르지만 장기적으로는 실패하는 인생을 살게 된다. 이런 사람들은 항상 불안하고 공격적이며 모든 사람이 자신에게 비우호적이며 적대적이라고 생각한다. 다른 사람을 지배함으로써 외적인 보상을 얻으려는 사람일수록 내부적인 불안감을 감추기 위해서 이러한 행동을 하는 경우가 많다.

함께 일하는 사람들끼리 서로 관심을 기울여 주고 서로 발전할 수 있도록 밀어준다면 생산성은 저절로 향상될 것이며 일과 직장을 통하여 큰 만족을 얻을 수 있을 것이다.

주위에서 살펴보면 부하직원이 승진하고 목표를 성취하도록 적극적으로 밀어주는 태도를 가진 상사가 있는가 하면 부하의 공을 자신의 것으로 돌리며 부하에 대한 평가는 인색하면서 자신은 성공하기를 바라는 상사도 볼 수 있다. 어떠한 유형의 사람이 성공적인 인생을 사는지 또 자신은 어떠한 유형의 사람이 되기 원하는지 각자 생각해 보아야 할 것이다.

1.2 협동정신과 커뮤니케이션

자신의 목표를 달성하기 위해서는 다른 사람의 협동을 얻어내는 것이 필수적이다. 직장에서 목표를 달성하기 위해서는 상사가 끌어주고 부하직원들이 지원하며 또한 주위동료들의 협조를 받아야 할 때도 있다. 필요한 때 협조를 얻어내기 위해서는 평소 우호적인 인간관계를 형성하는 것이 매우 중요하다.

다른 사람들에게 협조를 구할 때는 결과적으로 본인들에게도 이익이 돌아간다는 점을 설득시켜야 한다. 자신에게 손해가 돌아온다고 생각하면 아무도 협조하지 않을 것이다. 이 장의 서두에서도 살펴보았듯이 협동이란 함께 일하는 것이지 누구를 위해서 일하는 것은 아니다. 따라서 협동하였을 때 나에게도 이익이 돌아온다는 믿음이 있을 때에 사람들은 기꺼이 협동하게 된다.

사람들과의 관계는 일반적으로 감정적인 수준과 이성적인 수준이 동시에 영향을 받으며 형성된다. 먼저 감정적인 수준에서 생각하였더라도 이성적인 수준에서 대화를 할 때 협동적인 관계가 유기될 수 있다. 어떤 경우에는 감정적인 대응이나 오해가 협동적인 관계를 완전히 파괴시키기도 한다. 동료, 상사, 부하들의 감정을 잘 이해하고 그들의 감정상태를 파악할 때 이성적인 대처방안이 나올 수 있다. 평소 의사소통의 경로를 활짝 열어놓고 다른 사람의 입장을 먼저 이해하려 할 때 바람직한 협동관계를 형성할 수 있다.

자기중심적인 사회에서 다른 사람들과 동료들에게 진정한 관심을 가질 때에 나의 생활과 일에도 즐거움이 오게 마련이다. 즉, 내가 다른 이들에게 관심을 가질 때 직장에서도 많은 친구들을 발견할 수 있고 또 그들과 협력함으로써 일의 기쁨도 느낄 수 있다.

1.3 실 수

실수는 스스로의 강점과 개선해야 할 약점에 대하여 할 수 있는 좋은 기회이다. 인간은 완벽하지 않기 때문에 모든 사람은 실수를 하게 된다. 즉 실수는 삶에 있어서 피할 수 없는 부분이다. 그러나 실수를 통해서 스스로 배우지 못한다면 후에 더 큰 실수를 하게 된다. 실수는 때로는 기회가 되기도 하기 때문에 실수를 통해서 배우고 실수를 통해서 앞으로 한 발자국 나아갈 수 있어야 한다.

사람들은 실수에 대하여 다양하게 반응하나 일반적인 반응은 자신에 대하여 화가 나고 실망을 하게 된다. 그러나 실수에 어떻게 대처하는가에 따라 실수로부터 무엇을 배울건가가 결정된다. 새로운 직장에 들어가거나 직책을 맡게되면 실수할 확률은 더욱 높아지게 된다. 그러나 처음일수록 실수를 두려워하지 말고 모험을 감수하는 태도가 필요하다. 실수할까 두려워서 몸을 사리게되면 제대로 일을 배울 수 없을 뿐 아니라 나중에 가서는 어차피 실수를 하게 되어 있기 때문이다. 오히려 신입사원이거나 업무를 익히는 동안에 저지르는 실수는 이해가 되고 용서가 되어 배움의 기회로 삼을 수 있지만 입사한지 한참후에 신입사원이나 저지르는 실수를 하게되면 능력이나 자질을 의심받기 쉽다.

1. 실수를 극복하는 방안

실수에 대한 두려움을 극복하고 실수를 통하여 성장할 수 있는 방안은 다음과 같다.

(1) 실수를 인정한다

사람들은 때로 실수에 대한 책임을 부정하는 태도를 취하는데 이러한 태도는 다음에 같은 실수를 또 하는 원인이 된다. 문제가 있을 때에 이를 부정하거나, 방어적인 태도나 생각을 하는 것은 바람직하지 않다. 나에게 야단을 치는 상대방이 틀렸다는 것이 완전히 입증되기 전까지는 상대방이 옳다는 가정하에 행동하는 것이 방어적인 태도를 취하거나 변명을 하는 것을 방지해 준다.

그림 8-2 **인간관계 및 대화의 방해요소**

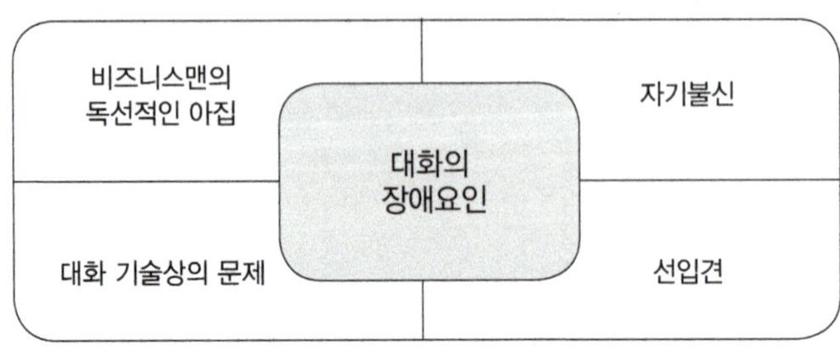

(2) 자신을 받아들인다

자신을 지나치게 자학하지 않으면서 자신의 잘못된 점이나 자신에 대한 비판을 받아들이는 것을 배운다. 실수를 하였을 때 필요이상으로 자신을 탓할 필요는 없다. 실수를 오랜 시간 기억하면서 자학하는 것은 전혀 도움이 되지 않을 뿐더러 자신감의 상실까지 가져오게 한다. 어제의 실수를 속상해하면서 오늘이라는 시간을 낭비하지 말고 오히려 오늘에 초점을 맞추어 내일을 준비해 나가야 한다.

(3) 호기심과 문제의식을 가진다

계획이나 생각대로 일이 되지 않고 실수가 일어나게 된 이유에 대한 건강한 호기심을 가진다. 자신의 실수를 이해하기 위해 끊임없이 노력하면 자신의 결점이나 부족한 점으로부터 빨리 벗어날 수 있다. 자신이 올바르게 그 일을 할 수 있을 때까지 실수를 두려워하거나 부끄러워하지 말고 계속연습하고 노력한다.

(4) 피드백을 받는다

상대방의 비판적인 시각으로부터 더 많은 것을 배울 수 있기 때문에 비판해 주는 상대방에게 오히려 감사해하고 앞으로도 자신이 잘못하는 점이 있으면 더욱 꾸짖어 줄것을 요청한다. 이러한 태도는 상대방으로 하여금 화를 가라앉게하고 가르침을 받고자하는 겸손함을 표현하기 때문에 배움과 충고를 받을 수 있는 자신의 든든한 후원자를 얻을 수 있는 기회가 될 수도 있다.

(5) 기회에 관심을 기울인다

중대한 실수일수록 더 많은 배움을 깨우치게 되는 기회이므로 이를 잘 극복함으로써 이와 유사한 문제가 발생하였을 때 그 문제를 해결할 수 있는 능력의 개발기회로 삼는다.

02 상사 및 부하직원과의 인간관계

2.1 상사와의 인간관계

조직에서는 상사와 부하직원이 팀을 이루어 목표달성을 위하여 팀워크를 이루어 낼 수 있어야 한다. 상사는 책임자로서 조직으로부터 많은 것을 요구받고 있다. 부서에 맡겨진 목표를 달성해야 할 책임을 지고 있고 또한 직원들이 업무를 잘 수행해 낼 수 있도록 동기부여시키는 동시에 부서원 간에 화합을 유지할 수 있는 리더의 역할도 해야 한다.

그러나 상사들 중에서도 여러 유형으로 동료들이나 부하직원들을 힘들게 하는 상사들이 있게 마련이다. 까다로운 고객의 요구를 충족시키기 위하여 노력하다보면 더 많은 아이디어나 서비스방안이 나올 수 있는 것처럼 까다롭거나 힘든 상사와 함께 일할 때에도 무조건 힘들어 하기보다는 상사와의 경험을 통하여 많은 것을 배우겠다는 의지를 가질때에 업무적인 지식이나 인간관계에 대한 이해 등을 더욱 넓혀 나갈 수 있기 때문이다. 즉 “내가 상사가 되었을 때에는 저런 점을 조심해야지”라고 깨달을 수도 있고 깐깐한 상사의 기대를 맞추기 위하여 노력하는 가운데 자신의 실력을 향상시킬 수 있기 때문이다.

1. 상사와의 신뢰관계구축

완벽한 인간이 없는 것처럼 완벽한 상사도 없다. 세상에서 존경받는 상사도 가까이서 함께 일하다 보면 여러 인간적인 결점이나 부족한 점이 보이기 마련이다. 따라서 상사의 입장을 이해하고 상사가 자신의 책임을 잘 감당하도록 지원하는 것이 부하직원의 역할이기도 하다. 상사를 보다 더 잘 보좌하기 위해서는 다음과 같은 점들을 유념하여 상사와의 신뢰관계를 구축하도록 한다.

(1) 상사를 존중한다

상사 특히 직속상사는 회사에서 가장 중요한 인물이라는 것을 받아들이고 그의 지시를 존중하고 따른다. 직속상사를 건너 뛰고 업무를 진행하거나 상사의 상사와 더 가까운 것처럼 행동하는 것은 도리가 아니다.

(2) 상사를 지원한다

상사가 자신의 목표, 즉 부서와 회사의 목표를 달성할 수 있도록 최선을 다해서 지원한다. 나의 생각과 맞지 않더라도 사소하거나 본질적인 것이 아니면 참고 지나친 힘이나 감정을 소모하지 않도록 한다.

(3) 상사의 취향과 스타일을 잘 인식하고 사려깊게 처신한다

상사가 어떤 일 혹은 어떤 인물을 높이 평가하는지, 그를 화나게 하는 일 혹은 인물은 누구인지를 아는 것이 좋다. 사내에서 상사의 경쟁상대와 각별히 친하게 지내는 것은 상사로부터의 신뢰를 상실하기 쉽다.

(4) 업무추진에 있어 내부에서는 의견이 틀리더라도 대외적으로는 통일된 입장을 취한다

중요한 일에 있어 의견이 틀릴때는 외부의 사람들에게 비난하지말고 상사와 함께 허심탄회하게 견해의 차이를 토론하고 설득하도록 한다. 의사결정권자는 내가 아니라 상사임을 인식하고 견해차가 있더라도 일단 결정이 되고나면 상사의 결정과 지시를 따른다.

(5) 믿을 수 있다는 신뢰감을 주도록 평소노력한다

퇴근직전에 떨어진 업무에 대해서도 바로 불만을 표시하거나 거절하지 말고 업무의 중요성과 긴급함을 따져 해야할 일은 남아서라도 처리하는 조직과 상사에 대한 충성심이 필요하다.

2.2 상사의 유형에 따른 대응

다양한 유형의 사람들이 존재하는 사회와 마찬가지로 조직에는 다양한 유형의 상사가 존재한다. 성격이 불같고 화를 잘내는 상사가 있는가하면, 화를 내지 않지만 자신의 고집을 굽히지 않는 상사도 있다. 따라서 상사가 어떠한 유형인가를 잘 파악하여 적절히 대응하는 것이 때로는 현명하다.

1. 다혈질상사

화가 나있는 상사에게 설명을 하고 설득을 하기보다는 화가가라 앉을 때까지 기다렸다가 자신의 입장이나 경우를 설명한다. 부당하게 질책을 할 때에도 억울한 표정으로 바로 변명이나 해명을 하거나 혹은 마음에 상처를 받기보다는 소나기가 지나가기를 기다리는 것이 현명하다. 이런 유형의 상사일수록 내면적으로는 자신감이 결여되어있는 경우도 의외로 많으며 화를 그 자리에서 내어버리는 사람일수록 뒤에서 다른 말을 하지 않는 경향이 있다.

평소 상사가 어떠한 경우에 화를 잘내는가를 경험을 통하여 분석한 뒤 그러한 상황을 만들지 않고 또 얼굴표정이나 행동 등으로 화를 내는 징조가 나타나면 상황이 악화되지 않도록 유의한다.

2. 마찰회피형 상사

마찰을 피하는 유형의 상사는 대부분의 문제상황에서 부하의 편을 들어 적극적으로 문제를 해결하려고 하기보다는 현상유지를 원하거나 갈등을 외면해 버린다. 이런 유형의 상사에게는 많은 것을 기대하지 않는 것이 좋으며 부하직원의 개발이나 발전을 위하여 적극적으로 나서지 않을 유형의 상사이다.

3. 완벽주의형 상사

작은실수도 용납하지 않는 완벽주의형 상사와 함께 일하기는 매우 힘들다. 내가 아무리 노력해도 상사는 결코 만족하는 법이 없고 뭔가 흠을 찾아내어 요구하기 때문이다. 이 유형의 상사는 부하의 능력을 신임하지 못하고 작은 일까지 참견하고 확인하며 일을 시키고도 마음을 놓지 못하는 경향이 있다. 또한 이러한 유형의 상사는 전체숲을 보지 못하고 나무만보거나, 작은 것에 너무 집착하다 큰것을 놓치는 경향이 있으므로 그러한 점을 보완하도록 노력한다.

4. 정직하지 않은 상사

흔하지는 않지만 회사나 부하직원에 대하여 정직하지 않고 속이는 상사도 있을 수 있다. 이러한 상사는 일반적으로 매우 불안정하고 주위로부터 신임을 얻지 못한다. 경우에 따라서는 자신의 부정직한 일에 부하직원도 함께 돕도록 명령하거나 요구하기도 한다. 그럴 때 상사의 말을 따르지 않는 것은 어렵기는 하지만 불가능하지는 않다. 회사와 자신에게 충실하기를 원한다는 것을 상사가 알게하고 자신의 윤리기준이나 신념과 맞지않는 지시는 따르지 않는 것이 좋다. 단기적으로는 불이익이 있겠지만 이렇게 단호한 태도를 취함으로써 상사도 주의하게 된다.

5. 이상적인 상사

이상적인 상사는 뚜렷한 목표의식과 뛰어난 직무능력을 가지고 있을 뿐만 아니라 매사를 분명하게 생각하고 처리한다. 또한 부하직원에 대한 태도는 너그러우면서도 부하의 자기개발에 관심을 가진다. 이러한 상사의 특징은 다음과 같다.

- 뚜렷한 목표를 설정한다.
- 신중하고 타당한 사고와 행동을 보여준다.
- 결정을 내리기전에 먼저 충분한 분석을 한다.
- 직원들에게 일을 맡겨주며 그에 필요한 정보와 시간을 준다.
- 인사고과나 평가에 있어 사실에 근거해서 정직하고 객관적으로 판단한다.
- 엄격하지만 공정하고 칭찬을 아끼지 않지만 남발하지는 않는다.
- 자신과 주변사람들에게 많은 것을 기대하고 요구하기 때문에 종종 극심한 스트레스를 준다.
- 주관이 뚜렷하여 좋은 결과를 가져오리라 예상되는 일에 대해서는 자신감을 가지고 추진한다.

- 상사나 동료, 부하로부터 신뢰를 받는다.

2.3 부하직원과의 인간관계

일반적으로는 상사와의 관계만을 강조하기 쉬운데, 사실 한명의 상사가 일을 하기 위해서는 여러 부하직원들의 적극적인 협조와 노력에 의해서 성과를 얻게되는 것이기 때문에 상사로서 부하직원과의 원만한 관계를 형성하는 것에도 많은 주의를 기울여야 한다.

1. 인정과 격려하기

설문조사에 의하면 부하들이 가장 듣고 싶어 하는 말은 "자네 참 잘했네"와 같은 칭찬의 말이고 가장 듣기 싫어하는 말은 "자네 그것밖에 안돼?"와 같이 부하직원을 비하하는 말이었다. 조금 부족하더라도 잘했다라고 칭찬하며 지도하는 상사와 나무라며 야단치는 상사는 부하직원의 성과와 능력개발에 있어 매우 차이가 나게된다. 혹 실수를 하였더라도 격려하고 용기를 줄 때 부하직원은 실패를 딛고 일어설 수 있으나 "자네 그럴 줄 알았네" 혹은 "자네하는 일이 매사 그렇지"와 같이 의식을 손상하게 하는 질책은 더욱 자신감을 잃게 만든다.

2. 질책하기

상사로서 혹은 윗사람으로서 부하나 아랫사람의 잘못을 지적해 주는 것은 쉬운 일이 아니다. 그러나 부하직원의 성장과 자기개발 그리고 조직목표의 달성을 위해서는 잘못된 점을 지적해주고 유사한 잘못이 되풀이 되지않도록 하는 것이 중요하다.

(1) 다른 사람앞에서 공개적으로 질책하지 않고 조용히 본인에게 한다

- 인신공격을 하지말고 잘못된 행동이나 결과에 대하여 나무란다.
- 질책할 때는 타이밍에 유의한다.
- 당사자에게 자신의 입장을 설명할 기회를 주도록 한다.
- 비판만 하지말고 바람직한 행동이나 개선책을 제시하여 준다.

- 자신의 실수담을 들려주며 누구나 그와 같은 실수를 할 수 있음을 인정해 준다.
- 칭찬할 점을 찾아 우선 칭찬한 다음 잘못된 점이나 개선점을 이야기해 준다.

3. 칭찬하기

사람들이 열심히 일하는 이유를 살펴보면 금전적인 보상도 중요하지만 자신의 일을 동료들이나 상사가 인정해주고 칭찬해 줄 때 더 큰 동기부여가 된다고 한다.

- 잘한 일에 대해서는 칭찬을 아끼지 않는다.
- 칭찬은 많은 사람들 앞에서 한다.
- 바람직한 행동을 구체적으로 지적하여 칭찬함으로써 바람직한 행동이 더욱 자주 일어나 그 사람의 습관이 되도록 한다.
- 사소한 것이라도 부하직원의 장점을 찾아 칭찬해 준다.

제9장

스트레스 관리

아무것도 염려하지 말고 오직 모든 일에 기도와 간구로 너의 구할 것을 감사함으로 하나님께 아뢰라. 그리하면 모든 지각에 뛰어난 하나님의 평강이 그리스도 예수 안에서 너희 마음과 생각을 지키시리라.

01 스트레스란?

직장인들은 가정생활이나 개인관계에서 오는 스트레스외에 직장에서의 업무관련 스트레스, 환경변화와 갈등, 좌절 등 다양한 원인의 스트레스를 경험한다. 그러나 사람의 성격이나 태도, 또 환경에 따라서 그 스트레스에 반응하는 정도나 스트레스로 인한 영향의 정도가 다르다. 적당한 스트레스는 오히려 생활에 자극을 주고 생의 목적을 성취할 수 있는 동기를 부여한다고 긍정적인 측면을 이야기하기도 한다. 자신이 받는 스트레스는 어디에 원인이 있으며 어느 정도로 자신에게 영향을 주는지 잘 살펴서 스트레스가 자신의 생활에 긍정적인 역할을 하도록 잘 관리하고 조정해야 할 것이다.

1.1 스트레스의 정의

스트레스에 대하여 많은 학자들이 다양한 정의를 내리고 있는데, 일반적인 정의를 살펴보면 다음과 같다. 스트레스는 외부적 요구에 대해 반응하여 일어나는 생각과 감정상태, 심리적인 반응들의 복합적인 행태라고 한다. 라자러스(A. Lazarus)는 "스트레스란 우리의 편안함을 위협함으로써 적응능력에 긴장을 준다고 여겨지는 모든 상황"이라고 정의하고 있다.

1.2 스트레스의 기능

스트레스는 순기능과 역기능을 동시에 가진다. 즉, 생의 활력을 주는 순기능이 있는가 하면 건강을 파괴하고 정신적으로 황폐화시키는 역기능적인 측면이 있기도 하다.

결혼, 임신 등과 같이 생에 있어서 그 무엇보다 기쁘고 즐거운 일을 맞아서도 신체리듬에 영향을 받게되어 신체적인 반응이 야기되기 때문에 많은 스트레스를 경험하게 되기도 한다. 또한 인간에게 전혀 스트레스가 없다면 무기력에 빠질 것이다. 오히려 적당한 스트레스는 업무의 생산성과 성과를 높여준다고 한다. 인간이 살면서 전혀 스트레스를 느끼지 않고 살 수는 없으므로 적정한 수준으로 스트레스를 관리하는 것이 필요하다.

위의 이야기에서 볼 수 있는 바와 같이 치열한 삶의 경쟁을 생명체에게 살아나갈 수 있는 활력을 주기도 한다. 우리 인간들도 아무런 스트레스와 자극이 없다면 삶이 무미건조하고 나태해지고 결국에는 권태에 못 이기게 될 것이다. 주위에서 정년퇴직전까지 현직에서 건강하게 활동하던 사람들이 정년퇴직을 맞고 난 후 얼마 되지 않아 병이 들거나 죽음을 맞는 경우를 본다. 이는 일을 하면서 적정수준의 스트레스를 받는 것이 오히려 정신적인 긴장감을 줌으로써 육체적으로 대응할 수 있는 건강이 유지되었으나 퇴직후 긴장감이 풀어지고 할 일이 없어짐으로써 건강이 나빠졌기 때문이다.

따라서 스트레스의 역기능적인 면은 최소화하고 순기능적인 면은 최대화시킬 수 있는 스트레스의 관리가 필요하다.

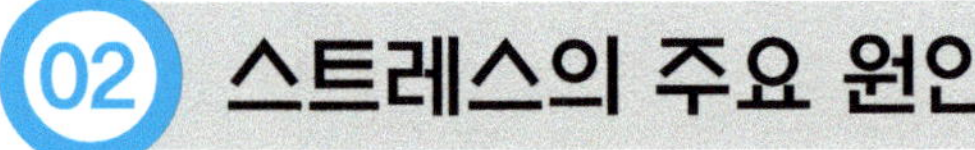

02 스트레스의 주요 원인

2.1 업무관련 스트레스

직업을 가진다는 것 자체는 크든 작든 스트레스를 받기마련이나 직업의 종류나 직위에 따라 개인이 스트레스를 받는 정도는 다양하다. 특히 조직의 분위기나 조직체계 혹은 업무체계가 가져다주는 스트레스의 종류도 다양하다.

직장생활에서는 해고를 당했을 때 가장 큰 스트레스를 받으며, 새로운 직업이나 직장을 시작하거나 또 새로운 책임을 맡았을 때 스트레스를 느낀다고 한다. 또한 상사나 동료 등 인간관계에서 오는 불편함도 많은 직장인들의 스트레스 요인으로 꼽히고 있다.

1. 직업에 따른 스트레스

직업의 종류 또한 매우 다양한데 외과의사, 비행기조종사, 외환딜러 등과 같이 시간에 따라 생명을 잃거나 많은 금전적 손실이 올 수 있는 직업에 종사하는 사람들의 스트레스

강도는 매우 높다. 반면 도서관사서, 교사, 일반공무원 등 비교적 업무내용이나 시간에 있어 여유가 있는 직종에 종사하는 사람들은 상대적으로 스트레스를 덜 느낀다.

업무에 있어서 많은 의사결정을 해야 하는 일, 다른 사람들과 많은 의사소통과 정보교환을 해야 하는 일, 많은 기기나 장비를 계속 모니터링해야 하는 일, 불유쾌한 작업환경, 구조화되지 않은 모호한 일 등은 근로자들로 하여금 계속 스트레스를 느끼게 한다. 또한 컴퓨터프로그래머와 같이 테크놀로지가 끊임없이 바뀌고 발전하는 분야에 종사하는 사람들도 발전속도를 지속적으로 따라 가야하는 심한 스트레스를 느끼게 된다.

2. 업무와 역할모호성에 따른 스트레스

자신의 역할이나 주어지는 일 혹은 지시가 명확하지 않을 때 대부분의 사람들은 스트레스를 느끼게 된다. 업무의 권한이나 상하명령체계가 명확한 부서나 업무에서는 비교적 스트레스 수준이 낮으나 수평적인 구조에서 업무영역이 정확하게 분화되지 않은 경우에는 조직구성원들이 느끼는 스트레스가 크고 직무에 대한 만족도가 낮을 수 있다. 또한 직무명세서에 나타난 업무의 성격이나 부서나 직책과 다른 업무를 수행하여야 할 때에도 개인이 느끼는 스트레스는 크다.

3. 업무량에 따른 스트레스

업무시간 혹은 조직원의 숫자에 비해 절대적으로 업무량이 많을 때는 항상 일이 밀리고 잔업을 하거나 업무를 집으로까지 들고 가게되므로 개인이 경험하는 스트레스는 크다. 또한 개인의 능력에 비하여 요구되는 지식이나 기술의 수준이 높을때는 그로 인한 스트레스도 업무량의 과다 못지않게 크다. 능력있는 사람이 처리하면 단시간에 가능한 것도 능력이 미치지 못하는 사람이 하게 될 때에는 장시간에 걸쳐 스트레스만 받게된다.

많은 사람들은 업무량이 지나치게 많으면 스트레스를 느끼는 것에 내하여 당연하게 생각하지만 지나치게 적을 때 스트레스를 느끼는 것에 대하여서는 그 심각성을 미처 인식하지 못하는 경우가 많다. 기업에서 감원의 방법으로 급여는 주되 일을 주지 않으면 얼마 견디지 못하고 그만두는 사례를 보더라도 일 자체의 중요성을 알 수 있다. 양적으로 업무량이 적을때 뿐만 아니라 질적으로도 자신의 능력을 충분히 발휘하지 못한다고 느낄때 개인은 스트레스를 경험하게 된다.

4. 일과 개인생활의 양립에 따른 스트레스

직장과 가정을 양립하는 여성근로자들이 특히 많이 느끼는 스트레스로서 육아와 가사를 전담하거나 도와주는 보조자가 없을 경우에는 직장에서의 업무와 가정에서의 책임때문에 지속적인 스트레스에 시달리게 된다. 양쪽의 일을 완벽하게 하려고 노력하다보면 역할갈등이 생기게 되고 이러한 현상이 장기화되면 소진상태에 이르게 된다.

5. 사회적 지원의 부족

힘들고 어려운 일을 하더라도 이를 이해하고 후원해 주는 상사, 동료, 가족, 지원단체가 있으면 그렇지 않은 경우보다 정신적인 스트레스는 훨씬 줄어들게 된다. 반대로 동료나 상사의 이익이나 뜻과 반대되는 일을 해야 하는 경우에는 스트레스 수준이 훨씬 높아진다고 한다. 따라서 조직원들이 어떠한 형태의 어려움에 부딪쳤을 때 도움을 구할 수 있는 인간적인 유대관계뿐 아니라 카운슬링과 같은 조직적인 차원에서의 지원도 필요하다.

6. 열악한 근무환경

예전에 비하여 최근에와서는 조명, 사무가구, 사무공간 등 사무근무환경은 많이 개선되었다. 그러나 개방된 공간에서 많은 사람이 함께 일함으로써 발생하는 대화소리, 전화소리 등의 소음은 오히려 예전보다 늘어났다. 또한 컴퓨터로 처리하는 업무가 많아지면서 과다한 컴퓨터사용에 따른 신체적·정신적 장애현상과 스트레스도 많아지고 있다.

7. 조직의 불확실성

조직내에서 일상적으로 일어나는 구조조정, 감원, 부서이동 등 조직의 잦은 변화는 자신의 미래에 대하여 예측하는 것을 불가능하게 하고 새로운 환경이나 역할에 적응하는 과정에서 많은 스트레스를 경험하게 된다. 업무역할 또한 예전에 비하여 과중하게 주어지며 새로운 지식이나 기술을 습득해야 하는 경우도 잦아지게 됨으로 인하여 스트레스의 강도는 더욱 높아진다.

8. 기타 업무관련 스트레스

기타 업무와 관련된 여러 종류의 스트레스 예는 다음과 같다.

- 자신의 적성과 맞지 않는 일을 해야 할 때
- 하나도 제대로 못한다고 느끼면서도 여러 가지 일을 한꺼번에 처리해야 할 때
- 신체적으로 혹은 정신적으로 충분한 휴식을 취할 여가도 없이 일을 해야 할 때
- 하지 않아야 할 일을 어쩔 수 없이 해야 할 경우 혹은 거절할 용기가 없어서 억지로 일을 맡아야 할 때
- 수많은 작은 일과 문제에 시간과 에너지를 빼앗기다 보니 꼭 해야 할 중요한 일을 하지 못할 때
- 한꺼번에 여러 가지 일을 해야 할 때
- 일을 완료하려는 급한 시기에 전화가 오거나 손님이 오는 등의 방해가 생길 때
- 쉬고 싶어도 마음 한가운데 일이 자리 잡고 있을 때
- 마감일이 다가오는데 일을 완수할 자신이 없을 때
- 모든 일이 한꺼번에 터져 감정이 폭발하려 할 때
- 바쁜때에 찾아와서 시간을 빼앗는 사람이 있을 때
- 해야 할 일이 매일 쌓여갈 때
- 일을 해야 하는데 건강이 따라주지 않을 때
- 삶에 있어서나 일에 있어 목표달성을 하지 못하였을 때

직무상 스트레스를 발생시키는 것은 불필요한 전화, 사내와 외부의 방해 및 방문, 중복된 서류보관, 불필요한 복사, 반복적이며 비생산적인 회의, 동요 및 관리자와의 직접적인 의사소통부족, 자원의 부족 등 다양하다.

사람들은 일을 하면서 그들의 활력을 약화시키고 효율성을 감소시키는 여러 가지 심리적·신체적 압박을 받는다. 마감일에 압박하에서 효과적으로 내처하지 못하는 사람들은 스트레스를 받고 때로는 스트레스성 질병에 걸리기도 한다. 자신의 문제를 스스로 해결할 수 있다고 확신하는 사람들이 스트레스관리에도 비교적 효과적으로 대처한다.

2.2 업무 외 스트레스

우리는 흔히 부정적이거나 괴로운 사건들만 스트레스를 가져올 것이라고 생각하기 쉬우나 긍정적이든 부정적이든 간에 생에 있어서의 크고 작은 변화는 스트레스 요인으로 작용한다.

생애에서 일어나는 각종 변화는 다음과 같은 형태들이 있으며 이들은 대부분 내가 통제할 수 있는 일상적인 영역이 아니라 때로는 변화시키거나 바꿀 수 없는 사건들이기 때문에 극복하기가 더욱 힘이 든다. 결혼, 이사, 출산 등 좋은 일도 때로는 새로운 변화를 경험하기 때문에 스트레스를 느끼게 된다.

1. 생애의 중대한 사건

배우자의 사별, 이혼, 큰 질병, 수감 등 한 개인을 여태까지와는 전혀 다른 삶의 방향으로 몰고가는 생의 중대한 사건들을 맞이할 때 사람들은 매우 심한 스트레스를 경험하게 된다.

2. 일상생활의 스트레스

생애의 큰 사건에서만 스트레스를 느끼는 것이 아니라 매일의 일상생활에서도 현대인들은 많은 스트레스를 경험하게 된다. 교통체증에 갇혀 약속시간에 늦을 때, 마감시간직전 복잡한 백화점에서의 쇼핑, 금전적인 문제 등 다양한 유형의 일상적인 사건을 통하여 스트레스를 느낀다. 이러한 사건들이 자주 그리고 장시간에 걸쳐 일어날 때에는 인생에 있어서의 중대사건과 마찬가지로 신체적인 이상까지 가져올 수 있는 정도의 스트레스가 될 수 있다.

03 스트레스관리

위에서 살펴본 바와 같이 직무로 인한 스트레스는 조직에 있어서는 업무의 비능률을 가져오며 개인에게는 건강의 악화로 연결되기도 한다. 미국내 대기업들은 조직원들의 스트레스가 결국은 업무능률의 저하 및 의료비증가로 나타나기 때문에 스트레스관리에 관한 프로그램을 개설하고 있다.

중요한 것은 개인들이 스트레스로부터 벗어나거나 극복할 수 있다는 생각과 함께 적극적인 행동을 취하는 것이다. 만약 내가 현재 스트레스를 받고있다고 생각되면 너무 늦기전에 구체적인 행동을 취하여야 한다. 자신의 목표를 검토하여 재설정하거나 업무스케줄을 조정하고 회복될때까지 업무의 양을 의도적으로 조절하도록 한다. 또 술, 담배, 의약품에 의존하기보다는 균형있는 영양섭취와 아울러 운동, 충분한 수면 등을 취하고 가능하다면 업무로부터 잠시 완전히 떠나 자신을 회복하는 시간이 필요하다.

같은 수준의 스트레스를 받더라도 긍정적이고 낙천적인 생각을 가진 사람이 부정적이고 비관적인 생각을 가진 사람보다 스트레스를 더 잘 견뎌낼 수 있다. 또한 자신의 일과 직장을 사랑하는 사람, 그날그날 스트레스를 해소할 수 있는 대범함을 가진 사람이 그렇지 않은 사람보다 훨씬 더 스트레스를 잘 견뎌낸다.

3.1 업무관리를 통한 스트레스관리

일상적인 업무에서 오는 스트레스는 효과적인 시간관리를 통하여 조절할 수 있다.

1. 통제 가능한 스트레스

만약 일이나 스트레스가 과도하게 증가할 때는 스스로 일을 줄임으로써 스트레스의 양을 조절하여야 한다. 특히 효과적인 시간관리를 통하여 일의 능률을 높임으로써 스트레스의 정도를 낮출 수 있다.

2. 통제 불가능한 스트레스

스트레스를 피할 수 없다면 스트레스가 주는 피해를 최소화할 수 있도록 자신의 감정을 조절하고 주위의 일들을 잘 해결할 수 있도록 계획하고 대처해 나간다.

(1) 업무량 축소

스트레스가 과다하다고 판단되어질 때는 스트레스를 주는 요인을 줄이는 것이 중요하다. 스트레스를 주는 일, 사람, 근무환경을 줄이거나 개선하는 것이 필요하다.

- 현재 직장, 집, 사회에서 하는 활동들을 검토하고 덜 중요한 일들을 하나씩 줄여나감으로써 업무의 양을 줄인다.
- 자신의 능력이나 권한밖의 일에 대해서는 과감히 'NO'라고 거절할 수 있도록 한다.
- 자신에게 스트레스를 주는 사람과의 접촉을 가능한한 줄이거나 아니면 스트레스를 적게 받을 수 있는 방향으로 그들과의 관계를 조절한다.
- 자신이 스트레스를 민감하게 받는 상황이 있다면 그러한 상황이 일어나지 않게하거나 발생회수를 줄이도록 조절한다.
- 자신이 꼭 하지 않아도 되는 일들은 다른 사람에게 이양한다. 이양하고 난 뒤에는 자주진전상황을 모니터함으로써 일이 계획대로 추진될 수 있도록 한다.
- 불가피한 경우가 아니면 될 수 있는 대로 일을 집으로 가지고 오지 않는다.

(2) 효과적인 시간관리

- 뚜렷한 목표를 설정한다.
- 덜 중요한 일에 할애하는 시간을 줄인다.
- 자기개발과 계획에 보다 많은 시간을 할애하여 장기적인 안목을 가지고 일을 추진한다.
- 머뭇거리고 망설이기보다는 일단행동을 취한다.
- 자세히 모르고 걱정하기보다는 더 많은 정보수집을 통하여 대안을 마련한다.
- 방해요인을 제거한다.

3.2 자아관리를 통한 스트레스관리

스트레스 징후를 초기에 인식하고 명상, 운동, 휴식 등의 신체적·정신적 노력을 기울이는 것은 매우 중요하다.

스트레스를 해소하는 가장 좋은 방법은 규칙적인 운동이다. 아침산책이나 등산, 조깅 등을 하다보면 머리가 맑아지는 것을 느끼게 된다. 또 적극적인 취미활동이나 자기조절훈련, 최면요법, 명상 등도 권할만한 방법이다. 또한 실패를 두려워하지 말고 단계별목표를 세우고 성취감을 느끼는 것도 도움이 된다. 남이 나를 어떻게 볼까 두려워하지 말고 다른 사람과 많은 대화를 하며 여가생활과 휴가를 즐김으로써 스트레스를 그때그때 해소하는 것이 필요하다.

1. 스트레스를 이길 수 있는 신체적인 노력을 기울인다

- 하루에 20분 이상 사이클링, 조깅과 같이 땀을 흘리는 운동을 한다.
- 음식을 적정수준으로 섭취하고 과식, 과음을 피하도록 한다.
- 커피, 콜라와 같은 카페인 함유량이 높은 음료수와 지나친 당분을 피한다.
- 음주, 흡연을 하지 않는다.
- 낚시, 걷기와 같이 스트레스를 완화할 수 있는 취미활동을 한다.
- 수면을 충분히 취한다.
- 편안한 휴식환경을 마련한다.

2. 명상과 이완훈련을 한다

- 하루 중 조용한 시간을 지정하여 종교적인 묵상 혹은 명상을 실시한다. 편안한 자리에 앉아 눈을 감고 천천히 심호흡을 하면서 마음에서 잡념을 없애도록 노력한다.
- 이완훈련을 한다. 스트레스를 받아 팽팽한 긴장상태가 계속된다고 느끼게 되면 이완훈련을 받거나 익혀서 몸의 긴장상태로 풀어주는 것이 좋다. 명상과 마찬가지로 눈을 감고 몸의 부분들을 차례대로 힘을 뺀다고 생각하면서 이완을 하면 신체적인 긴장을 완화시켜 줄 수 있다.

3. 인간관계의 균형을 유지한다

- 일과 가정의 균형을 유지한다.
- 자신에게 중요한 사람들과는 충분한 시간을 가진다.
- 자신의 목표와 자기개발에 관하여 상사와 상의한다.
- 다른 사람의 말과 감정을 충분히 이해할 수 있는 개방된 마음을 가진다.
- 도움이 필요할 때는 평소의 자신의 일을 의논하는 멘토에게 충고를 요청한다.

4. 자기개발을 꾸준히 하고 긍정적인 생각을 한다

- 독서를 게을리 하지 않는다.
- 자신의 전문성을 개발할 수 있는 훈련을 받는다.
- 역할모델을 설정하고 자신도 그 모델을 닮아갈 수 있도록 노력한다.
- 긍정적인 독백과 생각을 하도록 노력한다.
- 현재를 즐긴다.
- 문제를 기회로 본다.

3.3 스트레스에 대한 대처방식

세계화, 정보화, 전문화를 중요시 하며, 하루가 다르게 변화되어 가고 있는 21세기에 어떻게 적응해야 하는가? 하는 문제를 생각하며 대부분의 현대인들은 많은 스트레스를 경험하고 있다. 그러나 이러한 스트레스에 처하여 자신이 대처(coping)해 온 방식은 다양하리라고 본다.

대처의 개념은 Lazarus(1985)에 의해 처음 소개되었는데, 개인이 스트레스적 경험에 적응하기 위해 쏟는 심리학적 노력을 의미한다. 이와 같은 스트레스에 대한 대처방식은 크게 적극적 대처와 소극적 대처의 두 가지로 구분할 수 있다.

① 적극적 대처라는 것은 문제에 직접 부딪치는 방식을 말한다. 즉, 문제상황에 과감히 부딪치거나 직면하여 다루는 방법으로 창의적 문제해결방법과 합리적 대안모색방법이 포함된다.

② 소극적 대처라는 것은 자신의 자아개념(self-concept)과 자아존중감(self-esteem)을 보호하려는 목적으로 행하게 되는 무의식적이고 기계적인 반응을 말한다. 즉, 자신의 자아개념과 자존심보호를 목적으로 방어기제를 사용하는 것이다.

제10장

시간관리

때와 기한은 아버지께서 자기의 권한에 두셨으니 너희는 알 바 아니요.
오직 성령이 너희에게 임하시면 너희가 권능을 받고 예루살렘과 온 유대와 사마리아 땅끝까지 이르러 내 증인이 되리라.

01 시간관리

시간은 공평하여 모든 사람은 하루 24시간을 신으로부터 똑같이 부여받는다. 부자라고 할지라도 시간을 돈으로 살수 없으며 과학자도 시간을 발명할 수는 없다. 더구나 한번 사용한 시간을 다시 되돌릴 수도 없고 다음에 쓰기 위하여 저축할 수도 없다. 그러나 시간을 낭비할 수는 있다. 대부분 사람들은 시간의 소중함을 인식하지 못한 채 흘려버린다. 그러나 과거에 얼마나 많은 시간을 허비했든 간에 내일이라는 시간은 또다시 다가온다. 따라서 지나간 시간에 대한 후회보다는 내일에 대한 계획을 철저히 세우고 시간을 최대한 활용하는 지혜가 필요하다. 현명한 사람에게는 '시간을 죽인다'라는 말이 있을 수 없다. 하여야 할 일을 계획하고 우선순위를 정하고 실천함으로써 매일매일, 매 순간 매 순간을 최대한으로 활용함으로써 성공적인 삶을 살 수 있다.

1.1 시간관리의 중요성

현대인들은 항상 바쁘게 허둥거린다. 때로는 잘못된 목표를 향하여 줄달음치기도 한다. 가끔씩은 하던 일을 멈추고 내가 왜, 무엇을 하느라 바쁜가를 생각할 시간을 가져야 한다. 내가 시간을 잘 활용하고 있는가? 내가 하는 이 일은 가치가 있는 일인가? 이 일을 좀 더 시간을 단축해서 할 수는 없는가? 어떻게 하면 더 효과적으로 또 효율적으로 할 수 있는가? 를 생각해야 한다.

효과(effectiveness)란 꼭 하여야 할 일을 바른 방법으로 수행하는 것을 의미하고 효율(efficiency)이란 일을 수행함에 있어 시간적으로나 비용적으로 절약할 수 있는 방법을 사용하여 생산성을 높이는 것을 의미한다. 어떤 경우에는 효율적일지는 모르나 효과적이지 못한 방법으로 업무를 수행할 수도 있다. 예를 들면, 경비를 줄임으로써 이익을 좀 더 내기 위하여 광고비를 대폭삭감하였다. 그러나 조금 달리 생각하면 광고비를 투자하더라도 더 많은 매출액을 낼 수 있는 방안을 연구한다면 광고비정도의 비용은 충분히 벌 수 있을 뿐 아니라 더 많은 이익을 올릴 수도 있을 것이다. 광고비를 삭감하는 것은 비용삭감이라는 목표를 달성하는 데 있어서는 효율적인 방법이 될 수 있을지 모르지만 조직의 궁극적인 목표를 달성하는데 있어서는 효과적인 방안이 아닐 수도 있다.

1.2 효과적인 시간관리

효과적인 시간관리능력은 평범한 사원에서부터 최고경영자에 이르기까지 꼭 필요한 능력이다. 평사원은 자신이 수행하여야 할 일상적인 업무처리를 위하여 또 최고경영자는 사업에 있어서 중요한 의사결정시간의 확보를 위하여 시간관리를 하게 된다. 평소에 시간을 효과적으로 관리하는 습관을 가짐으로써 더 많은 성과를 올릴 수 있도록 훈련하여야 한다.

특히 직장인들은 시간을 제대로 활용하지 못하면 생산성은 오르지 않고 실적을 내어야 한다는 강박관념과 불안감에 시달리기 쉽다.

1. 시간분석(time analysis)

시간체크를 일주일 정도 기록해 보면 자신이 어떠한 활동에 어느 정도의 시간을 소비하는가에 대한 정보를 얻을 수 있다.

매일 소요시간, 활동을 적어 하루가 끝난 후 평가하여 등급을 매기고 낭비적인 요소가 어디에 있었던가를 적어보면 보다 효과적인 시간계획에 도움이 된다.

2. 최고경영자의 시간관리

누구에게나 시간은 중요하며 잘 관리되어야 하지만, 특히 현대의 경쟁적 기업환경에서의 최고경영자/최고관리자에게 가장 잘 관리되어야 할 자산이 바로 시간이다. 현대의 최고경영자들은 효과적인 시간관리를 위해 각종 시스템을 도입하며 비서를 채용하는 등 주위 사람들의 도움을 받는다. International Paper Company의 회장이었던 Edward A. Gee에 의하면 최고경영자에게는 효과적인 업무 및 시간관리를 위해 다음의 세 가지가 필수적이라고 하였다.

- 최고경영자와 그의 일을 이해하는 유능한 비서가 필수적이다. 비서는 경영자의 사무실로 밀려드는 전화, 방문객, 서류 등을 걸러서 중요하고 필수적인 일만 경영자에게

통과시키고 나머지는 본인이 알아서 다른 사람에게 의뢰하거나 처리함으로써 경영자의 부담을 덜어주게 된다. 상사의 바쁜 스케줄을 관리하며 방문객과 전화의 중요도 및 우선순위를 판단할 수 있는 능력을 갖춘 비서는 최고경영자의 유능한 시간관리자이다.

- 부하직원에게 올바르게 일을 이양할 수 있어야 한다. 의사결정이나 업무를 적절히 이양할 때 자신의 시간을 절약할 수 있을 뿐 아니라 부하직원들의 능력을 개발하고 성장시켜 주는 효과까지 가져올 수 있다.
- 직접 그리고 혼자 결정하거나 검토하여 답해야 할 사항이 있을 때는 미루지 말고 즉시 처리해 버린다. '시간이 나면 하지'라고 옆에 밀쳐두면 처리해야 할 일이 계속 부담으로 남게 된다. 상사가 즉각적인 결정을 하지 않으면 부하직원들도 그 결정이 날때까지는 일을 미루게 되므로 결국에는 조직전체의 비능률을 가져오게 된다.

02 우선순위

전쟁터에 있는 야전응급실에서는 부상당한 군인들이 한꺼번에 많이 후송되어 오면 먼저 세 가지 기준에 의하여 환자를 구분한다고 한다.

첫째, 너무 부상을 심하게 당하여 어떤 조치를 취하더라도 죽을 병사
둘째, 당장 어떠한 조치를 취하지 않더라도 살 가망이 높은 병사
셋째, 지금 당장 응급처치와 조치를 하면 생존할 가망성이 높으나 그렇지 않은 경우에는 죽을 병사로 나누어 세 번째 기준에 속하는 환자부터 먼저 진료한다고 한다.

시간관리에 있어서이 우선순위를 설정하는 것도 이와 유사할 것이다. 일의 중요도와 시간의 긴급함에 따른 우선순위를 나열한 뒤 자신이 꼭 하여야 할 일과 자신이 하지 않고 다른 사람에게 이양해도 될 일 그리고 나중에 해도 되는 일 등 각종 일들 사이에서 우선순위를 설정하여야 한다. 또한 일들 중에서는 내가 할 수 있고 했을 때 성공할 수 있는 일, 노력을 기울이더라도 성과가 나지 않을 일, 그리고 노력을 기울였을 때 성과가 날 수도 안 날 수도 있는 일 등이 있다. 이럴 때에도 주어진 시간안에 바람직한 성과를 얻어내기 위해서

는 자신이 해야하고 잘 할 수 있는 일에 노력과 시간을 투입하는 것이 바람직하다.

2.1 업무유형

모든 일을 내가 꼭 해야 한다는 생각은 시간관리에 있어 큰 걸림돌이 될 수 있다. 일의 중요도와 시간의 촉박성에 따라서 다음과 같이 업무를 네 가지 유형으로 분류할 수 있다.

1. 유형 1. 급하고 중요한 일

지금 당장 그리고 제대로 처리해야 할 일로서 예를 들면, 점심시간까지 준비해야 할 이사회자료, 화난고객의 문제해결, 중대한 안전문제발생에 따른 해결 등을 들 수 있다. 이러한 일이 자주 일어난다면 이는 시간관리에 있어서의 문제점을 노출하는 것으로 유형 3에 있던 과제들을 처리하지 않고 시간이 경과하게 되면 유형 1로 바뀔 수도 있다는 것을 보여준다. 따라서 중요한 사안들을 미리미리 파악하여 충분한 시간을 가지고 처리해 나가야 하는 태도와 업무처리방식이 필요하다.

그림 10-1 업무의 네 가지 유형

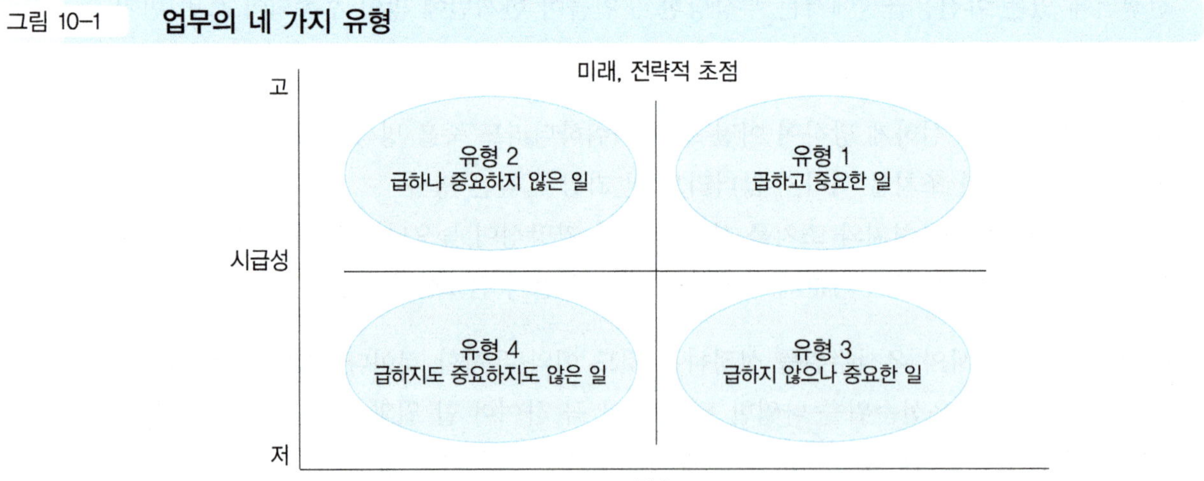

2. 유형 2. 급하나 중요하지 않은 일

공과금납부, 재고수량 파악 및 주문, 전화받기, 프린터수리 등 시간적으로 빨리 처리하기는 해야 하나 중요도에서는 떨어지는 일들이다. 그러나 사무실에서나 가정에서 이러한 종류의 일들이 일상의 일 중에서 차지하는 시간적 비중은 크다. 자신이 하지 않아도 결과를 얻어낼 수 있는 일은 될 수 있는 대로 다른 사람에게 업무를 맡기거나 이양하고 보다 중요한 일에 많은 시간을 할애할 수 있어야 한다. 개인적인 용무에 있어서도 심부름 센터, 인터넷/폰뱅킹, 전자상거래 등 첨단서비스나 테크놀로지를 활용하여 업무를 처리하도록 한다.

3. 유형 3. 급하지 않으나 중요한 일

이 유형의 일들은 보람 있는 삶을 영위하기 위하여 매우 중요하다. 예를 들면, 시간이 없어서 하지 못했던 일 중 현재와 미래의 삶을 윤택하게 할 수 있는 일로서 오늘 당장 실시할 수 있는 일을 적어보자.

가족들과 함께 시간보내기, 운동, 독서, 명상 등 자아개발 및 행복감 증대를 이룩할 수 있는 일들은 대부분 이 유형에 속함을 알 수 있다. 이 유형의 일들을 미리 처리하지 않음으로써 유형 1, 유형 2의 일들이 더욱 늘어나게 되는데 예를 들면, 건강검진을 받는 일을 정기적으로 하지 않아서 중한 병으로 발전되면 그때는 건강이 시급하고 중요한 일이 되게 된다. 또한 자기개발을 미리 해 놓지 않으면 요즘과 같이 변화가 많은 사회에서는 경쟁에서 밀려 해고당하는 시급하고도 중요한 상황에 놓이게 된다.

4. 유형 4. 급하지도 중요하지도 않은 일

위의 세 유형의 일들을 다 했을 때 할 수 있는 일들로서 서류정리, 앨범정리, 철지난 옷정리 등 비교적 시간적 여유를 가지고 느긋하게 할 수 있으며 또 즉시 처리하지 않았다고 해서 중대한 결과를 가져오지도 않는 종류의 일들이다.

위의 네 영역을 하루시간 중에서 적절히 배열함으로써 시간관리를 해나갈 수 있다. 급하고 중요한 일을 먼저 처리하여야 하며 중요하나 긴급하지 않는 일은 하루중 어느 시간대를 따로 책정함으로써 매일매일 꾸준히 추진해 나가도록 한다. 급하지만 중요하지 않은 일들은 위의 두 가지 일들을 틈틈이 처리해 나가고 그러고도 시간이 남으면 유형 4의 일을 수행한다.

성공하지 못하는 사람은 유형 2, 4의 일에 많은 시간을 보내는 사람들이고 성공하는 사람들은 유형 3, 즉 급하지는 않으나 중요한 분야의 일을 시간계획을 세워 꾸준히 실천해 나가는 사람이라 할 수 있다.

2.2 우선순위설정

주위의 작은 일에 관심을 쏟느라 큰 일은 시작도 못하는 사람들이 종종 있다. 한정된 시간내에 효과적인 방법으로 업무를 처리하기 위해서는 모든 일에 있어서 우선순위를 정해야 한다. 우선순위를 정하는 방법은 아주 간단한 메모장에 그날그날 처리해야 할 일들을 단순히 나열하여 일의 처리순서를 정하는 방법부터, 스케줄관리표에 장·단기 프로젝트진행일정과 개인적인 대소사까지 미리 스케줄을 정하고 우선순위를 정하여 실천해 가기도 한다.

시중에 나와있는 다이어리나 스마트폰을 사용하여 매일해야 할 일을 나열해 봄으로써 간단한 방법부터 실천해 본다. 약속정하기, 전화하기, 회의참석, 의제생각하기, 정보수집, 새 프로젝트기안, 출장준비, 공문내보내기 등 수없이 많을 것이다. 그런 다음 하나하나의 일에 대하여 일의 우선순위를 정한다.

2.3 우선순위실천

우선순위가 매겨지고 나면 당장 설정한 순서에 따라 실행에 들어간다. 한 가지 일이 매듭지어지기 전까지는 될 수 있는 대로 다른 일을 시작하지 않는다. 물론 더 급박한 일이 생길 때는 항상 먼저 처리할 수 있는 융통성을 지녀야 한다. 하루의 일과가 끝나면 내일을 위한 새로운 리스트를 만들되 오늘 못다한 업무가 있으면 내일의 업무로 보낸다. 다음날 출근하여 일의 우선순위를 정하고 다시 업무에 착수한다.

현실적으로 어떤 날은 리스트에 있는 일을 다 할 수 없는 날도 많다. 그러나 적어도 중요한 우선순위업무는 처리할 수 있을 것이다. 리스트에 있는 업무를 거의매일 다 수행하거나 아니면 급한일조차도 그날 끝내지 못하고 계속 다음날로 넘긴다면 시간관리에 있어 문제가 있다는 신호일 수 있으므로 시간관리전략을 다시 수립한다. 시간에 쫓겨다니는 것이 아니라 자신의 계획에 따라 시간을 사용하는 시간의 주인이 될 수 있어야 한다.

효과적인 시간관리를 위하여 컴퓨터소프트웨어나 일정관리 프로그램을 활용하는 것도 추천할만하다.

03 미루지 않기

시간관리를 효과적으로 하기 위해서는 무엇보다 자신이 해야 할 일을 미루지 않아야 한다. 격언에 "오늘 할 일을 내일로 미루지 말라"는 말이 있으나 대부분의 사람들은 "내일로 미룰 수 있는 일은 오늘 절대로 하지말라"는 원칙으로 살아가는 경우가 많다.

만성적으로 미루는 습관이 있는 사람은 만성적인 스트레스속에 시달리게 되고 업무의 효율이 떨어질뿐만 아니라 자신감과 건강에도 막대한 손상을 입는다. 미루어 놓은 일들이 항상 심리상태를 압박하고 만성피로에 시달리게 한다. 해야 할 일을 미루고 꾸물거리는 사람들은 미래의 성공에 대한 확신도 부족하다. 또한 미루다 마지막 순간에 처리한 업무의 질은 최선, 최상의 것이 되기 힘들 것이다. 특히 자신의 일이 상사나 동료의 일과 연결되어 있을 때는 무능하게 비추어지고 비난을 받을 수도 있다.

3.1 미루는 이유

사람들이 일을 미루는 이유는 내면적으로 살펴보면 매우 다양하다. 해야 할 일이 어렵거나 혹은 그 일 자체가 즐겁지 않기 때문일 수도 있다. 내가 좋아하는 일을 하는 것도 중요하지만 내가 해야 할 일을 미루는 데는 대체적으로 다음과 같은 몇 가지 두려움 때문이다.

① 실패에 대한 두려움
② 완벽하지 못한 결과에 대한 두려움
③ 자신의 열등감으로부터 나오는 두려움

그외 사람들이 해야 할 일을 미루는 이유는 다음과 같다.

- 일이 너무 방대하여 어떻게 처리하여야 할지 모르겠음
- 일을 하면 하겠는데 일의 시작이 그다지 유쾌하지 않음
- 내가 좋아하는 성격의 일이 아님
- 집중을 방해하거나 일을 못하도록 유혹하는 요소가 많음
- 장기간에 걸친 일보다 단기간에 끝내고 결과를 볼 수 있는 일을 선호함
- 신체적인 에너지가 부족하여 무기력함

결국 미루는 것은 많은 사람들의 공통적 특성인 자기방어적인 행동이라고 할 수 있다. 자신이 미루는 경향이 있는지를 알아보기 위해서 스스로 다음과 같은 성향이 있는지 점검해 보자.

3.2 미루는 습관없애기

미루는 습관을 없애기 위해서는 스스로의 객관적 분석위에 만성적 미루기를 없앨 수 있는 계획을 세우고 이를 꾸준히 실천하여야 한다.

3.3 지연의 결과

해야 할 일을 미루었을 때 나타나는 결과들은 다음과 같다.

- 미루고 있는 일을 생각할 때마다 스트레스가 증가된다.
- 중요하고 장기적인 성과를 가져오는 일에 시간을 할애할 수 없는 데서 오는 압박감과 스트레스를 느끼게 된다.
- 마감시간에 쫓겨 엉망으로 일을 처리해 버리게 된다.
- 일이 점점 더 힘들어지고 비용도 더 늘어나게 된다.
- 자신의 비능률에 대하여 타인들이 어떻게 인식할까라는 두려움을 가지게 된다.

어떤 사람들은 고의로 마지막 순간까지 미루기도 한다. 그들은 마지막 순간에 전력을 다해서 무엇인가를 해내었을 때의 성취감을 즐기거나 그때에 가장 성과가 오른다는 것을 경험을 통하여 알기 때문이다. 따라서 지금 할 일을 불필요하게 미루는 것과 계획적인 지연

과는 차이가 있다. 때로는 보다 많은 정보를 수집한 후 일에 착수하는 것이 바람직하기 때문에 의도적으로 미루기도 한다.

의사결정을 하지 못하고 시간을 지체하는 관리자들을 흔히 볼 수 있다. 이는 실제의 문제가 무엇인지 알지 못하는 경우이거나 아니면 완벽한 대안을 원하기 때문인데 의사결정에 시간을 끌기보다는 여러 대안 중 가장 나은 대안을 선택하여 실천에 옮기는 것이 바람직하다.

04 업무시간관리

4.1 능률시간대의 효과적 활용

사람들은 각자 정신적·육체적 그리고 정서적으로 일정한 주기에 따라 리듬을 타고난다고 주장하는 학자들이 있다. 이러한 리듬을 바이오리듬 혹은 생체리듬이라고 하는데, 하루를 통하여 살펴보면 몸의 에너지가 더 왕성한 때가 있는가 하면 유난히 피곤을 느끼는 때가 있기도 하다.

아침일찍 하루를 시작하면서 아침시간에 정신집중을 하여 독서나 글쓰기, 공부 등을 하는 종달새형의 사람(morning person)이 있는가 하면, 밤늦게까지 일하는 것은 힘들지 않고 오히려 능률이 오르나 아침에 일찍 일어나기는 힘든 올빼미형의 사람(night person)도 있다. 따라서 개인마다 자신이 어떠한 유형인가를 살피고 어느 시간대가 가장 능률이 오르는 시간대(prime time)인가를 파악하여 잘 활용하면 같은 시간내에 더 많은 일을 할 수 있다. 일은 얼마나 많은 시간을 소요하는가가 문제가 아니라 얼마나 짧은시간에 능률적으로 처리하느냐가 문제이기 때문이다. 그러나 직장생활을 하면서 자신이 결정할 수 있는 시간보다 업무나 상사에 의하여 시간의 지배를 받게되는 경우가 많기 때문에 자신의 유형만 고집할 수 없다. 주어진 시간안에서 자신의 유형과 업무성격을 잘 조화하면서 나름대로 시간표를 짜보는 것은 유익하다.

4.2 자투리 시간활용

우리는 하루 중 많은 시간을 무료하게 소비하는 경우가 많다. 은행이나 병원에서 순서를 기다리면서, 버스를 기다리면서, 지하철로 출근하면서, 사람을 기다리면서, 출장을 가는 차안에서 등 비능률적인 시간이 많이 생긴다. 이러한 자투리 시간들을 모아서 잘 활용하면 얼마든지 큰일을 해낼 수 있다.

4.3 전화업무 시간관리

사무원의 경우 하루 중 전화응대에 소비하는 시간은 업무나 직위에 따라 다양하다. 또한 전화는 업무나 직위에 따라 자신이 통제할 수도 있고 통제할 수 없는 경우도 많이 있다. 서비스직이나 고객의 질문에 응대해야 하는 일선직원들은 자신의 의사와는 상관없이 끊임없이 울려대는 전화에 응대하여야 하며 중간관리자 이상 올라가게 되면 어느 정도 전화시간을 통제할 수 있게 된다. 특히 최고경영자와 관리자들은 비서에게 전화업무관리를 맡기면 시간생산성을 더욱 높일 수 있다.

4.4 업무환경관리

1. 업무공간의 효율화

효과적인 시간관리를 위해서는 자신이 작업하는 업무공간을 효율적으로 구성하는 것이 필요하다. 책상, 의자, 파일박스, 필요자료, 사무용품 등을 자신의 업무능률을 최대한 올릴 수 있게 정비한다. 어떤 사람은 말끔히 치운 책상위에서 작업하는 것이 더 능률이 오르는가 하면 또 어떤 사람은 자신이 필요한 모든 자료들을 책상위에 어질러 놓은 상태에서 작업을 하는 것이 더 능률이 오르기도 한다. 그러나 일반적으로는 현재 작업과 관련이 있는 자료들만 책상위에 올려놓고 나머지는 적절한 파일시스템을 이용하여 가까운 곳에 정리해두고 필요한 경우에 꺼내어 쓰는 것이 공간이용과 시간이용을 더 극대화할 수 있다.

2. 문서관리

일반적으로 사무실에는 많은 문서들이 이곳에서 저곳으로 옮겨다닌다. 특히 복사기가 일반화되고 컴퓨터프린터의 값이 하락한 이후부터는 유통되는 문서의 양이 더욱 늘어났다. 이러한 문서 이외에도 신문, 잡지, 선전책자, 보고서, 메모 등으로 인해 책상위는 곧장 종이더미에 묻히게 된다. 그러다 보면 긴급히 처리해야 할 문서와 그렇지 않은 문서가 섞이고 또 그걸 찾느라 시간을 소모하는 악순환이 계속되게 된다. 따라서 문서관리원칙을 정해서 실천함으로써 시간의 낭비를 줄일 수 있다.

제11장

직업과 윤리

아볼로가 고린도에 있을 때에 바울이 윗지방으로 다녀 에베소에 와서 어떤 제자들을 만나 가로되 너희가 믿을 때에 성령을 받았느냐 가로되 아니라 우리는 성령이 있음도 듣지 못하였노라
바울이 가로되 그러면 너희가 무슨 세례를 받았느냐 대답하되 요한의 세례로다
바울이 가로되 요한이 회개의 세례를 베풀며 백성에게 말하되 내 뒤에 오시는 이를 믿으라 하였으니 이는 곧 예수라 하거늘 저희가 듣고 주 예수의 이름으로 세례를 받으니 바울이 그들에게 안수하여 성령이 그들에게 임하시므로 방언도 하고 예언도 하니 모두 열두 사람쯤 되니라

〈사도행전 19장 1~7절〉

01 일과 직업

1.1 일의 의미

앨버트 허바드(Elbert Hubbard)는 "우리는 소유하기 위해서 일하는 것이 아니라 진정한 자신이 되기 위해서 일을 한다(We work to become, not to acquire)"라고 하였다. 일은 오로지 물질적 충족을 위한 수단이 되어서도 안 되고 또한 아무런 생각없이 시간을 때우는 수단이어서도 안 된다. 일은 어떻게 보면 우리 생애 있어서 매우 중요하지만 궁극적으로는 생의 목적의 일부분에 불과한 것이다. 이러한 생각을 염두에 두지 않으면 일에서 성공을 하더라도 허탈하게 되거나 아니면 맹목적으로 일을 하다 지치거나 아무런 의식없이 대충 일하게 된다.

어떠한 형태로든 성공적인 인생을 살기 원한다면 다음과 같은 질문들을 의도적으로 던져 보아야 한다.

- 더불어 살만한 가치가 있는 사람이 되기 위하여 나는 어떤 종류의 사람이 되어야 하는가?
- 나의 삶의 의미를 위하여 나는 어떠한 종류의 일을 해야 하는가?
- 내가 삶의 마지막에 도달했을 때 무엇을 유산으로 남기고 싶은가?

1. 일의 현대적 의미

현대에는 일에 대한 견해도 많이 달라지고 있다. 특히 젊은세대에서는 일 그 자체에 의미를 두기보다는 일로부터 얻어지는 경제적 결과에 더 의미를 두기도 한다.

자본주의 사회에서는 일은 일정한 수입을 보상으로 가져다 준다. 그러나 사람들이 만족스럽다고 느끼는 최소한의 부를 축적한 이후에도 일을 계속하는 사람들에게는 돈이 일하는 근본적인 이유가 되지는 않는다. 특히 많은 미국인들은 일이란 그 자체가 중요하다는 기독교적인 직업윤리관을 가지고 있다. 거액의 복권에 당첨된 사람들에게 현재 자신이 하고 있는 일을 그만둘 것인가를 질문했을 때 현재 하고 있는 일을 계속하겠다는 대답이 한국사람보다 미국사람들에게서 더 많은 것은 바로 이러한 직업관을 반영하고 있다고 할 수 있다. 생활비를 버는 단순한 행위자체도 가치 있는 것이지만 일이란 생에 있어 또 다른 만족감을 가져다준다고 생각하고 있다.

또한 일이란 개인적인 만족을 제공하기도 한다. 예를 들면, 직업은 개인이 자신에 대하여 가지는 정체성의 근원이 된다. 우리가 흔히 초면의 사람에게도 직업이 무엇인가를 물어보는 경우가 있는데, 이는 직업을 통하여 그 사람을 판단하기도 하고 또 우리자신도 자신의 직업을 통해서 내가 어떤 사람인가를 평가받기 원하는 경우가 많음을 나타낸다. 또한 가장이 가지고 있는 직업에 따라 그 가족의 위상도 커다란 영향을 받는다. 명예퇴직이나 조기퇴직을 하여 직장을 잃어버린 사람들의 경우 경제적인 곤란보다 오히려 더 심각한 것이 직업이 없어짐으로 인한 자아정체성의 상실에 따른 고통이라고 한다.

1.2 직 업

1. 직업이란?

직업이란 생계를 유지하기 위하여 자기의 적성과 능력에 따라 전문적으로 한 가지 일에 종사하는 경제적이고 지속적인 활동이라고 정의할 수 있다. 생계에 필요한 의식주 및 기타 부가되는 물자를 취득하기 위하여 매일 반복적으로 계속되는 '일'로써 '생업'이라 부르기도 한다.

직업이란 단순히 생활비를 버는 것보다 훨씬 더 중요한 역할을 한다. 직장은 사람들로 하여금 광범위한 세계를 여러 면에서 경험할 수 있도록 해준다. 사람들이 직업을 통하여 하는 일 또는 직장에서 하는 일은 그들의 인격형성에 많은 영향을 미친다. 우리의 삶에 대한 태도, 가치관, 일반적인 인격형성이 많은 부분가정에서 이루어진다. 그러나 실제적으로 우리가 어떤 종류의 사람인가 하는 것은 날마다 우리가 직장에서 수행하는 역할에 따라 일어나는 일들에 의해서 크게 영향을 받는다.

그렇기 때문에 어디에서 일을 하고, 누구와 함께 일하며, 무엇을 생산하고, 어떻게 그것을 생산하며, 동료들과 어떤 관계를 맺어 나갈지를 선택하는 일들이 상당히 중요한 의미를 지니게 된다. 특히 우리 나라 사람들은 자신을 소개할 때 자신의 특성이나 자신이 좋아하는 바를 이야기 하기보다는 어느 회사에 다니는 아무개라고 소개함으로써 자신과 회사를 동일시하는 경향이 있는 것을 보더라도 직장이 개인에게 미치는 영향은 크다.

직장의 일이 사람들을 더욱 훌륭한 사람으로 변화시킬 수도 있고 그와 반대로 조직의 수레바퀴에서 일상적인 일을 반복적이고 무의미하게 수행하는 무관심한 사람으로 만들 수도 있다. 친절하고 사려깊은 동료들과 계속적인 친교를 갖고, 일을 통하여 다른 사람들에게 봉사하며 사람들이 정말로 필요로 하는 물건들을 만들어 내는 일을 하면서 우리들은 일을 통한 만족감을 얻을 수 있다.

2. 직업의 목적

사람들은 다양한 목적을 달성하기 위하여 직업을 가진다. 직업을 가지는 목적을 보다 구체적으로 살펴보면 다음과 같다.

(1) 생계유지의 수단

사람은 일정한 나이가 되면 직업을 갖게 된다. 대개 20세 전후에 직업을 가져 60세 전후까지 직업생활을 한다. 직업은 여러 가지 기능을 가지고 있지만 그 중의 하나는 일을 하는 대가로 경제적 보수가 따라오기 때문에 생계를 유지할 수 있게 된다.

(2) 자아실현

인간은 기본적 욕구가 충족되고 나면 보다 높은 차원의 욕구를 가지게 된다. 생업의 수단으로서의 직업에서 한 단계 발전하게 되면 일을 통하여 자아를 실현하고자 하는 욕구로 자연스럽게 올라가게 된다. 그러나 모든 사람이 다 직업을 통하여 자아를 실현할 수 있는 것은 아니다. 사회적으로나 객관적으로 좋은 직업이라고 평가되는 직업에 종사하는 사람만이 자아실현을 하는 것도 또한 아니어서 어떠한 직업에 종사하든 그 일을 통하여 자신을 발진시키고 자신이 원하는 바를 성취하며 이상을 실현할 수 있는 것이 바람직하다.

(3) 사회에의 봉사

직업은 본질적으로 사회성을 가지고 있다. 즉 직업은 이웃에 대한 봉사, 사회에 대한 필요성, 국가와 인류에 대한 공헌을 가지고 있다. 사회의 구성원들 각자가 맡은 일을 열심히 할 때 사회와 국가가 발전되어 나갈 수 있다.

1.3 직업의 선택

직업을 통하여 자아실현이 가능하고 사회에 대한 봉사도 가능한 것이므로 자신에게 적합한 직업을 선택하는 것은 매우 중요하다. 자신에게 적합한 직업이 무엇인가를 알아보기 위해서 제일 먼저 해야 할 일은 자신의 소질을 파악하는 것이다.

- 나는 어떤 일을 할 준비가 되어 있는가?
- 나는 어떤 일을 잘할 수 있는가?
- 나는 어떤 일을 정말 즐겁게 할 수 있는가?

이 질문들에 대한 답을 구하기 위해 나의 삶을 통해서 내가 어떤 일을 해야 할지를 깊이 생각해 보아야 할 것이다.

자신이 가진 재능과 능력을 발휘할 수 있는 직업이라면 그것은 좋은 직업이라고 할 수 있다. 만약 자신이 잘할 수 없는 일과 즐겁게 할 수 없는 일을 하도록 요구하는 직업을 선택한다면 자신의 불행은 물론 다른 사람에게도 피해를 주게 될 것이다.

02 직업의식과 직업윤리

2.1 직업의식

같은 일을 해도 어떠한 생각을 가지고 하느냐에 따라 그 태도는 달라진다. 직업에 임할 때 생계의 수단으로 할 수 없이 일하는 것과 자신이 하는 일에 가치를 부여하며 최선을 다해서 일을 수행하는 것에는 결과면에서 차이가 날뿐만 아니라 일하는 사람의 성취감에도 중대한 영향을 미친다. 직업인으로 가져야 할 직업의식은 다음과 같다.

1. 소명의식과 천직의식

직업은 개인이 부여하는 단순한 의미와 사회전체나 조직에서 갖는 의미로 나눌 수 있다. 사회를 구성하는 개인으로서 각자 자신이 맡은 역할을 어떻게 수행하느냐에 따라 국가와 사회에 미치는 영향이 크고, 그 영향은 다시 개인의 삶에 영향을 미치는 순환을 반복한다. 직업의식 중 소명의식은 자신이 맡은 일은 하나님의 부름을 받아 맡겨진 일이라고 생각하는 태도이다.

또한 자신이 직업에 긍지를 느끼며 그 일에 열성을 가지고 성실히 임하는 직업의식이 바로 천직의식이다. 자신이 하고 있는 일보다 다른 사람의 직업이 경제적으로나 명예적으로 높은 위치에 있다 하더라고 현재의 직업에 충실하고 보람을 느끼고 있다면 그것이 바로 천직이다.

2. 직분의식과 봉사정신

인간의 사회참여는 특정한 일을 수행하는 직업을 통해서이다. 각자직업을 통해 사회적 기능을 수행하게 되는데, 특히 어떤 일의 일부를 나누어 수행함으로써 사회의 각종 기능수행에 직·간접으로 수행하고 있다는 직분을 다하는 것이라 볼 수 있다.

또한 급변하는 현대산업사회에서의 직업환경의 변화와 직업의식의 강화는 자신의 직무를 수행하는 과정에 협동정신과 봉사정신을 요구한다.

3. 책임의식과 전문가의식

직업인은 그 직업에 대한 사회적 역할과 직무를 충실히 수행하고 책임을 다해야 한다. 책임을 효과적으로 완수하기 위해서는 그 직업의 중요성을 인식하고, 그 일을 완벽하게 수행할 수 있는 전문적 지식을 가지고 있어야 한다. 흔히 변호사나 의사와 같이 일반적으로 전문직이라고 생각하는 직종에서만 전문적 지식을 필요로 한다고 생각하기 쉬우나 모든 직종에서 그 나름대로의 전문지식을 필요로 한다. 호텔청소원이 호텔청소를 효과적으로 잘하고 그 방법을 동료들에게 잘 전수하였다고 하여 지식경영의 사례로 꼽힌 사례도 있다.

2.2 사회변화와 윤리의식

1. 윤리의식의 형성

윤리란 특정사회에 있어서의 행동과 도덕의 기준을 의미하는 것으로 이는 과거로부터 행해져 오던 전통에 기초하면서도 현재까지 존중되어지는 것을 의미한다. 다시 말하면 윤리는 옳고 그른 것의 기준을 나타내는 것이다.

윤리와 비슷한 개념으로 도덕이 있는데, 두 가지가 정확히 일치하는 개념은 아니다. 도덕은 사회·문화적으로 개인의 행동에 있어 옳고 그름을 나타내는 것은 유사하나 우리가 어떻게 행동하여야 하는가에 대한 불문율을 광범위하게 나타낸다. 반면 윤리는 보다 더 구체적이며 성문율에 의거하는 경우가 많으며 윤리는 형평성과 평등성 그리고 특정집단에 있어서의 구체적인 행동지침과 주제들을 다루고 있다.

개인의 윤리의식에 영향을 미치는 요소들은 개인적 요인, 사회적 요인, 경제·제도적 요인, 문화적 요인 등이 있다.

(1) 개인적 요인

개인적 요인으로는 개인의 가치관, 감정, 선·악에 대한 기준, 도덕적 기준, 태도, 정직성 등을 들 수 있다.

그림 11-1 개인의 윤리의식에 영향을 주는 요소

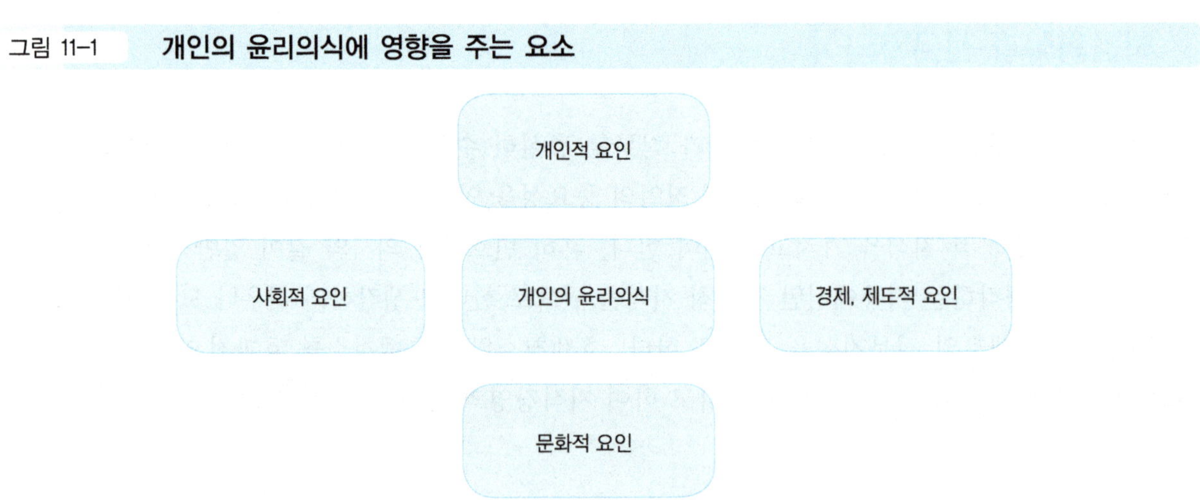

(2) 사회적 요인

사회적 요인으로는 집단목표, 형평성, 공평성(기회의 균등)에 대한 기준, 관계, 집단압력 등을 들 수 있다. 즉, 개인적으로는 윤리적인 의사결정을 하고 싶더라도 한 조직의 구성원으로서 다른 의사결정을 내릴 수도 있다는 것이다.

(3) 경제 · 제도적 요인

경제 · 제도적 요인으로는 법률적 해석, 경제적 이익 및 손해, 성과측정과 보상(징계)의 불일치, 비도덕적 행동에 대한 제재장치 등을 들 수 있다. 예를 들면, 원칙을 지키는 것이 오히려 손해일 정도로 사회적인 제도가 확립되어 있지 않으면 옳지않다는 것을 알면서도 자신의 경제적 이익을 추구할 것이다.

(4) 문화적 요인

문화적 요인으로는 문화적 가치, 문화적 신념, 관념, 종교문화의 차이 등을 들 수 있다.

2. 윤리의식의 변화

오늘날 한국사회에서 기업이나 개인의 기업윤리나 직업윤리가 매우 중요한 주제로 거론되고 있다. 외국의 신용조사에 의하면 한국의 국제적 신뢰도는 매우 낮은 반면에 부패정도는 매우 높은 것으로 나타났다. 국제사회로부터 투명한 경영을 요구받고 있는 한국사회는 개인과 사회의 신뢰도를 높여나가야 한다.

기업의 목표는 이윤의 추구라는 개념에서 적정이윤의 추구 및 사회공헌이라는 목표로 변화되었으며 이 두 가지를 추구하기 위해서는 윤리에 바탕을 둔 경영이 필요하게 되었기 때문이다. 윤리는 절대적이라기보다는 시대와 집단에 따라서 상대적인 면이 있다. 예전의 서양에서는 오래동안 의사나 법률가들이 미디어에 광고를 하지 않았는데 그 이유는 그 집단에서는 이러한 행동이 비윤리적이라고 여겨졌기 때문이다. 그러나 오늘날에는 그러한 광고를 한다고 해서 비윤리적으로 여길 사람은 아무도 없다.

어떤 사람들은 비즈니스와 윤리는 결코 어울리지 않는다고 여기는데 이것은 크게 세 가지 이유때문이다. 첫째는 이윤과 도덕은 함께 추구할 수 없다고 생각하는데 이것은 돈을 번다는 것은 성공의 방법이기는 하지만 부정을 하지않고 돈을 벌기란 불가능하다고 생각하기 때문이다. 둘째로는 윤리적인 의사결정을 내리기 위하여 고민해야 하는 모호한 부분에 대한 것은 무시하기 때문이다. 셋째는 윤리란 규칙이나 법규를 지키기만 하면 되는 것으로 오해하는 경우가 많다는 것이다.

실제로 법률적인 기준과 도덕적 기준이 일치하지는 않는다. 기업의 적대적 합병이나 인수는 법률적으로 잘못이 없을지 모르지만 도덕적으로는 문제가 될 수 있다. 인수(takeover)를 추진하는 사람은 기업운영의 법에 따라 실시할지는 모르지만 그것이 도덕적으로 항상 옳다고는 할 수 없기 때문이다. 그러나 윤리는 사회와 시대에 따라 유동적으로 변화하기도 한다. 한때는 기업을 팔거나 사는 행위를 죄악시 하였지만, IMF 상황이후 한국경제는 기업을 팔고 구조조정을 해야 하는 입장이 되어 오히려 이를 장려하고 있다.

2.3 직업윤리

1. 직업윤리의 개념

직업윤리란 사회생활을 하는 인간이 근본적으로 부딪칠 수밖에 없는 윤리문제 중 직업과 관련된 윤리를 한정시킨 것이다. 직업윤리는 두 가지 관점으로 해석되어질 수 있다. 하나는 직업윤리를 직업인의 행동이나 태도에 있어 옳고 그름이나 선과 악을 체계적으로 구분하는 판단기준이나 규범체계를 의미한다. 또 다른 해석으로는 직업인의 업무수행이나 의사결정에 있어 현실적인 도움을 주기위한 것으로 다양한 이해관계자나 광범위한 사회에 이익을 주거나 해를 줄 수 있는 행동과 의사결정의 기준을 의미하기도 한다. 즉, 조직 혹은 사회내에서 직업인으로 활동할 때 자신의 행동이나 의사결정의 파급효과까지 알 수 있어야 한다.

2. 직업인의 윤리

각 직종에 따라 직업인으로서 지켜야 할 기본적인 윤리가 있다. 전통적으로 전문직으로 인정되는 법률가, 의사 등과 같은 직업뿐 아니라 최근에 생겨난 시스템분석가, 펀드매니저에 이르기까지 각 직종과 직장에서는 조직원의 윤리적인 행동과 자율을 촉구한다.

3. 윤리적 의사결정

법률에 대하여서도 법의 해석에 따라 여러 의사결정이 나올 수 있다. 법의 형평성을 논의하면서 귀에 걸면 귀걸이 코에 걸면 코걸이라는 비판을 받는 것도 어떻게 해석하고 어떻게 적용하는가의 문제가 개인에 따라 틀려진다는 데에 있다. 윤리적인 의사결정은 상황적인 요소나 상대적인 요소들이 많기 때문에 어떠한 사안에 대하여 행동이나 의사결정을 해야 할 때 그 문제에 대하여 다음과 같은 질문을 스스로에게 던져볼 필요가 있다.

4. 비윤리적 행동에 대한 반응

만약 회사내에서 누군가가 비윤리적인 행동을 하는 것을 알았을 때는 어떻게 해야 하는가?라는 질문은 직장생활을 하는 사람이면 한번쯤은 부딪치게 되는 질문이다. 그 질문에 대한 해답으로는 비윤리적인 행동을 하는 사람으로 하여금 누군가가 그 잘못이나 비리를 알고있다는 것을 간접적 혹은 직접적으로 알게 하는 방법과 그 사람을 상급부서에 고발하여 진실이 드러나게 하는 방법 등이 있을 수 있다.

그러나 현실적으로는 잘못을 고발하는 사람이 오히려 '고자질장이'나 '문제 사원'으로 따돌림 당하는 경우가 많다. 특히 우리 나라와 같이 구조적으로 또는 조직적으로 부정이 확산되어 있으며 많은 사람들이 '관행'이나 '관례'라는 이름으로 어떤 대가를 받고 각종 특혜나 이권에 개입하는 것이 일반화된 사회에서는 대부분 사람들의 윤리의식이 무디어져 있어서 문제를 제기하는 사람이 불이익을 당하는 경우도 적지 않다.

자신이 투철한 윤리의식을 가졌을 때에도 다른 사람의 비리를 공개적으로 고발해야 하는가 하는 행동자체에 대하여 갈등을 겪는 경우도 많다. 일단 고발을 하면 그에 따라 본인에게 돌아올 감정적인 그리고 시간적인 손해도 적지 않고 다른 사람으로부터 "저 사람은 자기혼자 깨끗한 척해서 시끄럽게 만들어"라는 비난을 받는 등 본래의 의도와 달리 억울한 오해를 받을 수도 있다. 따라서 이런 위험과 번거로움 때문에 비리를 알면서도 모르는 척 용인하는 경우가 많으며, 문제가 발생하였을 때는 본의 아니게 피해를 당하기도 한다.

어떤 경우에는 본인은 원하지 않지만 상사로부터 기업이나 상사의 이익을 위하여 비윤리적이고 불법적인 명령을 수행하도록 요구받기도 한다. 이럴 때는 그 명령을 따르지 않으려면 회사를 떠나는 방법밖에 없다고 생각할 수도 있으나 회사를 떠나는 것은 근원적인 해결방법이 되지 않으며 다른 회사에 가면 또 그와 유사한 문제가 있음을 발견하게 된다.

따라서 비윤리적인 조직문화와 환경에 굴하지 않고 나부터 바른윤리관을 가지고 실천해 나가야 한다는 굳은 의지와 함께 정직성을 회복하여 비슷한 생각을 가진 사람들이 점차 많아질 수 있도록 힘써야 한다. 뿐만 아니라 조직이나 회사차원에서도 부정을 고발하는 사람에게 불이익이 돌아가는 것이 아니라 보상하는 분위기와 제도를 정착시켜야 한다.

최근에 와서 공직사회나 회사 혹은 전문직단체에서 윤리위원회를 설치하고 윤리헌장을 정립하는 현상이 늘어가고 있는데 이는 바람직하다고 할 수 있으며, 단지 구호에만 그칠게 아니라 실질적으로 사회를 정화해 나갈 수 있는 역학을 할 수 있어야 한다. 그러나 자칫 잘못하면 조직원들 사이에 불신을 조장하거나 다른 사람을 모함하는 투서와 같은 역기능이 생길 수도 있으므로 운영에 있어 유의를 하여야 한다.

5. 솔선수범의 윤리의식

조직원들 사이에 있어서 윤리의식을 높이고 비윤리적인 행동을 방지하는 보다 근원적인

외국의 직장인들이 생각하는 비윤리적인 행위요소들

매우 비윤리적인 행동

- ·아무 죄없는 동료에게 실수에 대한 비난을 전가한다.
- ·대외비정보를 발설한다.
- ·시간/품질/수량에 대한 보고서를 허위로 작성한다.
- ·다른 사람의 공을 자신의 것으로 가로챈다.
- ·회사의 물품과 비품을 훔친다.

중간 정도의 비윤리적인 행동

- ·특혜를 조건으로 뇌물이나 호의를 받는다.
- ·부하직원으로 하여금 회사의 규칙을 위반하도록 승인한다.
- ·경비를 실제보다 10% 이내로 불려서 허위청구한다.

직장인들이 흔히 범하는 비윤리적인 행동

- ·자신의 잘못이나 실수를 은폐한다.
- ·개인적인 목적으로 회사의 서비스를 이용한다.
- ·회사업무시간 중 개인적인 일을 본다.
- ·점심시간이나 휴식시간을 규정보다 오래 가진다.

방안은 기업과 조직리더들이 확고한 윤리의식으로 무장하는 것이다. 먼저 기업이 기업경영에 있어 기업윤리를 지키며 투명하게 기업경영을 하고 경영자들 또한 윤리적인 경영철학을 지니고 원칙을 존중하는 기업경영을 할 때 부하직원들에게도 마찬가지의 행동과 의식을 요구할 수 있으며 부하직원들도 자연히 상사의 원칙을 따르게 된다. 자신은 비윤리적인 행동을 하면서 부하직원들이나 자녀들에게는 윤리적으로 행동하라고 말하는 것은 설득력이 없다.

위 사례에서 볼 수 있는 바와 같이 지사장으로서 자신의 이익을 위해 회사의 경비를 낭비하면서 부하직원에게는 경비를 줄이라고 요구할 수는 없을 것이다.

부하직원이 비윤리적이거나 정직하지 못한 행동을 하는 것을 발견했을 때는 일차적으로 비공개적인 자리에서 잘못을 지적하고 시정할 것을 요구한다. 그래도 시정되지 않을 때는 회사의 법규나 관례에 따른 징계를 내릴 수 있다. 그러나 하급직원으로서 회사내 상사나 혹은 다른 동료들이 비윤리적이고 정직하지 못한 일을 행하는 것을 알았을 때는 문제해결이 간단하지 않다. 이를 어떻게 막아야 할지 혹은 누구에게 알려야 할지를 망설이게 된다. 평소직장에 믿을만한 선배나 상사가 있으면 함께 의논하여 신중을 기함으로써 개인의 성급한 판단에 따라 행동하지 않도록 유의한다.

성경에 "타인의 눈에 있는 티는 보면서 자신의 눈에 있는 대들보는 보지 못한다"는 비유가 있다. 보통 사람들은 타인에게는 엄격한 윤리기준을 적용하면서 자신의 그보다 더한 행동에 대해서는 나름대로의 이유를 내세워 합리화시키는 어리석음을 자주 범한다. 따라서 자신의 가치관과 윤리기준을 정립하여 스스로 실천하며 사회에서 구조적으로 행해지는 부정에 대하여서도 문제의식을 가지고 개선해 나가는 노력이 필요하다고 하겠다.

특히 우리사회에 만연해 있는 '봉투문화', 즉 촌지를 추방할 때 비로소 정직하고 깨끗한 거래가 정착되고 신뢰할 수 있는 사회가 될 수 있을 것이다.

03 윤리헌장

만약 윤리적 문제와 법률적 문제가 같지 않다면 우리는 모호한 부분에 대하여 어떻게 판단하여야 할 것인가라는 질문에 부딪치게 된다. 이를 위해서 미국유수의 기업들과 전문직

협회들은 윤리헌장을 제정하여 실천하려고 노력하고 있다. 물론 우리 나라 기업이나 조직에서도 최근에 와서는 윤리위원회의 설치나 윤리헌장의 제정과 같은 제도를 도입하고 있으나 실질적으로 구체적인 윤리지침을 제공하기보다는 형식에 그치는 경우가 대부분이다. 윤리헌장에 어긋난 행동을 했을 때는 윤리위원회의 공정한 심사를 거쳐 징계나 불이익을 받는 제도가 정착되어야 사회전반적으로 공정성을 확립할 수 있으며 공평한 게임의 법칙을 지켜나가려는 분위기가 확산될 수 있을 것이다.

1. 기업윤리헌장

1990년대 초 우루과이라운드(Uruguay Round : UR)에 의하여 세계무역기구가 설립되어 전 세계 국가가 하나의 시장으로 변화되기 시작하였다. 1997년에는 그린라운드(Green Round : GR)에 의해 국제무역에서 환경, 공해문제의 중요성이 제기되었다. 최근에는 미국을 중심으로 비윤리적 기업의 제품과 서비스를 국제시장에서 규제하자는 윤리라운드(Ethic Round : ER)가 확산되고 있다.

기업이 윤리적으로 잘못하면 대외적으로 회사의 신용도가 떨어지며 그 결과 매출과 수익이 감소한다. 뿐만 아니라 대내적으로는 종업원의 사기가 떨어지고 생산성도 낮아진다. 뿐만 아니라 국제상거래에 있어 윤리기준을 지키지 않으면 국제적인 망신과 손해를 당할 수도 있다. 따라서 기업윤리는 회사 경쟁력을 강화시키며 회사이익을 증대시키는 매우 중요한 요소이다.

선진국에서는 많은 기업들이 기업윤리헌장을 제정하였으며 우리 나라 기업들도 앞다투어 기업윤리헌장을 선포하고 있다.

"우리의 책임은 우리가 생활하고 일하고 있는 지역사회는 물론 전 세계 공동체에 대한 것이다. 우리는 선량한 시민이 되어야 하며 선행과 자선을 베풀고 적절한 세금을 내야한다. 사회의 발전과 건강 및 교육의 증진을 위해 노력해야 하고 환경과 천연자원을 보호해야 한다."

세계적으로 윤리경영의 선두기업으로 손꼽히는 미국 존슨앤드존슨(J&J)이 1943년부터 제정해 실천해오고 있는 '우리의 신조(Our Credo)'중 일부다. 이 회사는 미국 뉴브런즈윅 본사는 물론 세계 각지의 현지법인에도 석판이나 목판에 이를 새겨 현관에 걸어놓고 있다. "첫 번째 책임은 고객이며, 둘째는 직원, 셋째는 지역사회, 넷째는 주주에 대한 책임"이란 내용이다. 창업자의 손자인 로버트 존슨이 명문화해 만든 이 신조는 미국식 윤리강령의 표본이 되었다.

04 직장내 성희롱

4.1 성희롱

직장에서는 여러 유형의 사람들이 함께 근무를 하며 다양한 인간관계를 맺는다. 특히 남녀가 함께 일을 함에 있어서 정상적인 인간관계가 아니라 직위나 권력을 이용하여 상대에게 성적인 희롱을 하거나 요구를 할 때 부하직원의 입장에서는 이를 거절하거나 피하기가 쉽지 않다. 미국과 같은 선진국에서는 성희롱(sexual harassment)에 대한 문제점을 일찍이 인식하여 법적제도와 제도적 장치를 정비하였으며 우리 나라에서도 최근에 와서 남녀고용평등법 내에 성희롱에 관한 조항을 삽입하고 고용노동부의 여성정책국 중심으로 인식확산 및 대응방안에 대한 상담을 하고 있다.

1. 성희롱의 정의

남녀고용평등법 제2조의 2 제2항에 성희롱을 다음과 같이 정의하고 있다.

"직장내 성희롱이라 함은 사업주, 상급자 또는 근로자가 직장내의 지위를 이용하거나 업무와 관련하여 다른 근로자에게 성적인 언어나 행동 등으로 또는 이를 조건으로 고용상의 불이익을 주거나 또는 성적 굴욕감을 유발하게 하여 고용환경을 악화시키는 것을 말한다." 직장내 성희롱은 사업장 밖에서도 상급자가 그 지위를 이용하거나 업무와 관련이 있다면 성립된다. 예를 들면 출상중의 차안, 숙소, 회식상소 등에서 이루어진 성희롱도 직장 내 성희롱범주에 속한다.

이때 중요한 것은 자신은 싫은데 자신의 의지와 반대하여 상대방이 강압적 혹은 일방적으로 성희롱행위를 한다는 데 그 문제가 있다.

4.2 성희롱의 유형

1. 고용상 불이익을 주는 성희롱

윗사람의 요구에 응하지 않았을 때 해고 또는 부서변경 등 고용상의 불이익을 주는 성희롱의 유형으로 다음과 같은 예를 들 수 있다.

- 직장내에서 사업주가 근로자에게 성적인 관계를 요구했는데 이를 거부했다는 이유로 해고하는 것
- 상급자가 차안에서 근로자의 허리, 가슴 등을 만져 이에 저항하자 현재보다 불리한 부서로 배치전환하는 것
- 회식자리에서 상사가 외설적인 춤을 출것을 요구하며 포옹하려 하여 이를 거부하자 승진에서 탈락시키는 것 등이다.

2. 성적 굴욕감을 유발하는 성희롱

직접적으로 접촉을 하거나 성적인 요구를 하지는 않으나 언어적 혹은 시각적 행위로 굴욕감을 유발하는 유형으로 다음과 같은 예를 들 수 있다.

- 직장내에서 음담패설, 외모에 대한 성적인 평가 등의 발언을 하여 근로자가 굴욕감을 느끼고 근로의욕이 저하되도록 하는 것
- 여성근로자와 관계되는 성적소문을 의도적으로 퍼뜨려 심적고통을 느껴 제대로 일을 할 수 없게 하는 것
- 직장상사가 음란사진, 그림 등을 게시하여 여성근로자가 굴욕감을 느끼고 업무에 집중할 수 없게 하는 것 등이다.

그러나 특정인에게 무조건 커피심부름을 시키거나 반말을 하는 것은 성적인 언동이 아니기 때문에 성희롱에 해당되는 것은 아니다.

3. 행동유형별로 본 성희롱

(1) 육체적 행위

입맞춤, 포옹, 뒤에서 껴안는 등의 신체적 접촉행위, 가슴, 엉덩이 등 특정 신체부위를 만지는 행위, 안마나 애무를 강요하는 행위

(2) 언어적 행위

음란한 농담을 하거나 음탕하고 상스러운 이야기를 하는 행위(전화통화포함), 외모에 대한 성적인 비유나 평가를 하는 행위, 성적인 관계를 강요하거나 회유하는 행위, 회식자리 등에서 무리하게 옆에 앉혀 술을 따르도록 강요하는 행위

(3) 시각적 행위

음란한 사진, 그림, 낙서, 출판물 등을 게시하거나 보여주는 행위(컴퓨터 통신이나 팩시밀리 등을 이용한 경우도 포함), 성과 관련된 자신의 특정 신체부위를 고의적으로 노출하거나 만지는 행위

4.3 성희롱대처와 예방방안

성희롱판정의 중요한 요건은 얼마나 일방적으로 그리고 강압적으로 나의 의사가 무시된 채 문제의 행동이 이루어졌는가의 여부이다. 성희롱으로 고발된 많은 남성들은 자신은 성희롱을 한 적이 없을 뿐 아니라 상대방도 싫어하지 않았고 오히려 동조했는데 이제와서 무슨 소리냐고 강하게 반발하는 경우가 많다고 한다. 본인도 같이 동조하거나 자발적으로 협조했다면 성희롱이 성립될 수가 없다.

1. 성희롱대처

상대가 성희롱이라 볼 수 있는 행동을 나타내면 그 행위자에게 명확한 거부의사를 표시해야 한다. 명확하게 표현하지 않으면 허용하는 것으로 오해할 수도 있기 때문이다. 처음에는 행위의 시점에 정중하게 중단할 것을 요청하고 그래도 지속적으로 또 여러 차례에 걸

쳐 성희롱이 이루어지면 행위자에게 중단을 요청하는 편지를 쓴다.

성희롱행위가 중단되지 않으면 문서화된 기록을 증거로 남기는 것이 필요하다. 나중에 사실여부를 확인할 근거가 될 수 있도록 일시, 장소, 성희롱행위의 유형, 목격자, 대화내용 등을 정확히 서술한다. 문제가 심각하다고 인식될 때는 직장내 선배, 상급자, 회사내 상담요원 등에게 상담을 요청하거나 여성단체나 고용노동부(여성정책과, 지방노동청)로 상담을 하거나 신고한다.

2. 성희롱 예방방안

직장내에서 성희롱이 일어나지 않게끔 하는 데에는 무엇보다 최고경영자가 성적위협이 없는 분위기 좋은 직장을 만들겠다는 의지를 갖는 것이 중요하다. 사업주는 직장내 성희롱 예방을 위하여 연 1회 이상 성희롱 예방교육을 실시하여야 할 의무가 있다.

사업주는 성희롱행위자에 대해서 부서전환, 징계 등의 조치를 취하여 성희롱을 하였을 때는 불이익이 따른다는 것을 명백히 하여야 한다. 그러나 현실적으로는 거꾸로 성희롱 피해자에게 고용상 불이익을 주는 조치를 하는 경우가 있다. 특히 가해자가 고위관리자이며 피해자가 말단 여직원일 경우에는 오히려 문제제기를 한 여직원이 회사에서 견디기 힘들도록 유도하여 사표를 내게 만들기도 한다. 사업주가 성희롱 여부판단이나 관련분쟁해결이 어려운 경우는 관할 노동지방관서의 장에서 지원요청을 할 수 있다고 고용노동부에서는 밝히고 있으나 현실적으로 사내문제를 외부에까지 표출할 사업주는 거의 없다고 해도 과언이 아니다.

어떤 회사에서는 성희롱 상담센터를 설치하고 성희롱에 관한 매뉴얼이나 비디오로 사원들에게 교육시키고 교육실시 여부에 대하여 확인서명을 받기도 한다. 문제는 형식적인 것이 중요한 것이 아니라 성희롱이 없는 사내분위기를 유지하겠다는 최고경영자의 의지가 중요하며, 피해자가 불이익을 받지않고 상담하고 고발할 수 있는 제도적 장치가 마련되어야 한다.

제12장
경력관리와 자기개발

01 직업환경변화
02 커리어관리
03 멘토링
04 평생교육

▶ ● ≣

급변하는 글로벌환경에서 조직활동의 활성화를 기하기 위해 조직은 미래의 변화를 예측하고, 미래에 대한 대비를 해야 한다.

계획은 이러한 미래 상황에 대비하여 조직의 경영관리자가 조직의 성장·발전을 위해 활동의 방향과 수준을 설정하는 것이다.

즉, 목표설정과 목표를 달성하기 위해 조직의 전략을 수립하고, 목표달성을 위한 조직활동을 분리, 통합 및 조정하여 언제, 어디서, 누가, 무엇을, 어떻게 해야 할 것인가를 결정하는 과정이다.

이와 같이 계획은 미래 지향적이다.

01 직업환경변화

사람은 정도의 차이가 있을 뿐 누구나 큰 변화를 두려워한다. 때에따라 그 변화가 긍정적인 변화일 수도 있고 부정적인 변화일 수도 있으나 변하에 대하여 불안감을 가지기는 마찬가지이며 모든 변화에는 위험부담이 따르는 것도 사실이다.

변화는 사회적인 변화, 조직내 변화, 가정 및 개인의 변화 등 여러 종류가 있으며 각 요소들은 상호간에 영향을 미치기도 한다. 여기에서는 사회적인 변화, 특히 직업환경의 변화에 대하여 살펴보자.

1.1 직업환경의 변화

현대에 이르러 많은 전통적인 직업이 사라지기도 하고 또 계속해서 새로운 직종이 생겨나기도 한다. 사람들은 앞으로 평생을 통하여 한 직업에 계속 종사할 수도 없을 뿐더러 평생직장이란 것도 존재하지 않을지도 모른다. 미국의 통계에 따르면 일반적으로 사람은 평생을 통하여 3번 직업을 바꾸고 직장은 6~7회 바꾼다고 한다.

노동력의 구성도 변화하고 있다. 예전에 비하여 보다 많은 여성들이 사회에 진출하고 있다. 선진국에서는 정규직 근로자보다 계약근로자와 일용근로자의 비율이 더 높아졌으며 한국도 IMF 이후 정규직보다 계약직의 비율이 높아지고 있다. 일반사무직에 있어서도 계약직 근로자의 비율이 해마다 높아지고 있다.

1.2 환경변화와 직업능력

21세기의 직업은 보다 다양한 직무능력을 요구할 것이며 직업시장의 새로운 요구를 인식하고 변화된 근무환경에 적응할 수 있어야 한다. 이러한 환경에 적응해 나가는 데 있어 필수적인 능력을 예시하면 다음과 같다.

- **유연성**(flexibility) : 평생직장을 찾는다는 개념에서 벗어나 평생직업을 구한다는 생각을 가져야 한다.
- **어학능력** : 세계 최고의 선진지식을 남보다 한발앞서 효과적으로 습득하기 위해서는 독해, 회화, 작문 등 전반적인 외국어 구사능력이 필수적이다. 인터넷에 올라와 있는 정보의 80% 이상이 영어로 쓰인 정보라고 한다. 외국어를 구사한다는 것은 자신의 일자리를 해외에서도 구할 수 있다는 것을 의미한다.
- **컴퓨터활용능력** : 지식기반 경제에서 개인과 국가의 발전속도를 가늠하는 중요한 척도가 될 것이다.
- **문제해결능력** : 창조적 사고와 적극적인 자세로 문제를 해결하는 능력을 키워야 한다.
- **서비스정신**(service mind) : 자신의 업무에 대한 고객을 파악하고 고객의 요구를 최대한 충족시킨다는 자세가 필요하다.

02 커리어관리

일상생활에서 많이 사용되는 커리어(career)의 어원은 'carr(us)', 즉 마차(wagon)라는 뜻과 길(road)이라는 뜻의 'carraria'에서 나온 것이다. 동사로서는 "곧 바로 전속력으로 간다"라는 뜻이 있으며 명사로서는 "계속적이고 누진적인 목표달성을 추구하는 것 또는 그 분야", "영속적인 직업으로서 스스로 택하여 그것을 위해 훈련을 쌓아야 하는 전문직업"이란 뜻을 가진다고 한다.

또 다른 학자는 "한 개인이 일생을 두고 일과 관련하여 얻게되는 경험 및 활동에서 지각된 일련의 태도와 행위"라고 정의하고 있다. 어떤 사람은 같은 직종에서 평생종사하기도 하고 또 어떤 사람은 태도나 기회의 변화에 따라 여러 종류의 직업으로 바꿈으로써 다양한 커리어를 추구하기도 한다.

2.1 커리어선택

1. 개인과 커리어

개인이 자신의 커리어를 계획한다는 것은 궁극적인 생의 목표달성을 위하여 세우는 인생계획과정의 한 단면에 불과하다. 따라서 커리어의 선택은 자신에 대한 객관적인 이해를 바탕으로 자신의 궁극적인 목표달성과 조화될 수 있는 커리어를 추구해 나가는 것이 바람직하다.

청년기에 세우는 커리어계획은 나이가 들어감에 따라 조정되거나 변경될 수도 있다. 10년, 20년후의 자신을 생각하면서 자신의 상황과 욕구에 어떠한 변화가 오리라는 예측을 할 수 있을 것이다. 따라서 미래에 부딪치게 될 여러 변화를 예견하고 미래를 위하여 스스로 준비하는 데 노력을 집중할 수 있어야 한다. 자신을 올바르게 이해하고 직업을 선택하고 또한 그 직업에서 필요로 하는 능력개발을 실천하는 것이 중요하다.

그러기 위해서는 특정 직무를 수행하기 위한 기술을 익히는 것도 중요하지만 보다 광범위한 영역에서 자신을 변화시켜 나갈 수 있는 역량을 키우는 것이 필요하다. 역량은 전반적인 영역에서의 능력을 의미하는 반면, 기술은 능력을 행동으로 옮길 수 있는 구체적인 행동이나 행위이다. 예를 들면, 컴퓨터전반에 관한 시스템적 사고 및 프로그래밍 능력은 역량인 반면 특정 프로그램을 사용하여 업무를 처리할 수 있는 것은 기술이다.

자신의 커리어를 꾸준히 개발해 나가기 위해서는 업무와 관련된 역량도 중요하지만 팀원으로서 조화롭게 일하고 고객과 원만한 관계를 유지하며 상사로서 혹은 부하직원으로서의 자신의 역할을 감당할 수 있는 인간관계적인 역량도 매우 중요하다.

2. 직업 선택

미래를 계획할 때 우리는 특정 직업을 중심으로 생각하는 경향이 있다. 그러나 이는 매우 위험한 생각이다. 직업이란 커리어를 계획하는데 있어 수명이 짧고 불안정하다. 즉, 직업이란 사회변화와 함께 유동적이므로 현재 유망한 직업이 미래에도 유망하리라는 보장이 없다. 점점 더 많은 조직들이 프로젝트 팀제를 도입하면서 어떠한 사람이 어떠한 직업에 종사한다는 개념자체가 모호해지고 있다. 따라서 직장을 선택할 때 의사결정의 중요한 기준은 이 직장을 통하여 어떠한 것을 배울 수 있으며 자신을 얼마나 개발할 수 있는가에 달려 있다. 직장의 안정성, 급여의 과다 등은 그다지 중요한 요건이 되지 않는다.

급속히 변하는 사회에 있어서는 직업이란 경험, 지식, 능력, 네트워크를 얻을 수 있는 기회이다. 이러한 기회를 통하여 습득한 지적인 자산은 자신의 커리어계획을 세워 나갈때보다 안정적이고 전문직인 커리어로 나갈 수 있는 바탕을 제공해 준다. 따라서 대학졸업 후 3년 동안 자신을 얼마나 개발시켜 전문성을 갖추느냐에 따라 향후 30년이 결정된다고 해도 과언이 아닐 것이다.

전문직은 다른 직종과는 차별되는 그 자체의 고유분야를 가지고 있다. 즉, 핵심적인 능력, 인정된 기술수준, 전문적이고 차별화된 기술전체를 일컫는다. 전문직에 종사하기 위해서는 대개 정식교육과 훈련 그리고 오랜 기간의 실습경험이 필요하다. 단시간내에 생겼다가 없어질 수도 있는 직종과는 달리 전문직은 오랜 시간 존재하는 것이다.

사회에 진입하기 위해서는 구직과정을 거쳐야 한다. 구직상태에 있는 사회초년생들은 자칫 자신의 능력을 확신하지 못하고 소심한 경우가 많다. 갈수록 치열해지는 경쟁속에서 스스로를 긍정적으로 평가하고 또 다른 사람들에게도 자신의 능력에 대하여 설득할 수 있어야 한다. 어느 회사의 면접장에서는 면접관이 지원자에게 "왜 내가 꼭 자네를 사원으로 뽑아야 하는지에 대하여 나를 설득해 보게"라는 문제를 내었을 때 많은 지원자들이 당황하였다고 한다. 자신이 어떻게 회사에 기여할 수 있는가를 자신감을 가지고 당당하게 이야기할 수 있어야 할 것이다. 자신이 습득한 직업에 관련된 능력과 지식, 그리고, 여가나 취미, 봉사활동 등을 통하여 얻은 간접적 직업능력(예를 들면, 체력, 리더십, 봉사정신 등)을 회사나 자신의 목표달성과 연결하여 자신감 있게 상대방을 설득할 수 있어야 한다.

동양과 서양의 가장 큰 차이점의 하나는 동양에서는 겸손과 양보가 미덕이나 서양적인 사고로는 자칫하면 자신감의 결여로 비춰지기 쉽다는 것이다. 자신의 능력을 객관적으로 평가받고 그에 대한 정당한 보상을 받는것이 일반화되는 요즘에는 자신을 적절한 정도로 홍보할 수 있어야 한다. 주의할 점은 지나치게 겸손해서도 안 되지만 너무 과장해서도 안 된다는 것이다.

2.2 적응하기

일단 취업이 되면 자신이 선택한 커리어와 직장에서 적응해 나가야 한다. 초기에는 업무와 인간관계에 익숙해지는 것이 매우 중요하다. 나는 잘 모르지만 사내 다른 사람들은 신입사원에 대하여 관심을 가지고 지켜 볼 수도 있다. 사내복도에서 사람과 마주칠 때는 항상 목례를 하며 기회가 있을 때마다 다른 부서의 사람들을 익히는 기회를 가지도록 한다. 예를 들면, 일행없이 구내식당에서 점심을 할 때에도 구석에서 혼자 앉아 먹을 것이 아니라 잘 모르는 사람이나 타부서의 사람들이라고 할지라도 함께 자리를 해도 될 것인지를 양해를 구하고 함께 앉아 자신에 대한 소개도 하고 다른 사람들을 알 수 있는 기회로 삼을 수도 있다.

직장에서 같은 일을 하더라도 자신을 '프로'로 생각하고 행동하며 전 문화를 추구하는 사람과 그렇지 않은 사람에 있어서는 많은 차이가 난다. 남들이 보기에는 하찮은 일이라도 자신만이 그 일을 최고로 잘할 수 있다는 신념의 추구는 실제로 그 사람을 그 분야의 전문가로 성장시켜준다. 특히 상사가 평가하는 프로의식은 내가 생각하는 프로와 차이가 있을 수도 있다. 상사들이 생각하는 프로적인 태도와 행동을 살펴보면 다음과 같다.

(1) 시간엄수

시간을 엄수하는 것은 직업인으로서 매우 기본적인 일이지만 이를 철저하게 실천하는 사람은 많지 않다. 아침출근시간에 항상 몇 분 늦게 헐레벌떡 뛰어오는 사람과 적어도 10분 정도 일찍 도착하여 자신이 해야할 일을 점검하는 사람 사이에는 많은 차이가 있다. 규정시간보다 늦게 점심이나 커피휴식으로부터 돌아오거나 업무시간 중 개인업무를 보거나 사적인 전화를 오래하는 것은 시간엄수에 대한 철저한 실천이 없기 때문이다. 상사나 동료들은 별로 상관하지 않는 것처럼 보이지만 평소의 행동은 그 사람에 대한 평가로 연결된다.

(2) 존 경

조직원으로서 조직내의 상사나 임원진들에 대한 존경심을 가져야 한다. 이는 내가 특정상사나 임원의 업무처리방식이나 성격을 좋아하든 그렇지 않던지 일단 자신이 몸담고 있는 조직과 경영진에 대한 예의이자 임무이다. 설사 상사와 갈등이 있더라도 개인적인 입장을 다른 사람에게나 혹은 공개적으로 표현하는 것은 현명하지 않다. 예를 들어, 거래처의 사람에게 식사대접을 하면서 회사나 상사에 대한 험담을 늘어놓는 것은 상대방에게 회사에 대한 신뢰를 실추시키는 행위이다. 상사나 회사에 대한 험담과 불평을 함으로써 자신이 더 잘나 보이리라고 생각하는 것은 어리석은 행동이다.

또한 조직내에서는 조직의 위계질서를 존중하여야 한다. 상사를 건너뛰고 상사의 상사와 문제를 논의한다든지, 조직내에서 e-mail이 보편화되어 있다고 해서 최고경영진에게 수시로 문제제기의 메일을 보낸다든지 하는 것은 바람직하지 않다. 자신의 직속상사를 존중하고 또 그것을 가끔은 표현하며 그가 목표달성을 잘할 수 있도록 돕는것이 자신을 위한 방법이기도 하다.

(3) 업무의 질

자신이 수행하고 있는 업무의 질은 최상의 것이며 만족할 만한 수준의 것인지 점검해야 한다. 오자나 숫자상의 실수가 자주 생긴다거나 수집한 정보가 부정확하다든지 하는 것은 사소한 일이라도 그 사람의 업무에 대한 신뢰가 떨어지게 된다. 따라서 모든 업무는 정확하고 신속하게 수행하며 재점검함으로써 항상 업무를 믿고 맡길만하다는 평가를 받을 수 있어야 한다.

(4) 근무복장

근무복장에 대한 규정은 조직의 성격에 따라서 다양하다. 요즘의 많은 직장에서는 유니폼이 없거나 또는 정장이 아닌 자유로운 복장을 허용하기도 한다. 은행과 같은 곳은 조금 더 보수적이나, 창의력을 존중하고 개방된 분위기를 유지하고자 하는 직장에서는 청바지를 허용하기도 한다.

그러나 자유로운 복장을 허용한다고 해서 아무렇게나 입어도 된다는 것을 의미하지는 않는다. 정장이 아닌 캐주얼한 복장일수록 색채와 디자인이 조화를 이루어야 하며 깨끗하게 손질하고 다림질한 옷이어야 한다. 미국내의 조사에 의하면 캐주얼 근무복이 도입됨에 따라 여성사무직과 중역들의 의복비지출이 오히려 늘어났다고 한다. 이는 캐주얼하면서도 상대방에게 전문가적인 이미지를 연출하기가 얼마나 어렵고 비용이 드는 것인가를 잘 나타내어 준다.

(5) 책임감

일을 맡았으면 책임을 지고 완수한다는 태도를 가진다. 일의 과정뿐만 아니라 결과가 좋든 나쁘든 끝까지 책임을 지는 것이 중요하다. 좋은 결과에 대해서는 자신의 공적으로 돌리면서 부정적인 결과에 대해서는 타인이나 환경여건 때문이라고 책임을 회피하는 것은 올바른 태도가 아니다.

(6) 자신감

업무처리에 있어 자신감을 가지고 업무에 대한 자신의 견해를 뚜렷하게 제시하여야 한다. 요즘의 조직에서는 복수의 상사를 지원하는 것이 보편화되어 있다. 어느 상사가 새로운 업무를 지시해 올 때는 현재 하고 있는 여러 일과의 우선순위를 명확하게 정해야 한다. 기한내에 그 업무를 완수해 낼 수 없음에도 불구하고 상사에게 질문을 하거나 못한다고 이야기하기가 두려워서 '해보지' 혹은 '할 수 있을지도 모르지'와 같은 태도로 꾸물거렸다가 나중에 차질이 생기면 더 큰 낭패를 보기 때문이다. 상사는 그 직원이 얼마나 최선을 다했는가에 대해서는 생각하지 않고 오히려 다하지 못함으로 인하여 그르친 결과에 대한 문책을 할 것이기 때문이다. 모든 여건상 힘들겠다고 판단이 서면 그 이유를 명확하게 설명하고 다른 대안을 함께 찾는 것이 오히려 업무성과를 날수 있기 때문이다.

(7) 진취성

자신의 고유업무영역이 아닌 지시가 내려지더라도 "이건 내 일이 아닌데……" 혹은 "이 일을 왜 내가 해?"라는 생각보다 새로운 지식과 기술을 배울 수 있는 기회라고 생각하고 기꺼이 하도록 한다. 더구나 요즘에는 계층적이고 구조화된 조직보다 팀제와 같은 유동적인 조직으로 변화하는 경향인 만큼 어떤 업무나 환경에도 잘 적응하며 만능선수와 같이 모든 것을 잘할 수 있는 능력이 필요하다.

(8) 솔선수범

자신이 하고있는 직무를 어떻게 하면 보다 효과적으로 할 수 있을 것인가에 대하여 끊임없이 개선방안을 연구하고 조직과 조직원들을 위하여 무엇을 할 수 있을 것인가를 찾아서 한다. 직업인으로서 수동적으로 시키는 대로 일을 하는 것이 아니라 일을 찾아서 자신의 일을 즐기면서 수행하는 적극성을 가지도록 한다.

2.3 커리어개발

조직의 구조가 점점 팀 제도화됨에 따라 실질적으로 한 조직내에서 승진할 수 있는 사람들의 숫자는 점점 줄어들고 있다. 그러므로 자신이 속한 전문직종 내에서 성장·발전해 나가는 것이 궁극적인 커리어발전에 가치 있는 대안이 된다. 전문직종 내에서 능력과 기술을 개발해 나감으로써 만족감과 자신감을 가질 수 있다. 그리고 소속된 전문분야의 최신 추세에 맞추어 나가는 것은 정신과 기술을 연마할 수 있는 지속적인 학습과정 그 자체이다. 또한 자신의 상품가치를 높여줌으로써 경쟁력을 갖추게 해 준다.

평생고용이 보장되고 수직적 승진경로가 확립되어 있던 예전의 직장환경에서는 일단 좋은 회사에 취직하면 모든 것이 보장되었다. 그러나 이제는 평생고용이 보장되지도 않을 뿐 아니라 하는 일의 종류 또한 다양하고 계속 변화한다. 직업인들은 현재의 직장에서 자신의 경력관리를 제대로 하고 있는지 또한 직업인으로서 경쟁력이 있는지 다음과 같은 점을 항상 점검해 볼 필요가 있다.

03 멘토링

처음 조직생활을 시작할 때 신입사원들은 생소한 상황에서 여러 충격을 경험하게 되며 자칫 조직에 적응하지 못하고 불만을 가지게 될 수도 있다. 신입사원이 조직에 잘 적응하지 못하고 불만을 가지게 될 수도 있다. 신입사원이 조직에 잘 적응하고 자신의 경력발전과 심리적인 안정에 도움이 줄 수 있는 여러 방안 중 멘토링이 근래에 와서 많은 관심을 끌고 있다. 멘토링(mentoring)이란 "인위적 인맥을 통해 직업적인 성장을 꾀하는 것"으로, 멘토(mentor)는 "어린제자나 경험없는 후배를 책임지고 일정한 수준까지 끌어올리는 사람"인 데 비해, 지도받는 후배는 멘티(mentee)라고 한다.

3.1 멘토의 개념

멘토(Mentor)는 고대 그리스 신화인 호머의 오디세이에서 그 유래를 찾아볼 수 있다. 오디세우스(Odysseus)가 트로이와의 10년 간의 전쟁을 치르기 위하여 떠나면서 그의 아들 텔리마커스(Telemachus)가 장차 훌륭한 통치자가 될 수 있도록 필요한 지식과 행동을 가르쳐 주며 그의 왕국을 잘 보호해 줄것을 부탁한 친구의 이름이 멘토였다. 그후 멘토는 젊고 미숙한 텔리마커스에게 아버지, 스승, 상담자, 보호자 및 후원자가 되어 주었다. 이와 같은 멘토의 이야기가 바탕이 되어 고대 그리스에서는 젊은 남성에게 아버지의 친구나 친척중에서 경험이 많은 남성을 짝지어 주어 멘토의 경험과 가치관을 배우고 모방하도록 하는 유행이 생겨나기도 하였다.

위와 같은 역사적인 유래로부터 비롯된 멘토는 오늘날 새롭게 조직에 진입하려는 젊은 사람에게 경험많은 연장자로서 사회에서 생활하면서 터득한 지혜를 전해주고 도움을 주는 사람으로 불리고 있다. 이러한 멘토에 대한 정의를 살펴보면 "가까우며 신뢰받는 풍부한 경험을 가진 상담자 또는 가이드" 또는 "현명하고 신뢰받는 상담자 또는 교사"라고 정의하고 있다.

일반적으로 멘토관계는 기업조직에서 형성되는데, 멘토는 멘티에게 조직과 직무에 관한 많은 기술들을 전해주고 상담과 심리적 지원을 통하여 자신감을 갖도록 해주며, 멘티가 승진하도록 격려해 주고 영향력을 행사할 수 있다. 멘토는 회사내의 믿음직한 후원자나 지도자인 직속상관 또는 다른 부서의 관리자나 연장자인 것이 일반적이다.

3.2 멘토의 기능

멘토는 멘티에게 다양한 기능을 발휘하게 되는데, 그 역할과 기능을 크게 경력기능과 사회심리적 기능으로 나누어 살펴보면 다음과 같다.

1. 경력기능

(1) 후 원

후원기능은 멘티가 조직내에서의 수평적 이동과 승진을 할 수 있도록 멘토가 기회를 제공해 주는 것이다. 회의나 같은 공식적인 모임이나 비공식적인 자리에서 사적인 대화를 통하여 자신의 멘티가 다른 후보자들 보다 좀 더 돋보일 수 있도록 해주거나 다른 사람들과의 관계를 넓혀준다.

(2) 소 개

멘티의 경력발전에 영향을 미칠 가능성이 있는 다른 관리자들과 문서상 또는 직접적인 접촉을 필요로 하는 업무를 부여하여 그들과 우호적인 관계를 갖도록 도와준다. 멘티는 이를 통해 업무적으로 또 조직·문화적으로 더 많이 배울 수 있게 된다.

(3) 지 도

멘티가 다른 사람들로부터 인정을 받도록 도와주며 자신의 일을 하는데 필요한 지식과 기술을 전해준다. 그리고 조직내의 비공식적인 인간관계에 대해서도 충분한 지식과 정보를 줌으로써 조직에 잘 적응할 수 있도록 도와준다.

(4) 보 호

자신의 멘티가 부정적인 평판을 받지 않도록 보호하여 주는 것을 말한다. 즉, 멘티가 스스로의 업무에서 만족할 만한 성과를 올릴 때까지 다른 사람들에게 노출되지 않도록 도와준다. 그러나 보호는 멘티에게 안일함을 초래하여 오히려 경력개발과 발전에 방해가 될 수도 있다.

(5) 도전적인 업무부여

멘티에게 도전적인 업무를 부여하고 그에 필요한 기술훈련과 성과에 대한 피드백을 제공함으로써 멘티의 업무수행능력을 개발시켜 준다. 또한 업무처리를 통하여 능력을 키워주고 성취감을 맛볼 수 있도록 도와준다.

2. 사회심리적 기능

(1) 역할모델

멘티가 멘토를 바람직한 역할모델로 설정하고 그의 태도, 가치관, 행동을 닮아가는 것을 의미한다. 이때 멘티는 모든 면을 닮고자 하는 경우도 있고 아니면 자신이 본받고 싶어하는 부분만 선택하여 닮고자 노력하기도 한다.

(2) 수용 및 지원

멘토와 멘티가 신뢰를 바탕으로 상호존중과 호의를 통하여 업무수행상에서의 미숙함과 실수를 용납하고 해결방안을 제시해 준다.

(3) 상 담

개인적인 고민이나 두려움, 내적갈등에 대하여 상의해 주고 멘토는 자신의 과거경험을 바탕으로 하여 해결방안을 제시하여 주어서 멘티가 심리적인 안정과 만족감을 가질 수 있도록 도와준다.

(4) 우 정

멘토와 멘티가 업무 또는 업무외적으로 비공식적인 관례를 통하여 서로를 이해하고 호의적인 관계를 유지하는 것을 말한다. 나아가서 식사, 취미생활 등을 같이 하면서 업무로부터의 부담을 해소하기도 한다.

평생교육

지속적으로 변화하는 시대에 자신의 가치를 높이고 경쟁력을 키워 나가기 위해서는 평생교육을 통한 자기개발을 꾸준히 해 나가야 한다. 평생교육은 사내교육과 사외교육, 정규교육기관과 비정규교육기관 등을 통해서 받을 수 있을 뿐 아니라 독서, 교육방송, 인터넷이용 등을 통한 독학방법도 가능하다.

지식을 아는 것에 그치는 것이 아니라 지식을 활용하고 지식을 실천할 수 있어야 하며 그러기 위해서는 “learn how to learn", 즉 평생을 통하여 스스로 배우고 개발할 수 있는 자기학습 방법을 깨우쳐야 한다. 특정시점 자신에게 필요한 학습의 내용을 정의하고 가장 효과적으로 배울 수 있는 방법을 자신의 환경과 형편에 따라 찾아낼 수 있어야 한다.

1. 사내교육

인력개발에 대한 투자를 줄여나가는 추세이긴 하나 대기업에는 비교적 다양한 사원교육 프로그램이 개설되어 있다. 사내에 어떠한 프로그램이 개설되는지 혹은 어떤 자격요건이 필요한지에 대한 정보를 잘 파악하고 자신에게 필요한 프로그램을 적극적으로 신청하도록 한다. 요즘에는 작업현장에서 자신에게 편리한 시간에 교육을 받을 수 있도록 컴퓨터와 인터넷을 이용한 프로그램을 많이 개설하는 추세에 있다. 대기업의 경우 컴퓨터, 어학 등 각종 프로그램을 인터넷으로 개설하고 있다. 잘 개발된 사내프로그램을 바깥에 있는 일반사람이나 독자적인 프로그램을 개발할 수 없는 중소기업에까지 개방하여 수익사업화하는 경우도 있다.

2. 연수교육

예전보다는 규모가 많이 줄어들기는 하였으나 대기업, 금융기관, 보험회사들은 대학졸업자들을 위한 신입사원 연수프로그램을 열기도 한다. 이 프로그램들은 기업측에서 보면 미래의 사원들을 위한 일종의 투자라고 할 수 있다. 특히 학교교육을 통하여 실무교육을 받을 기회가 없었던 대학 졸업자들은 이러한 연수를 통하여 현장실무에 대한 다양한 지식과 훈련을 받을 수 있을 뿐만 아니라 그 기업의 경영이념, 규범 등을 익히게 된다.

3. 정규 학위과정

예전에는 학교를 졸업하고 일단 취업을 하면 다시 정규교육으로 돌아가기 힘들었으나 최근에는 직장에서 경력을 쌓으면서 대학이나 대학원으로 진학하는 것이 일반화되고 있다. 고등학교 졸업자는 야간대학, 방송통신대학, 사이버대학 등을 통하여 자신의 전문분야 지식을 넓혀 나갈 수 있고 대학졸업자는 경영대학원, 행정대학원과 같은 특수대학원, 사이버 MBA 과정 등과 같은 다양한 평생교육의 경로가 열려 있다.

4. 비정규 교육과정

자기개발은 정규학위과정을 통해서 이루어지기도 하지만, 일상생활 속에서 자신의 적극적인 노력과 다양한 비정규 교육프로그램을 통하여서도 이루어진다. 대학부설사회교육원, 평생교육원 그리고 능률협회, 한국생산성본부와 같은 다양한 교육기관에서 자신이 필요로 하는 분야에 대한 교육을 받을 수 있다. 그외 어학원, 컴퓨터학원 등에서 외국어능력과 컴퓨터능력을 키워나갈 수 있다.

제13장

글로벌문화와 인간관계

01 문화의 이해

02 타문화의 이해

03 글로벌에티켓과 매너

04 국제화시대의 커뮤니케이션

▶ ● ≣

급변하는 글로벌환경에서 조직활동의 활성화를 기하기 위해 조직은 미래의 변화를 예측하고, 미래에 대한 대비를 해야 한다.

계획은 이러한 미래 상황에 대비하여 조직의 경영관리자가 조직의 성장·발전을 위해 활동의 방향과 수준을 설정하는 것이다.

즉, 목표설정과 목표를 달성하기 위해 조직의 전략을 수립하고, 목표달성을 위한 조직활동을 분리, 통합 및 조정하여 언제, 어디서, 누가, 무엇을, 어떻게 해야 할 것인가를 결정하는 과정이다.

이와 같이 계획은 미래 지향적이다. 이를 뒷받침하기 위해서는 글로벌 문화를 이해하여야 한다.

01 문화의 이해

1.1 문화의 개념

문화(文化)란 어휘는 라틴어 'Cultura'로부터 유래된 것으로 경작(耕作), 재배(栽培), 육성(育成)의 의미를 지니고 있다. 17세기 이후 유럽을 중심으로 'Culture'라는 영어식 단어로 탈바꿈하게 되었고, '인간에 의하여 이룩된 정신적, 예술적 표현의 모든 것'이라는 광범위한 의미로 사용되었다.

문화는 시대상황에 따라 변화하며 특정 고유영역의 산물이 아니라 모든 경제·사회·정치제도들이 공유하는 유·무형의 유산으로 이해된다. 또한 인간집단의 생활양식이라고 정의하는 문화의 본래 의미를 가장 폭넓게 담은것이라 할 수 있다.

인류학적 문화개념은 학습되고 축적된 인간의 경험을 가리킨다. 타일러(E. B. Tylor)는 문화는 지식, 신앙, 예술, 도덕, 법률, 관습 등 사회성원으로서 인간이 획득한 모든 능력과 습성을 포함한 복합적인 총체로 보았다. 그리고 크뢰버(A. L. Kroeber)는 문화를 학습되고 전승되는 반작용, 습성, 기법, 관념, 가치의 총합과 그것들에 의하여 유발되는 행위로 보았다.

문화가 사회에서 수행하는 역할을 다음과 같이 정리할 수 있다.

- 문화는 집단성원의 의식주 및 생식과 같은 생리적 욕구의 문제를 해결하게 하고 집단의 존속을 위하여 일련의 행동양식을 제공한다.
- 문화는 환경적 상황에 적응하는데 집단구성원들의 협동을 확보하기 위한 일련의 규칙을 제공한다. 그리하여 집단을 특정상황에서 하나의 단위로서 행동할 수 있게 한다.
- 문화는 집난내부에서 개인을 위해 상호작용의 통로를 제공하고 최소한도의 통일을 보유하고 갈등으로 인한 분열을 방지케한다.
- 문화는 2차적 욕구를 창조하여 성원들에게 욕구의 충족을 위한 새로운 활동영역을 확장한다.
- 문화는 사회가 필요로 하는 개성을 형성하는데 그 기준으로서 필요한 가치를 계속 공급한다.

1.2 문화의 특성

인류만이 문화를 가지고 있으며 문화란 공통된 사회·경제요인들 전체가 함께 진보해간 역사의 결과들이고 연속적으로 통합된 조직체로, 아무도 자신이 소속된 문화로부터 자유로울 수 없다. 곧, 문화는 인간만이 만들어내는 것이다. 이러한 문화의 특성을 살펴보면 다음과 같다.

1. 학습성

문화는 선천적인 것이 아니다. 인간은 특정의 문화를 가지고 태어나는 것이 아니라, 학습할 능력을 가지고 태어나 어떤 특정한 사회에서 그들이 살아온 삶의 결과로 개인에게 학습되는 것이다. 이러한 면에서 문화는 사회적 유산이라 할 수 있다.

이러한 학습을 통해 문화가 축적되며 이는 인간이 기존의 문화내용에 계속 새로운 내용을 첨가시키는 것을 말한다. 첨가과정을 거쳐 문화는 축적되고 다양해져 간다.

2. 공유성

문화는 정신적인 부분이나 행위적인 부분 모두 일반적으로 동일한 문화를 유지하려는 사람들 간의 접촉을 통해 학습되고 계승된다. 이러한 사람들은 대부분 같은 문화적 개념을 가지고 있으며 비슷한 관습을 가지고 있다. 같은 문화권의 사람들은 같은 언어로 의사소통하며, 비슷한 복장, 상대의 행동, 생각을 어느 정도 공유하기에 사회생활을 영위하게 된다.

문화는 사회의 구성원 간에 공유되어 그들의 생활 및 사회를 유지해 주며 타 문화권과는 구별되는 특성을 가지고 있다.

3. 지속성과 진보성

문화는 변한다. 세대에서 세대로 이어지는 사이 사람들은 과거의 것을 받아들이면서 거기에다 자기네 나름의 창의적인 변용을 가미하여 언제나 변하기 마련인 것이 문화이다. 새것을 보태고 낡은 것은 버리면서 문화는 끊임없는 변화를 겪는다. 다만 그 변화의 속도나 폭, 깊이 등은 사회나 시대에 따라 다를 수 있다.

문화는 시간의 흐름에 따라 영향을 받고 그에 따라 변화된 환경에 적응하는 단계를 거치며 점차 그 모습을 바꾸어가며 우리의 생활양식으로 자리를 잡게된다.

4. 창조성

인간이 자연환경속에 적응·생존하는 데에는 신체적으로 갖가지 약점을 지니기 때문에, 이를 극복하기 위하여 문화를 만든 것으로 풀이할 수 있다. 이를 위해서 가장 핵심적인 능력은 '상징하는 힘(symbolate)' 즉, 생각하는 힘이며, 이로서 기호(symbols)들을 만들어 말(language)을 할 수 있었다는 점에서 다른 동물과 차이가 나는 문화의 창조자가 되었다.

5. 체계성

문화는 사회의 다른 부분들과 서로 관련을 맺으며 종합적 체계속에서 조화를 이루는 방향으로 형성된다. 즉 문화는 역사적·지리적·자연적 여러 상황이 복합되어 하나의 체계를 형성해 나가는 것이다.

6. 전체성

한 사회집단의 문화는 지식, 신앙, 예술, 도덕, 법, 관습 등 수많은 부분들로 구성되어 있다. 그러나 한 사회의 문화를 구성하는 이런 부분들은 무작위로 또는 각기 독립적으로 존재하는 것이 아니라, 상호 긴밀한 관계를 유지하면서 하나의 전체(a whole) 또는 체계(system)를 이루고 있다.

상기와 같은 문화의 개념에 따라 다음과 같은 종합적인 문화의 특성을 가진다.

- 문화는 사회구성원에 의해 공유되며
- 문화는 배워서 터득하는 학습이며
- 문화는 지속적으로 추가되며 축적된다.
- 문화는 상호 긴밀한 관계로 연관된 체계를 이루고 있다.
- 문화는 계속적으로 변화된다.

02 타문화의 이해

우리가 만일 몇 가지 문화에 속해 있다고 하자. 그렇다면 그 중에서 가장 분명한 문화가 있을 것이다. 그것은 바로 자신의 국가에서 자신이 살면서 습득하고 공유된 것이다. 또한 우리가 종교집단이나 민족집단에 속해있을 경우 아마도 그 집단만의 독특하고 특유한 언어나 관습을 몇 가지 정도는 가지고 있게 될 것이다. 문화는 행동규범, 기대, 가치관, 태도, 신념, 상징체계같은 것들을 공유하는 것이다.

다른 문화권의 사람과 편안하게 커뮤니케이션을 이루기 위해서는 문화적 차이를 이해하고 상대방의 문화를 존중할 필요가 있다. 이러한 문화적 차이를 줄여나가게 되면 다른 나라 문화권의 사람들 간의 메시지를 주고받는 이문화간 커뮤니케이션을 훌륭하게 달성할 수 있다.

2.1 문화의 동화와 적응

타문화를 이해하는 데는 사람에 따라 타문화평가가 달라진다. 적극적으로 상대의 문화배경을 알아서 그에 적응하려고 노려하는 사람이 있는가 하면, 그에 부담을 느껴 아예 자기 문화를 중심으로 '자기식 행동'을 하는 사람도 있다. 이런 의미에서 볼 때 다음 네 가지 타입이 존재한다.

1. 자국문화중심 타입

자신들과 다른 습관·가치관과 만날 경우 그 다름을 객관적으로 보려고 하지않고 거부해버리는 사람이다. 그래서 '이 나라는 우리나라와 이런저런 점이 달라 나쁘다'라고 모든 것을 비판적 자세로 보는 타입인데, 이런 사람은 현지의 생활습관에 적응이 어렵고 자신의 자세를 애국심, 국수적으로 합리화한다.

2. 도피타입

집단주의 사회에서 자란 한국인이나 일본인에게 많다. 집단사회에서 통례화되고 있는 상하간의 인간관계가 타문화에서는 통용이 안 되며, 특히 개인주의가 철저한 구미사회에서는 이제까지 익숙한 사고방식이 통하지 않게되므로 좌절을 느껴 의식적으로 타문화를 기피하는 타입이다. 이런 사람은 대부분 성격이 내향적·자폐적이어서 타문화에서는 대단히 적응하기 어려운 존재가 된다.

3. 영화(동화)타입

자신이나 자국문화에 열등의식을 갖고 있다. 그렇기 때문에 타문화에서 자신의 이질성을 숨기려고 하는 동시에 가급적 그 문화속에 안주하려고 하는 사람이다. 이런 타입의 사람은 타문화에서 자기의 이질성에 대해서 콤플렉스를 갖고있기 때문에 타문화에 동화(同化)함으로써 자기방어를 하려고 한다. 이런 사람은 행동양식, 생활형태 등 모든 것을 그 나라의 사람과 같아지려는 성향을 갖고 있다. 대개 이런 타입의 사람들은 자기문화에 무지한 젊은 층에 많으며, 귀국해서는 '그 나라는 이렇더라'는 식으로 자기가 생활하고 있는 현실의 모든 것을 타문화 중심의 가치판단기준으로 삼으려고 한다.

4. 적응타입

'자국문화중심타입'과 같아 다른 문화에 대한 거부반응을 보이거나, '도피타입'의 사람과 같이 소극적이지도 않다. 이들은 '영화타입'의 사람과 같이 자신의 이질성을 비하하지도 않으며 그렇다고 자신의 아이덴티티(identity)를 잃어 버리지도 않는다. 이런 타입의 사람은 보통 사교적이며 다음과 같은 점을 갖고 있다.

① 현지인과 적극적으로 부합하려고 노력하며 자국문화중심으로 행동하는 것을 조심한다.
② 외국에서 그나라 문화에 순응하고 그들의 관습을 존중한다.
③ 타문화는 그 나름대로 고유성이 있다는 것을 인정하고 사물을 좋고 나쁘다는 식의 우열로 판단하지 않는다.
④ 타문화의 접촉을 통해서 자국문화의 특이성을 재확인해 가면서 행동한다.

이와 같은 적응타입의 사람들이 이른바 '국제인'으로서 자질을 갖는 사람들이다. 국제사회에서 활동하는 데는 선진지역문화에 '동화'하려는 것은 경계해야하나, 한편 '적응'하는 데 보다 적극적이어야 한다.

2.2 문화충격

문화충격(culture shock)이란 새로운 문화권에 들어갔을 때 예측불허의 상황과 낯선 일들이 너무 많아져 생기는 걱정과 의심의 상태를 말한다. 인간은 자기가 자란 문화와 다른 문화를 만나게 될 때 충격을 체험하게 된다. 이제까지의 사회생활에 적응하면서 익숙해진 수단이 타문화에서 별로 효과가 없기 때문에 심리적인 혼란이 일어나게 된다.

문화충격은 기존의 문화와 사회에서 벗어나 새로운 문화권에 들어가는 모든 사람들이 경험한다. 충격의 심각성은 문화간의 차이정도, 개인의 성품, 새로운 상황에 적응하는 방법들에 따라 달라진다. 또 문화충격은 그 나라 사람들의 생활방식에 따라 새로이 적응해야 하는데서 오는 스트레스이다.

기술의 급속한 발달과 세계화, 개방화의 추세에서 인간은 결코 자유로울 수 없기에 소극적인 의미의 방어와 저항보다는 적극적으로 대처함으로써 이러한 충격의 상황을 극복할 수 있다. 더 나아가 그 충격에서 벗어나는 유일한 길이 활발한 문화교류이다. 그 첫 출발이 바로 다른 문화에 대한 이해에 있다.

국제사회에서 활동하여 성공적인 인간관계를 갖기위해 상대의 문화적 배경에 입각한 생활양식, 행동규범, 인생관, 가치관을 사전에 이해함으로써 서로 간의 감정적 충격, 인지적 불일치가 일어나지 않도록 하는, 즉 문화충동을 예방하는 것이 국제인의 기본자질이라 할 수 있다.

2.3 문화커뮤니케이션

문화커뮤니케이션이란 이질적인 문화 사이에 일어나는 커뮤니케이션을 말하는데 여기서 문화가 다르다는 것은 문화의 구성요소, 특히 상징체계가 다르다는 것을 의미한다. 즉, "문화가 다른 상황, 즉 언어, 가치체계, 풍습, 습관이 다른 문화 사이에서 일어나는 커뮤니

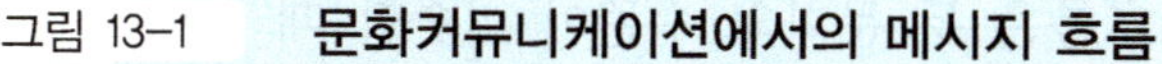
그림 13-1 문화커뮤니케이션에서의 메시지 흐름

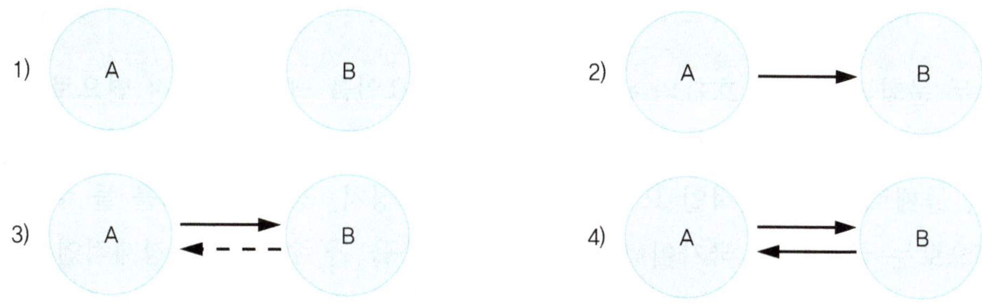

케이션"이다.

문화커뮤니케이션을 서로 다른 문화 사이의 상호작용으로 정의하며, 이는 주로 대집단이나 대중매체를 통해 이루어지는데, 특히 오늘날 다방면으로 보급된 대중매체는 문화커뮤니케이션의 주요한 수단이 되고있으며, 대중매체를 통한 문화의 전달, 전파과정과 그 효과 등에 관한 연구가 비교적 활발히 이루어지고 있다.

그렇다면 문화커뮤니케이션이 일어난다고 할 때, 두 개의 문화 사이에 어떠한 흐름이 이루어지고 있는가하는 설명이 아직 남아있게 된다. 다음과 같은 네 가지 유형으로 메시지 흐름을 나누어 설명하였다.

① 첫 번째는 두 문화 사이에 아무런 메시지교환이 없는 경우로, 두 문화가 서로 존재를 모른다거나 제도적으로 교류가 금지된 상황에 해당된다. 이러한 경우 두 문화가 접촉하는 과정은 두 문화 사이의 직접적인 커뮤니케이션으로 이루어지는 것이 아니라 제3자를 통한 간접적인 경로를 거치게 된다.

② 두 번째는 A문화가 B문화에 일방적(one-way)으로 메시지를 전달하는 형태이다. 여기에서는 전달문화와 수용문화가 뚜렷이 구분되는데, 전달문화는 수용문화의 반응을 거의 고려하지 않는 특징이 있다.

③ 세 번째 경우도 두 번째와 같이 A문화가 B문화에게 일방적으로 메시지를 전달하고 있으나 두 번째 경우와는 달리 B문화의 반응이 고려되어서 수용문화의 자율성이 어느 정도 보장된 경우이다. 이러한 경우는 두 문화가 문화적 요소의 교환에서는 불균형적인 관계에 있지만 양자가 서로 도움을 주고받는, 특히 수용문화가 전달문화로부터 도움을 받는 관계에 있을 때 발생한다.

④ 마지막 네 번째 경우는 두 문화가 균형적 관계에서 메시지를 쌍방적(two-way)으로

교환하는 경우이다. 이러한 메시지흐름은 두 문화의 수준이 비슷할 때 일어나는데, 서로의 접촉이 잦을수록 문화적으로 공통된 요소가 더 많아지게 된다.

두 문화의 메시지 흐름의 관계를 결정짓는 요인을 크게 두 가지 면으로 설명할 수 있다. 첫째는 문화자체에 대한 요인으로 문화의 우월성과 열등성, 동질성과 이질성을 들 수 있으며, 둘째로는 문화외적인 요인으로 두 문화의 정치, 경제적 관계를 들 수 있다. 정치적 요인으로는 국교관계, 국가이념, 정치적인 힘 등을 들 수 있으며 경제적인 요인으로는 경제구조의 유사성과 무역의존도 등이 있다. 그리고 이러한 요인들이 각각 독립적으로 작용하는 것이 아니라 상호연관성을 가지면서 복합적으로 작용하기에 두 문화의 메시지흐름은 여러 가지 측면에서 이해되어야 한다.

오늘날 교통, 통신 등 커뮤니케이션기술과 미디어들이 지구화되고 네트워킹화되면서 문화형성에 있어 영토, 국가, 민족같은 절대단위와 요인들이 상대화되었다.이것은 오늘날 문화형성의 탈 영토성이며 탈 민족성 및 다민족성이라고 볼 수 있다.

03 글로벌에티켓과 매너

오늘날은 세계화의 시대이다. 세계화시대란 다양한 인종과 관습·종교 등 여러 문화권간의 접촉과 공존의 시대를 의미한다. 이러한 사회구조의 변화로 이젠 우리의 것만이 아닌 다양한 외국의 문화와 관습에 노출되는 일에서 우리 누구도 자유로울 수 없는 현실에 직면해 있다. 따라서 문화의 차이에서 나타나는 갈등을 해소하거나 줄이기 위해서 문화의 다양성에 대한 올바른 이해와 문화간 공존의 필요성이 대두되었다.

이질적이고 상이한 문화간의 접촉 또는 같은 공동체 내에서의 공존이라는 현실에서 타문화에 대한 편견과 이해부족은 의도하지 않은 실수와 오해를 불러일으키는 원인이 될 수 있다. 즉 다른 문화권의 사람들을 만났을 때 서로 문화적 차이와 다름을 인식하지 못하거나 인정하지 않고 자신의 문화권이 가지는 상식의 수준대로만 행동하고 처신한다면 문화 간 차이에서 오는 갈등을 피할 수 없을 것이다.

이 때 글로벌매너나 글로벌에티켓은 낯선 문화간 접촉에 있어서 갈등과 마찰을 피할 수 있는 스펀지역할(완충작용)과 인간관계의 윤활유역할을 한다. 상대의 품위를 손상시키지 않는 범주내에서 바르게 행동하는 글로벌매너는 갈등과 마찰을 완화시킬 뿐만 아니라, 다른 한편으로는 자신의 인격과 품위를 한층 더 격조있게 해 주는 기능도 한다.

3.1 에티켓과 매너의 정의

매너(manner)와 에티켓(etiquette)이란 '예의'라는 의미를 함축하는 용어로 서로 구분없이 쓰고 있는것이 일반적이다. 둘다 인간의 예의범절을 의미하는 서양식용어이다. 일반적으로 우리는 두 용어를 '예의'라는 의미로 사용하고 있지만 두 용어가 가지는 차이를 이해하여 사용할 필요가 있다. 에티켓(Etiquette : the forms, manners, and ceremonies by convention as acceptable or required in social relations)은 사람들 사이의 합리적인 행동기준(行動基準)을 가리킬 때 사용되며, 매너(Manner : ways of social behavior; deportment, esp. with reference to polite conventions(good manners, bad manners)는 이러한 에티켓을 바탕으로 행동으로 나타내는 것을 말한다. 따라서 에티켓은 형식(forms)이며, 매너는 방식(ways)임을 알 수 있다.

즉 쉽게 풀어본다면 인사를 한다는 것은 에티켓이며, 개인이 인사를 어떠한 방식과 형식을 갖고 하느냐는 매너의 문제라고 할 수 있다. 또한 에티켓은 국가나 지역문화권의 전통과 관습에 따라 다를 수 있지만, 매너는 국경과 지역을 초월하여 인간이면 서로 배려하고 존중해야 할 행동양식에 대한 기본적 인식이라 정리할 수 있다.

1. 에티켓(etiquette)

에티켓은 사람들이 살아가면서 지켜야 할 규범적인 공공(公共)의 의미를 내포하고 있다. 즉 에티켓이란 법적인 구속력은 없지만 스스로의 행동을 단정하게 하고 사람들과의 관계를 부드럽고 원만하게, 그리고 사회의 분위기를 쾌적하게 하기 위한 공동체구성원 간의 합의와 노력의 요구에 대한 일종의 사회적 약속의 산물이다. 그러므로 개인이 공동(共同)의 약속에 대한 합리적인 행동기준을 준수하는 것을 뜻한다. 에티켓은 '있다/없다'라는 유무의 판단이나 에티켓을 '지킨다/지키지 않는다'로 평가된다.

서양의 에티켓은 상대방을 배려하는 마음과 공동체생활에서 필요한 공동의 규칙과 규범의 준수에 근거한 의식에서 출발하였다. 비록 '나'를 세상의 중심에 놓고 중시하는 개인주의가 서양문화의 특징이라 하더라도 타인을 배려하고 남에게 피해를 주지 않는다는 균형적이고 합리적인 사고방식은 에티켓과 매너의 발달을 가져왔다고 볼 수 있다.

2. 매너(manner)

매너의 어원은 라틴어 '마누아리우스'(manuarius)에서 나온다. 사람의 '행동'이나 '습관'을 뜻하는 '마누스'(manus)와 '방법'이나 '방식'을 의미하는 '아리우스'(arius)의 합성어이다. 즉 매너의 어원적 의미는 '인간의 행동방식' 혹은 '표출된 습관'이라 정의된다.

그러므로 매너는 사람마다 가지는 독특한 행동방식이다. 즉 사람들을 만날때에 불쾌감을 주지않기 위한 몸가짐이나 마음가짐이다. 이는 어떤 일을 할 때 바람직하고, 세련된 감각을 익히기 위해 생겨난 습관으로 개인적인 의미를 내포한다. 그러므로 개인에 대해 '예의가 있다/없다'라는 표현은 '매너가 좋다/나쁘다'라는 말로도 사용된다. 즉 개인이 가지는 예의의 질적평가를 판단하는 것이다. 좋은 매너는 상대방에 대한 배려와 존중에서 나온다.

3. 에티켓과 매너의 기본요소

매너나 에티켓도 나라마다 특징적인 차이가 있을 것이다. 그러나 어느 문화권이나 어떠한 국가에서도 통용되는 국제매너의 기본은 상대방에 대한 존중과 배려이다. 매너나 에티켓은 실천함으로써 자연스럽게 몸에 배어야 한다. 그렇게 하기 위해서는 일상생활 속에서 의식적으로 실천하는 행동의 습관화가 필요하다.

(1) 매너와 에티켓에 대한 기본인식

① 매너와 에티켓의 기본원칙은 상대방에 대한 배려와 존중이다.
② 좋은 인간관계형성을 위하여 필요하다.
③ 인간관계에 있어서 역지사지가 그 기본이다.
④ 글로벌매너는 세계의 여러 사람들이 지켜야 할 공통의 약속된 윤리나 규범이다.
⑤ 문화의 다양성을 인정하고 상대방의 문화를 이해해야 한다.
⑥ 자신만의 독특한 매너를 가지고 있어야 한다.
⑦ 매너는 자신을 나타내는 가장 좋은 방법이다.

(2) 매너와 에티켓의 기본적 실천사항

① 인격과 인권에 대한 기본적 상식을 벗어나지 않아야 한다.
② 예의를 실천하기 위해서 노력해야 한다.
③ 공공장소에서의 질서와 예절을 준수해야 한다.
④ 상호 좋은 감정에서 출발해야 한다.
⑤ 상대방에게 호감과 좋은 인상을 주어야 한다.
⑥ 관대해야 한다.
⑦ 상대방에게 폐를 끼치지 말아야 한다.
⑧ 공손하여야 한다.
⑨ 상대방을 존중하여야 한다.
⑩ 상대방을 배려하는 마음을 가져야 한다.
⑪ 단정한 옷차림을 갖추어야 한다.

04 국제화시대의 커뮤니케이션

4.1 이문화(異文化) 커뮤니케이션

이문화(異文化) 커뮤니케이션이란 말은 서로 상이한 문화간의 커뮤니케이션(inter-cultural communication) 또는 비교문화 간 상호교류를 하는 커뮤니케이션(cross-cultural communication)을 번역한 말이다. 국제커뮤니케이션(international communication)은 국가간의 커뮤니케이션을 뜻하는 것임에 비해, 이문화간 커뮤니케이션이란 문화배경을 달리하는 개인간에 발생하는 커뮤니케이션을 의미하는 것이다.

과학기술의 발달로 시간과 공간이 단축되어 세계는 하나의 생활권으로 축소되었으며, 1960년대 이후 다른 나라 사람들과의 왕래가 급속히 늘어나, 이른바 국제화시대가 도래되어 이문화간 커뮤니케이션 문제가 제기되기에 이르렀다.

오늘날 세계는 탈(脫)국가적인 상호의존의 방향으로 나아가고 있으며, 더욱이 경제분야에서는 다국적기업의 활성화로 인한 제반상황이 이문화의 이해에 대한 필요성이 강조되고

으며 또한 중요시되고 있다.

문화가 다르면 인식의 차이, 가치관의 다름 때문에 야기되는 행동이나 말로 인하여 오해를 불러일으키는 일이 생기게 된다. 따라서 국제화시대는 이와 같은 이문화 커뮤니케이션의 이해에서 출발해야 하며, 이런 이유에서 타당성을 갖는다.

커뮤니케이션은 언어적 요소와 비언어적 요소로 나누어진다. 상대에게 의사를 전달할 때의 언어는 필요조건이지만 충분조건은 될 수 없다. 필요 충분조건을 갖추기 위해서는 커뮤니케이션 = 언어 + 비언어(주로 행동·사고방식)가 되어야 한다.

국제사회에서의 언어는 외국어가 될 것이며, 영어가 국제어로 여겨지고 있는 것은 영어 사용인구가 많기 때문이다. 그러나 국제간 커뮤니케이션에서 말하는 사람과 듣는 사람 간에 각자 문화적 배경의 차이에 따라 비언어가 주는 메시지전달에 틈이 발생한다.

커뮤니케이션은 언어적 요소와 비언어적 요소로 나누어지는데 상대방에게 의사를 전달할 때 커뮤니케이션의 65~70%가 비언어적 요소에 의존한다고 한다. 여기서 비언어적 요소란 주로 행동과 사고방식을 말하는데 이것은 인간관계에서 언어 이외의 요소가 얼마만큼 중요한가를 나타내고 있다. 타문화의 올바른 이해없이는 이와 같은 비언어적 요소의 커뮤니케이션에서 마찰의 소지는 언제나 일어날 수 있다는 점이다. 따라서 국제매너는 이와 같은 이문화 커뮤니케이션상의 마찰소지를 예방하고 보다 적극적으로 대응한다는 차원에서 그 중요성이 있다 할 것이다.

4.2 각국별 제스처

몸짓언어(body language)로 불리는 제스처도 중요한 일종의 의사소통방법중의 하나이다. 제스처는 외국에 나갔을 때 유용하게 사용할 수 있는 만국어이지만, 때로는 오해를 불러 일으킬 수도 있다. 따라서 동일한 제스처라도 나라와 지역마다 다른 의미와 내용을 가질 수 있다.

표 13-1 **각 국가별 제스처의 차이**

제스처	의 미	해당지역
손바닥을 아래로 하는 손짓	누군가를 오라고 부르는 의미	중동 · 극동지역
	가라는 의미	서구지역
손가락으로 하는 링 사인	돈	한국 및 일본
	무가치함	프랑스 남부지역
	ok 표시	미국 및 서유럽
	외설적인 표현	남미(특히 브라질)
손바닥을 바깥쪽으로 향한 V자 사인	승리	유럽
	욕설	그리스
손등을 바깥쪽으로 향한 V자 사인	꺼져버려	영국 및 프랑스
	승리	그리스
손바닥을 펴서 흔드는 행위	안녕의 의미	한국 및 유럽
	꺼져버려	그리스
어깨를 으쓱하면서 양손 바닥을 하늘로 향하게 하는 행위	'내가 무엇을', '나는 모르겠는데' 등의 의미	구미
수평으로 뿔 만들기	악령에 대한 자기방어의 표시	유럽
두 손가락을 맞대는 행위	남녀의 동침	이집트
손가락으로 사람을 가리키며 말하는 행위	무례한 행동으로 간주	대부분의 중동국가들
엄지와 중지 사이에 검지를 끼워 넣는 행위	외설적이고 경멸적인 제스처	한국, 유럽, 지중해 연안국가
	문신이나 부적의 형태	남미
	아이가 귀엽다는 의미	미국
손가락 교차하기	행위 및 방어	유럽
중지를 내미는 행위	외설적이고 부정적인 의미	북미 및 유럽 전역
주먹으로 손바닥을 치는 행위	도전	대부분의 국가들
주먹을 쥔 채 엄지손가락만 위로 올리는 행위	매우 좋다	대부분의 국가들
	무례한 행위	호주
	입닥쳐	그리스
	동성연애자의 사인	러시아

제스처	의 미	해당지역
합 장	인사	태국, 기타 불교국가
	거만함을 묘사	핀란드
머리를 위 · 아래로 끄덕이는 행위	동의(yes)의 표시	대부분의 국가들
	부정(no)의 표시	그리스, 불가리아, 인도
엄지로 코를 미는 행위	조롱	유럽
코에 원을 그리는 행위	동성연애자의 표시	콜롬비아
손 끝에 입맞춤	매우 아름답다	유럽 및 남미
손가락으로 턱을 가볍게 치는 행위	별 재미없어, 꺼져버려	이탈리아

참고문헌

- 김경섭 역, 성공하는 가족의 7가지 습관, 스트븐 코비 지음, 김영사, 1998
- 김병숙외, 대졸여성 신규실업자 취업가능직종 시장 수요조사, 여성특별위원회, 1998
- 김혜숙 · 박선환 · 박숙희 · 이주희 · 정미경, 인간관계론, 양서원, 2018
- 박연호, 현대인간관계론, 박영사, 2000
- 박재린, 윤대혁, 인간관계론의 이해, 무역경영사, 1997
- 박종덕 · 김현주 · 이환의, 대중문화와 매스커뮤니케이션, 현학사, 2015
- 박종덕 · 남경엽 · 임자윤, 의료서비스와 문화의 이해, 보문각, 2014
- 삼성경제연구소, 서번트리더십 관련 동영상 자료
- 설기문, 인간관계와 정신건강, 학지사, 1997
- 송경근 역, 열정이 이끄는 성공, 한언출판사, 2006
- 신유근, 인간존중의 경영, 다산출판사, 1997
- 안민혁, 한류관광상품 컨텐츠 개발연구, 경기대학교 대학원 석사학위논문, 2007
- 양원동 · 이택호 · 허철선, 리더십의 이해, 코아비즈, 2013
- 양참삼, 인간관계와 갈등관리, 경문사, 1997
- 유기현, 인간관계론, 무역경영사, 1989
- 유기현외, 인간관계론, 무역경영사, 2013
- 이강옥, 대학 리더십, 청람, 2011
- 이택호 · 강정원 · 박정우, 조직과 인간관계론, 북넷, 2014
- 이택호 · 박정우 · 허철산, 소통과 긍정의 리더십, 사람과 경영, 2017
- 이학종, 조직행동론, 세경사, 1997
- 이혁진 · 이춘호, 문화관광론, 현학사, 2011
- 임창희 · 홍용기, 리더십, 비엔엠북스, 2011
- 조명환, 관광문화론, 백산출판사, 2011

- 최승희 · 김수옥, 심리학개론, 박영사, 1997
- 최애경, 성공적인 커리어를 위한 인간관계의 이해와 실천, 청람, 2011
- 최창호, 그래, 이게바로 나야! 김영사, 1997
- 하지연 역, 커뮤니케이션의 기술, 지식공작소, 2002
- 홍규선, 커뮤니케이션론, 나남출판, 1997
- 황진우, 인간관계론, 학지사, 2003

색 인

ㅊ

ㅋ

ㅌ

ㅍ

ㅎ

저 · 자 · 소 · 개

■ 이 택 호

· 서울 벤처대학원 정보경영학 박사수료
· 서남대학교 경영학박사
· 카자흐스탄 유라시아대학교 명예교수
· 현) 수원대학교 평생교육원 경영학전공 학과장
· 현) (사)한국경영문화연구원 원장
· 현) 한국문화산업학회 부회장
· 현) 농림축산식품부 산하
농림수산식품교육문화정보원 전문교수

■ 박 종 덕

· 경기대학교 일반대학원 관광경영학과 석사졸업
· 경기대학교 관광전문대학원
호텔·카지노·컨벤션경영 박사졸업
· 전) Swiss Grand Hotel
· 전) Grand Hilton Hotel Seoul
· 현) 한국경영문화연구원 사무처장
· 현) 한국공공자치연구원 연구위원

조직과 인간관계론

2019년 8월 20일 1판 1쇄 인쇄
2022년 2월 25일 1판 2쇄 발행

저 자 이 택 호 · 박 종 덕
발행인 류 재 식 · 박 용 범
발행처 도서출판 북 넷

서울시 용산구 효창원로70길 46 대신빌딩 2층
등 록 2010년 6월 7일(제2010-000069호)
전 화 (02) 395-2341
팩 스 (02) 395-2303

정가 24,000원

ISBN 979-11-86947-37-1 (93320) e-mail : book2341@naver.com